예기치 못한 기쁨

루이스가 1905년에 이사한 집 리틀 리
"나에게 이사는 삶의 배경이 더 넓어졌다는 점에서 중요한 사건이 었다. 그 새집은 이 이 야기의 주요 등장인물 이라고 할 수 있다."

1900년 무렵에 찍은 가족 사진
뒷줄부터 시계 방향으로 아버지 알버트 루이스, 할머니, 애그니스 숙모,
C. S. 루이스, 사촌 아이린, 할아버지, 형 워렌, 어머니 플로라 루이스.

한 살 때의 루이스, 1899년

아버지, 형과 함께
"이론적으로만 보면 우리는 아버지와 두 아들이라기보다는
세 형제처럼 살았다. 그러나 어디까지나 이론적으로만 그랬다."

Water-colour and ink drawing of ruins of the first united Boxonian Parliament House in Piscia, by C. S. Lewis. Early, but not primitive. Rediscovered 1926 and dated conjecturally 1907 (?)

루이스가 만들어 낸 가상의 나라 복센을 직접 그린 그림
"동물 왕국과 인도는 18세기 후반 언제쯤에 연합해서 복센이라는 단일국가가 되었다."

ate XXXV

Water colour drawing of the little master, by C S Lewis, rediscovered 1920, with the preceding.

1907-8(?)

루이스가 직접 그린 빅 경
"빅 경과 아버지가 닮았다는 것은 흥미로운 사실이지만, 그렇다고 해서 복센이 현실 세계의 반영을 배아 삼아 탄생한 것은 아니었다."

of the little ma

with the pre

아서 레컴의 삽화
"무심코 잡지 표지 그림과 제목에 눈길이 갔다. 그런데 그 다음 순간, 어느 시인의 표현처럼 '천지개벽' 이 일어났다. 내가 읽은 글자는 《지그프리트와 신들의 황혼》이었다. 그리고 내가 본 그림은 아서 레컴의 삽화였다."

1907-

W. T. 커크패트릭 부부
"나는 부컴에서 새 선생님을
만났다. 사람들이 '커크' 나
'노크' 라고 불렀던, 아버지와
형과 나는 공히 '위대한 노크
선생님' 이라고 불렀던 분을
말이다."

루이스가 '와이번' 이라고 불렀던 몰번 칼리지 전경
"나는 몸과 마음이 지쳐 가면서 와이번을 증오하게 되었다."

루이스의 연구실이 있었던 옥스퍼드 모들린 칼리지의 뉴빌딩
"모들린의 방에 혼자 있을 때, 일만 잠시 놓으면 그토록 피하고 싶어했던 그분이 꾸준히,
한 치의 양보도 없이 다가오시는 것을 밤마다 느껴야 했던 내 처지를 상상해 보기 바란다."

청년 시절의 루이스, 1919년

예기치 못한 기쁨

C. S. 루이스 지음

강유나 옮김

홍성사

믿음이란
한 알의 밀알이 땅에 떨어져 죽음으로 많은 열매를 맺음과 같이
진리의 열매를 위하여 스스로 죽는 것을 뜻합니다.
눈으로 볼 수는 없으나 영원히 살아 있는 진리와
목숨을 맞바꾸는 자들을 우리는 믿는 이라고 부릅니다.
「믿음의 글들」은 평생, 혹은 가장 귀한 순간에
진리를 위하여 죽거나 죽기를 결단하는
참 믿는 이들의, 참 믿는 이들을 위한, 참 믿음의 글들입니다.

성 베네딕도 수도회의 비드 그리피스 수사에게

예기치 못한 기쁨에—바람처럼 설레어

윌리엄 워즈워스 William Wordsworth

차례

머리말

나는 한편으로는 내가 어떻게 무신론자에서 그리스도인으로 회심하게 되었는지 궁금해하는 사람들에게 대답하기 위해, 또 한편으로는 항간에 떠도는 두어 가지 오해를 바로잡기 위해 이 책을 썼다. 나 아닌 다른 사람들이 이 이야기를 얼마나 중요하게 받아들일 것이냐 하는 문제는, 그들이 내가 '기쁨'이라고 부르는 것을 어느 정도까지 경험했느냐에 달려 있다. 사람들이 조금이라도 이 기쁨을 공유하고 있다면, 지금까지 나온 그 어떤 논의보다 세세히 기쁨을 다루고 있는(내가 믿기에는 그렇다) 이 책이 어느 정도 도움이 될 것이다. 나는 오로지 나 혼자만 알고 있다고 생각하는 느낌에 대해 말할 경우에도 "세상에! 당신도 그렇게 느꼈단 말이에요? 나만 그런 줄 알았더니"라고 말하는 사람이 적어도 한 명은 있다 (그 이상일 때도 많다)는 사실에 용기를 얻어 이 책을 썼다.

이 책은 나의 회심에 대한 이야기일 뿐 일반적인 의미의 자서전이 아니며, 성 아우구스티누스 Aurelius Augustinus 나 루소 Jean-

Jacques Rousseau 의 '고백록' 같은 종류는 더더욱 아니다. 이 말은, 이야기가 진행되면 될수록 일반적인 자서전과 점점 더 거리가 멀어진다는 뜻이다.

앞부분에서는 그물을 꽤 넓게 펼칠 필요가 있었다. 그래야 내가 유년기와 청소년기를 거쳐 어떤 종류의 인간이 된 상태에서 명백한 영적 위기에 부닥치게 되는지 독자들이 이해할 수 있을 것이기 때문이다. 그러나 일단 이러한 '얼개 짓기'가 끝난 후에는 엄격하게 본 작업에 들어가, 그 단계에 상관없어 보이는 사건들을 사정없이 빼 버렸다(일반적 전기의 기준에서 볼 때에는 아무리 중요한 것이라 하더라도 말이다). 그것이 큰 손실이라고는 생각지 않는다. 내 경험으로 볼 때 자서전이란 어린 시절 부분이 가장 재미있는 법이기 때문이다.

이 책에 나오는 이야기가 지독하게 주관적이라는 점이 걱정된다. 나는 전에도 이런 이야기를 써 본 적이 없었고 아마 앞으로도 쓸 일이 없을 것이다. 이런 이야기를 싫어하는 사람들이 금세 알아보고 시간 낭비 없이 책장을 덮어 버릴 수 있도록 첫 장을 쓰고자 애썼음을 밝혀 둔다.

C. S. Lewis.

1

어린 시절

행복하구나, 그러나 그 행복은 오래가지 못하리.
밀턴 John Milton, 《실낙원 *Paradise Lost*》

나는 1898년 겨울, 벨파스트에서 변호사인 아버지와 성직자의
딸인 어머니 사이에 태어났다. 우리 부모님은 아들만 둘 두었는
데, 나는 세 살 터울이 진 둘째였다. 우리 형제에게는 판이하게 다
른 두 혈통이 섞여 있었다. 아버지는 그 집안에서 전문적인 직업
을 가진 첫 세대였다. 증조할아버지는 웨일즈의 농부였다. 할아버
지는 자수성가한 분으로서, 처음에는 노동자로 시작했다가 아일
랜드로 이민 간 후 '보일러 제조, 기계, 조선업'을 하는 '매킬웨
인 & 루이스 사'의 공동 경영자로 일하다가 돌아가셨다. 어머니
는 성직자, 법률가, 해군 등등의 긴 족보를 달고 있는 해밀턴 집안
출신이었다. 어머니의 외가는 워렌 가문[1]을 거쳐, 배틀 사원에 뼈

를 묻은 노르만 시대의 기사까지 그 혈통이 거슬러 올라가는 집안이었다.

나를 낳아 주신 부모님의 집안은 그 출신만큼이나 기질도 판이했다. 정통 웨일즈 사람들인 아버지 집안은 감상적이고 정열적이며 언변이 좋고 다혈질인 데다가 정이 많았다. 그들은 웃기도 잘하고 울기도 잘하는 사람들로서, 행복을 찾아 얻는 데에는 별 재주가 없었다. 해밀턴 가는 좀더 냉정한 편이었다. 비판적이고 빗대기 잘하는 그들은 행복을 귀신같이 찾아내는 재주가 있어서, 마치 능숙한 여행자가 기차에 올라타면 가장 좋은 자리를 찾아가듯이 행복을 향해 직진했다. 나는 명랑하면서도 침착한 어머니의 정서와 감정의 기복이 심한 아버지의 삶이 보여 주는 생생한 대비를 어려서부터 의식하고 있었고, 그 덕분에 내가 그 대비에 명확한 이름을 붙일 수 있을 만큼 자라기 훨씬 전부터 이미 감정이라는 것을 언짢거나 난처한 것으로, 심지어는 위험한 것으로 여겨 일말의 불신 내지는 혐오감을 느끼고 있었다.

그 당시 기준으로 볼 때 부모님은 두 분 다 책벌레 내지는 '총명한' 양반들이었다. 어머니는 젊었을 때 전도양양한 수학자였고, 벨파스트 퀸즈 칼리지의 학사 학위 소유자였으며, 돌아가시기 전

---

1) 11세기 노르만 정복 때 정복왕 윌리엄과 함께 잉글랜드 정복에 앞장섰던 기욤 드 워렌 Guillaume de Warren을 시조로 하는, 영국에서 가장 오래된 귀족 가문 중 하나이다. 이하 '지은이 주'로 표기되지 않은 주는 모두 옮긴이 주.

에 내게 프랑스어와 라틴어를 가르쳐 주셨을 정도의 실력을 갖춘 분이었다. 어머니는 좋은 소설이라면 가리지 않고 읽으셨다. 아마도 내가 물려받은 톨스토이 Lev Nikolayevich Tolstoy 와 메러디스 George Meredith[2]의 작품집은 어머니의 소장품이었을 것이다. 아버지의 취향은 아주 달랐다. 아버지는 웅변을 좋아하셨고, 젊은 시절에는 잉글랜드에서 직접 정치 연설을 하신 적도 있었다. 일하지 않아도 살 정도의 재산만 있었다면 틀림없이 정계로 진출하셨을 것이다. 그리고 거의 돈키호테에 육박하는 명예욕만 조절할 수 있었다면 당연히 성공을 거두셨을 것이다. 아버지는 한때 정치가의 필수요건이라 일컬어지던 자질—점잖은 풍모, 우렁우렁한 목소리, 상당한 재기, 언변, 기억력—을 적잖이 갖추고 계셨기 때문이다. 아버지는 트롤럽 Anthony Trollope 의 정치소설들을 열심히 탐독하셨다. 짐작컨대 피니어스 핀[3]의 경력을 따라가면서 당신의 욕망을 대리 충족시키셨을 것이다. 아버지는 수사가 화려한 시나 애수가 깃든 시, 또는 그 두 가지 요소를 두루 갖춘 시들을 좋아하셨다. 《오델로 Othello》는 아버지가 가장 좋아하셨던 셰익스피어 William Shakespeare 의 극으로 기억된다. 아버지는 디킨스

---

2) 영국 빅토리아 시대의 시인이자 소설가. 위트 있는 대화와 경구警句 조의 언어를 잘 구사한 소설로 유명하다.

3) 트롤럽의 정치소설 시리즈 중 하나인 《피니어스 핀 Phineas Finn》의 주인공. 아일랜드의 젊은 변호사인 핀은 정치적 야심을 위해 런던으로 건너가 의회에 입성하고자 분투한다.

Charles Dickens에서 제이콥스 W. W. Jacobs[4]에 이르기까지 거의 모든 입담 좋은 작가들을 아주 좋아하셨을 뿐 아니라, 본인 자신이 비할 데 없는 최고의 이야기꾼 raconteur이기도 했다. 아버지에게는 표정이며 몸짓, 손짓, 발짓을 마음껏 동원해서 온갖 인물들을 번갈아 가며 연기해 내는 당신만의 방식이 있었다. 아버지는 삼촌 한둘과 함께 한 시간 정도 '재담'(재미있는 일화들을 우리 집에서는 묘하게도 이렇게 불렀다)을 주고받으면서 틀어박혀 있을 때 가장 행복해하셨다.

이처럼 어머니나 아버지는 내가 스스로 책을 고르게 되었을 때 몰두하게 된 문학적 경향과는 전혀 거리가 먼 분들이었다. 두 분 다 요정 나라의 뿔나팔 소리에는 귀를 기울여 보신 적이 없었다. 우리 집에서는 키츠 John Keats나 셸리 Percy Bysshe Shelley의 시집을 찾아볼 수 없었고, 내가 아는 한 콜리지 Samuel Taylor Coleridge[5]의 작품 또한 한 번도 들추어진 적이 없었다. 만약 내가 낭만적인 사람이라면, 그것은 부모님께 물려받은 성향이 아닌 셈이다. 아버지는 테니슨 Alfred Tennyson을 좋아했지만, 〈인 메모

---

4) 디킨스는 《올리버 트위스트 Oliver Twist》,《크리스마스 캐럴 A Christmas Carol》,《위대한 유산 Great Expectations》 등으로 대중적인 사랑을 받은 영국의 대표적인 소설가이며, 제이콥스는 일상생활과 은근한 유머를 이국적인 모험 및 공포와 결합시킨 고전적인 괴기소설 《원숭이의 앞발 The Monkey's Paw》로 유명한 단편작가이다.
5) 키츠와 셸리는 영국 낭만주의 2세대에 속하는 시인들이며, 콜리지는 시인이자 비평가로서 윌리엄 워즈워스와 함께 영국 낭만주의의 시발점이 된 인물이다.

리엄 *In Memoriam*〉과 〈록슬리 홀 *Locksley Hall*〉 같은 작품들을 쓴 시인으로 좋아하신 것일 뿐이었다. 나는 아버지가 〈시름 잊은 사람들 *The Lotus-Eaters*〉이나 〈아서 왕의 죽음 *Morte d'Arthur*〉 읊는 소리를 들어 본 적이 없다.[6] 또 어머니는 도무지 시에 관심이 없었다고 한다.

훌륭한 부모님, 훌륭한 음식, 뛰어놀 수 있는 정원(그 당시 내 눈에는 커 보였던) 외에도 어린 시절에 받은 축복이 두 가지 더 있었다. 그 중 하나는 유모인 릿지 엔디콧으로서, 어린 시절의 기억을 아무리 엄중하게 뒤져 보아도 흠 하나 찾을 수 없는, 친절하고 명랑하며 분별 있는 사람이었다. 그 시절에는 '유모'를 두는 것이 그리 어리석은 짓이 아니었다. 우리는 릿지를 통해 다운 카운티의 시골 생활에 뿌리를 내렸다. 그리고 부모님이 제공했던 판이한 두 가지 사회적 환경에서 벗어나게 되었다. 그 덕분에 나는 어떤 이들처럼 세련됨을 미덕으로 착각하는 오류에 평생 빠지지 않을 수 있었다. 거실에서라면 생각도 할 수 없는 몇몇 농담을 릿지와는 주고받을 수 있다는 것과 릿지가 더할 나위 없이 순박하고 좋은 사람이라는 것을 그때도 이미 알고 있었던 것으로 기억한다.

또 하나의 축복은 형이었다. 형은 나보다 세 살이 더 많았지만,

6) 〈인 메모리엄〉과 〈록슬리 홀〉은 테니슨의 작품 중에서도 특히 감상성이 두드러진 작품 인 반면, 〈시름 잊은 사람들〉은 오디세이아 이야기, 〈아서 왕의 죽음〉은 중세 기사도를 소재로 한 '이야기 시'이다.

전혀 나이 많은 형 같지가 않았다. 우리는 공범자라고까지는 말할 수 없어도 처음부터 한패였다. 그러면서도 서로 아주 달랐다. 그 차이는 우리의 초창기 그림들(우리는 언제나 끊임없이 그림을 그렸던 것으로 기억한다)에 잘 나타난다. 형은 배와 기차와 전투 장면을 그렸다. 나는 형의 그림을 따라 그리거나, 우리가 '옷 입은 동물들' — 어린이 책에 등장하는 의인화된 짐승들—이라고 불렀던 동물들을 그렸다. 형이 처음으로 만든 이야기—그는 형답게 나보다 먼저 그림에서 글로 옮겨 갔다—는 《젊은 인도 왕자》였다. 형은 그때 이미 인도를 '마음속 나라'로 삼고 있었다. 내 마음속 나라는 동물 왕국이었다.

지금 내가 이야기하고 있는 여섯 살 이전의 그림들은 남아 있을 것 같지 않지만, 그 직후에 그린 그림들은 많이 남아 있다. 그 그림들을 보면 내 재주가 형보다 나았던 것 같다. 나는 아주 어릴 때부터 움직이는 모습—진짜로 달리거나 싸우는 것처럼 보이는 형태—을 그릴 수 있었고, 지금 보면 원근법도 그런 대로 잘 구사했던 것으로 보인다. 그러나 형도, 나도 조잡하나마 아름다움이라는 개념을 생각하며 그린 그림은 한 점도 없다. 행동하는 모습이나 우스운 모습이나 머릿속에서 만들어 낸 모습은 있지만, 디자인에 대한 감각은 눈꼽만큼도 없는 데다가 자연의 형태에 놀라울 정도로 무심했던 것을 볼 수 있다. 나무는 마치 말뚝에 솜뭉치를 붙여 놓은 것 같고, 그림 어디에도 우리 둘 다 하루가 멀다 하고 뛰어놀았던 정원의 잎사귀 모양이 어떤지 알고 있었다는 흔적이 나타나지 않는다.

지금 생각해 보면, 아름다움이 뭔지 전혀 몰랐다는 것이 우리 두 사람이 지낸 유년기의 특징이었다. 집에 걸려 있던 그림들은 우리의 관심을 전혀 끌지 못했고, 실제로도 보잘것없는 것들이었다. 우리는 한 번도 아름다운 건물을 본 적이 없었을 뿐 아니라, 건물이라는 것이 아름다울 수 있다는 생각조차 하지 못했다. 내 최초의 미적 경험—그것을 정말 미적 경험이라고 할 수 있다면—은 그런 종류가 아니었다. 나의 경험은 그때 이미 구제불능일 정도로 낭만적인 것이었고, 형식과 거리가 먼 것이었다. 아주 어렸을 때, 형이 양철통 뚜껑을 이끼로 덮은 다음 잔가지와 꽃들로 장식한 장난감 동산 내지는 장난감 숲을 놀이방으로 들고 온 적이 있었다. 그것이 내 최초의 미적 경험이었다. 진짜 정원이 하지 못한 일을 장난감 정원이 해냈던 것이다. 나는 그 경험을 통해 자연을 인식하게 되었다. 형태와 색의 창고로서의 자연이 아니라, 이슬을 머금은 자연, 서늘하고 신선하고 풍성한 자연을 말이다. 물론 그 순간에는 그 인상이 그렇게 중요하게 와 닿았던 것 같지 않다. 그러나 그것은 곧 중요한 기억으로 자리잡게 되었다. 이 땅에서 사는 한, 내가 상상하는 천국의 모습에는 항상 형이 만든 장난감 동산의 모습이 얼마간 깃들어 있을 것이다.

또 집 주변에는 우리가 '초록빛 언덕'이라고 불렀던 것이 있었다. 그것은 놀이방 창문에서 내다보이던 캐슬레이 언덕의 나지막한 능선이었다. 그 능선은 그리 멀리 있지 않았지만, 아이의 눈에는 아득히 닿을 수 없는 곳으로 보였다. 그 덕분에 나는 동경 Sehnsucht이라는 것을 알게 되었다. 좋든 나쁘든 여섯 살이 채 되기 전에 미지의 푸른 꽃 Blue Flower의 숭배자가 된 것이다.

이처럼 미적인 경험은 드물게나마 해 보았지만, 종교적인 경험은 한 번도 해 보지 못했다. 어떤 이들은 내 책을 읽고 나서 내가 엄격하고도 생생한 청교도 교육을 받고 자란 듯한 인상을 받는 모양인데, 전혀 그렇지 않다. 나는 통상적인 것들을 배웠고, 기도를 했으며, 때가 되면 교회에 갔다. 나는 자연스럽게 배운 바를 받아들였지만, 그다지 흥미를 느꼈던 것 같지는 않다. 특별히 청교도적인 것과 거리가 멀었던 아버지는 19세기의 기준이나 아일랜드 교회의 기준에서 볼 때 오히려 '고교회파'[7]라고 할 수 있었으며, 문학적으로도 그랬지만 종교적으로도 그 후 내 경향과 정반대에 있던 분이었다. 아버지는 전통의 매력과 성경이나 기도서 문구의 아름다움을 천성적으로 즐겼는데(나는 나중에야 후천적으로 그 맛을 알게 되었다), 그만큼 지적인 사람이 그토록 형이상학에 관심을 보이지 않은 것은 당시에도 드문 일이었을 것이다. 어머니의 종교에 대해서는 거의 기억나는 바가 없다.

---

7) 가톨릭 전통을 이어받아 교회의 권위와 예식을 강조하는 성공회의 일파.

이처럼 유년기 어디를 살펴봐도 내세적인 것과는 거리가 멀었다. 장난감 동산과 초록빛 언덕을 제외하면 그나마 상상과 관련된 요소조차 없었다. 내 기억에 남아 있는 유년기는 주로 평범하고 단조로운 행복의 시기로서, 그보다 훨씬 덜 행복했던 소년기를 되돌아볼 때처럼 사무치는 그리움 따위는 전혀 일어나지 않는다. 사람은 안정적인 행복의 기억이 있는 과거보다는 순간적인 기쁨의 기억이 있는 과거를 찬양하는 법이다.

전반적으로는 이렇게 행복했지만, 한 가지 예외도 있었다. 가장 어렸던 시기의 경험으로 기억하는 것은 악몽을 꾸었을 때의 공포이다. 그 나이 또래의 아이라면 누구나 흔히 겪는 일이기는 하지만, 그래도 그렇게 잘 보호받고 귀염받던 어린 시절에 거의 지옥과 흡사한 세계로 통하는 창구멍이 그렇게 자주 뚫릴 수 있었다는 것은 지금 생각해도 이상한 일이다. 내가 꾸는 악몽은 두 가지였는데, 하나는 귀신 꿈이었고 하나는 곤충 꿈이었다. 나는 그 중에서 곤충 꿈이 훨씬 더 무서웠다. 지금도 독거미보다는 유령을 보는 편이 낫다고 생각하고 있다. 나는 이런 공포증을 합리화하고 변명해 줄 만한 근거를 찾아낼 수 있다. 오언 바필드Owen Barfield[8]는 전에 "곤충은 프랑스 기관차와 같은 문제점을 안고 있어. 둘 다 기관을 밖에 달고 있지"라고 말한 적이 있다. **기관**, 그것

8) 루이스의 대학 동창이자 작가.

이 문제인 것이다. 곤충의 각진 다리, 경련하는 듯한 움직임, 메마른 금속성의 소리, 이 모든 것은 마치 기계가 살아난 듯한 느낌 내지는 살아 있는 것이 기계가 된 듯한 느낌을 불러일으킨다. 여기에 우리 인간에게 가장 끔찍한 두 가지 현상—여성 우위와 집단의 지배—이 벌집이나 개미집에 완전히 구현되고 있다는 사항을 덧붙일 수도 있겠다.

나의 곤충 공포증 역사에 한 가지 기록해 둘 만한 일이 있다. 나중에 십대가 된 후, 러벅Sir John Lubbock의 《개미, 꿀벌, 말벌 Ants, Bees and Wasps》을 읽으며 나는 짧은 기간이나마 곤충에 대해 순수하게 과학적인 흥미를 갖게 되었다. 다른 공부가 금세 그 흥미를 밀어내긴 했지만 곤충학을 공부하는 동안 공포심은 거의 사라졌고, 그것을 계기로 진정한 객관적 호기심은 대체로 이런 정화 효과를 낸다고 생각하게 되었다.

지금보다 단순했던 시대에는 '어린이 책에 나오는 혐오스러운 그림이 이런 무서움의 원인'이라는 진단이 통했지만, 요즘 심리학자들은 그런 설명에 만족하지 못할지도 모르겠다. 놀이방 책 중에, 버섯 위에 앉은 엄지동자가 자기보다 훨씬 큰 사슴벌레에게 위협당하는 그림이 있었다. 그 상황 자체만으로도 무서웠지만, 그보다 더 무서운 것이 있었다. 그 책은 사슴벌레의 뿔을 마분지로 따로 만들어 붙여 축을 따라 움직일 수 있게 해 놓았다. 책장 뒷면에서 그 흉물스러운 장치를 움직이면 족집게처럼 뿔이 열렸다 닫혔다 했던 것이다. 싹둑, 싹둑, 싹둑, 싹둑. 이 글을 쓰는 순간에도 그 뿔이 싹둑거리는 모습이 눈에 선하게 떠오른다. 평소에는 그렇게도 현명했던 우리 어머니 같은 분이 어떻게 그런 끔찍한 책을 놀이방에 갖다 놓을 생각을 하셨는지 이해할 수가 없다. 만에 하나, 정말이지 만에 하나 내가 꿈에서 그 그림을 본 것이 아니라면 말이다(이제 와서는 조금 의심이 들기도 한다). 그러나 아무리 생각해도 꿈은 아니었던 것 같다.

일곱 살 되던 1905년, 내 인생에 처음으로 커다란 변화가 일어났다. 이사를 한 것이다. 짐작컨대 집안 형편이 좀 피면서, 아버지가 나를 낳은 연립식 주택을 떠나 그 당시 시골이었던 지역으로 깊숙히 들어가 훨씬 큰 집을 짓기로 하셨던 것 같다. 우리가 오랫동안 '새집'이라고 불렀던 그 집은 지금 내 기준에서 봐도 큰 집이었다. 아이의 눈에는 집이라기보다는 도시처럼 보일 정도였다. 아버지는 여간 어리숙한 분이 아니어서 건축업자에게 심하게 당하셨다. 배수도 안 되고 굴뚝도 엉망이었으며 외풍까지 심했던 것이다.

그러나 그 어떤 것도 어린아이에게는 문제가 되지 않았다. 나에게 이사는 삶의 배경이 더 넓어졌다는 점에서 중요한 사건이었다. 그 새집은 이 이야기의 주요 등장인물이라고 할 수 있다. 나는 그 집의 긴 복도와 햇빛 가득한 빈 방들, 위층의 고요한 실내, 혼자 탐험하던 다락방들, 멀리서 들려오던 물탱크와 수도관의 물소리, 지붕 밑 바람 소리의 산물이다. 그리고 그 한없이 많은 책들. 아버지는 책을 사서 모두 읽었고 한 권도 버리지 않았다. 서재에도, 응접실에도, 화장실에도 책이 있었고, 층계참에 있던 엄청난 크기의 책장에도 책이 있었으며(한 칸에 두 겹씩), 침실에도 책이 있었고, 지붕 위 옥탑 방에도 내 어깨 높이만큼 책이 쌓여 있었다. 그 집에는 부모님의 관심사가 어떻게 바뀌어 왔는지 보여 주는 온갖 종류의 책, 읽을 만한 책, 읽을 만하지 못한 책, 아이에게 읽힐 만한 책, 절대 읽히면 안 되는 책들이 있었다. 그 중에서 금지된 책은 한 권도 없었다. 끝도 없이 비가 내리는 오후면 나는 책장에서 책을 한 권씩 뽑아 읽곤 했다. 들판에 나간 사람이 틀림없이 새로운 풀잎을 찾아내듯이 나는 언제나 새로운 책을 찾아냈다. 새집으로 이사 오기 전에는 이 많은 책들이 과연 어디에 다 있었는지, 이 글을 쓰기 전에는 한 번도 생각해 본 적이 없고 지금도 잘 모르겠다.

문 밖에 펼쳐져 있던 '전망'이야말로 그 집터를 선택하게 만든 주된 이유였음이 틀림없다. 집 앞에 서면 벨파스트 호수까지 펼쳐진 넓은 들판과 그 너머 앤트림 해안의 긴 능선—디비스, 콜린, 케이브 힐—이 한눈에 들어왔다. 그때만 해도 영국이 세계의 동맥 역할을 하던 시절이라, 호수에는 늘 배들이 가득했다. 우리 형제가 다 그 광경을 좋아했지만 특히 형이 더 좋아했다. 밤에 증기선의 기적 소리를 들으면 아직도 어린 시절의 추억이 떠오른다. 집 뒤에는 앤트림 산맥보다 더 푸르고 더 낮고 더 가까운 홀리우드 힐즈가 있었지만, 처음에는 관심을 두지 않았다. 처음에 내 눈길을 끈 것은 북서쪽의 전망이었다. 푸른 산맥 너머로 여름날의 끝없는 저녁놀이 지고, 까마귀들이 둥지로 날아가곤 했다. 이런 환경 속에서 변화의 바람이 불기 시작했다.

무엇보다 먼저 형이 영국식 기숙학교로 떠나면서, 1년 중 대부분을 나와 떨어져 지내게 되었다. 형이 방학을 맞아 돌아오면 기뻐서 어쩔 줄 몰랐던 것은 기억이 나는데, 형이 떠날 때 그에 맞먹는 고통을 느꼈는지는 생각이 나지 않는다. 형의 새로운 생활 때문에 형제 사이가 달라지지는 않았다. 그동안 나는 집에서 교육을 받았다. 어머니가 프랑스어와 라틴어를 가르쳐 주셨고, 그 외의 과목은 훌륭한 가정교사였던 애니 하퍼가 가르쳐 주었다. 그 당시 나는 이 부드럽고 겸손한 작은 숙녀를 마치 마귀할멈 대하듯 했지만, 돌이켜보면 확실히 부당한 태도였다. 선생님은 장로교인이었다. 선생님이 산수와 습자를 가르치다 말고 들려주었던 긴 설교는, '다른 세계'의 존재가 현실감 있게 마음에 와 닿았던 최초의 경험이었던 것 같다. 그러나 나에게는 그것 말고도 생각할 거리들이 많이 있었다.

나의 실제 생활—또는 내 기억에 살아 있는 그 당시 나의 실제 생활—은 점점 더 외로워졌다. 사실 내 주변에는 이야기를 나눌 사람들이 많이 있었다. 부모님도 계셨고, 일찌감치 노인이 되어 귀가 어두워져 버린 할아버지도 함께 사셨다. 또 하녀들도 있었고,

술을 좋아하던 정원사 할아버지도 있었다. 나는 못 말리는 수다쟁이였던 것 같다. 그런데도 외로움은 거의 언제나 손 닿는 데 있어서, 정원이나 집 안에서 불쑥불쑥 튀어나오곤 했다. 나는 글을 읽고 쓰는 법을 배웠다. 그러자 할 일이 많이 생겼다.

내가 글을 쓰게 된 동기는 항상 나를 괴롭히던 문제, 즉 지독히도 손재주가 없다는 문제에 있었다. 나는 그 탓을 우리 형제가 아버지에게 물려받은 신체적 결함에 돌린다. 우리는 엄지손가락에 관절이 하나밖에 없다. 상부 관절(손톱에서 먼 쪽 관절)이 있긴 하지만 형태만 있을 뿐이다. 우리 형제는 그 관절을 구부리지 못한다. 원인이 무엇이든 간에, 나는 태어났을 때부터 만들기를 지지리도 못했다. 연필과 펜은 능숙하게 쓸 수 있었고 넥타이 매듭은 지금도 썩 잘 맬 수 있지만, 연장이나 야구 방망이, 총, 커프스 단추, 코르크 마개 따개 따위를 다루는 데에는 언제나 구제불능이었다. 그 때문에 나는 글을 쓰지 않을 수 없었다. 나는 물건들이나 배나 집, 엔진 같은 것들을 만들고 싶었다. 얼마나 많은 마분지와 가위를 망가뜨리고 나서야 결국 절망적인 실패에 눈물을 흘리며 뒤돌아섰는지 모른다. 나는 최후의 방편으로 이야기를 쓰기로 했다. 그 덕분에 행복한 세상이 내 앞에 펼쳐지게 되리라고는 생각지도 못한 채 말이다. 놀이방 탁자 위에 세워진 멋진 장난감 마분지 성보다는 이야기 속의 성을 가지고 할 수 있는 일이 더 많은 법이다.

나는 곧 다락방 하나를 차지해서 '나의 서재'로 삼았다. 그리고 내 손으로 그린 그림들과 크리스마스 특집호 잡지에서 오린 휘황찬란한 그림들을 벽에 붙였다. 내 펜과 잉크병과 글쓰기 책과 물감통도 가져다 놓았다.

자유로이 하고픈 바를 만끽하는 것보다
더한 행복이 어디 있으랴?

나는 크게 만족하면서, 그곳에서 처음으로 이야기를 쓰고 삽화를 그렸다. 그 이야기는 나의 주된 두 가지 문학적 관심사— '옷 입은 동물들'과 '갑옷 입은 기사' —를 합쳐 놓은 것들이었다. 그 결과, 갑옷을 입은 생쥐와 토끼들이 기사도를 발휘하여 거인 대신 고양이를 거꾸러뜨리러 달려나가는 이야기들이 만들어졌다. 그때 이미 나에게는 체계화의 성향, 이를테면 트롤럽이 바셋셔[9]를 끊임없이 다듬어 가는 식의 성향이 강하게 나타나고 있었다. 형이 방학을 맞아 집에 왔을 때에는 현대 동물 왕국을 가지고 놀았다. 형과 놀려면 기차도 있고 증기선도 있어야 했기 때문이다. 당연히 내 이야기에 나오는 중세 동물 왕국은 그 현대 동물 왕국의 전신前身이 되어야 했다. 그리고 그 두 시대는 적절히 연관되어야 했다.

이렇게 해서 나는 중세 기사 이야기를 쓰는 일에서 역사 편찬

---

9) 이른바 '바셋셔 소설'로 불리는, 트롤럽 소설의 배경이 되는 가상의 농촌 마을이다.

작업으로 옮겨 가게 되었다. 나는 동물 왕국의 전체 역사를 쓰기 시작했다. 이 교육적인 작품이 지금도 여러 가지 판본으로 남아 있기는 하지만, 그 중에 현대 편까지 완성되어 있는 판본은 하나도 없다. 수백 년에 걸쳐 일어나는 모든 사건을 오로지 역사가 한 사람의 머릿속에서 끄집어내야 하는 한계가 있었기 때문이다. 그러나 내가 쓴 《역사》에서 지금도 자랑스럽게 생각하는 부분이 한 군데 있다. 그것은 내 이야기들을 가득 채웠던 기사들의 모험을 아주 가볍게 처리하면서, 그것들이 단지 '전설'에 불과할 수도 있다는 사실을 독자들에게 경고했다는 점이다. 어떻게 알게 되었는지는 모르겠지만—하나님만 아시리라—그렇게 어린 시절에도 모름지기 역사가란 서사시 epic[10]가 제공하는 자료에 대해 비판적인 태도를 취해야 한다는 점을 깨달았던 것이다.

역사에 이어 곧바로 지리에 눈을 떴다. 나는 곧 동물 왕국의 지도를 그렸는데, 한 장도 아닌 여러 장을 제법 일관성 있게 그렸다. 동물 왕국은 형의 이상향인 인도와 지리적으로 연결되어야 했으므로, 인도를 실제 위치에서 이동시켰다. 우리는 인도를 섬으로 만들어, 북쪽 해안선이 히말라야 산맥의 등줄기를 따라 흐르도록 만들어 놓았다. 형이 그 해안과 동물 왕국 사이에 잽싸게 증기선 항로를 개설했다. 곧 세계지도가 완성되었고, 내 물감통의 갖가지

---

10) 주로 고대 영웅의 업적이나 민족의 발생에 대해 웅장하게 읊은 이야기 조의 시.

색으로 칠해졌다. 이어서 우리가 '우리 것'으로 여겼던 세계—동물 왕국과 인도—구석구석은 점점 더 많은 고정 등장인물들로 북적거리게 되었다.

　이 시기에 읽은 책들은 거의 다 기억하고 있지만, 모든 책에 지속적인 애정을 품었던 것은 아니다. 코넌 도일 Conan Doyle 의《나이젤 경 Sir Nigel》을 읽고 처음으로 '갑옷 입은 기사'에 관심을 갖게 되었지만, 그 책을 다시 읽고 싶은 마음은 들지 않았다. 마크 트웨인 Mark Twain 의《아서 왕궁의 코네티컷 양키 A Connecticut Yankee at the Court of King Arthur》는 더더구나 다시 읽을 마음이 들지 않았다. 그 책은 그 당시 내가 아서 왕 이야기에 대해 유일하게 얻을 수 있는 자료였지만, 거기에 나오는 낭만적인 요소들만 즐겁게 읽었을 뿐 그러한 요소들을 비웃는 천박한 우스개는 거들떠보지도 않았다. 그 두 책보다는 네즈빗 Edith Nesbit 의 삼부작,《다섯 아이들과 그것 Five Children and It》,《불사조와 양탄자 The Phoenix and the Carpet》,《부적 이야기 The Story of the Amulet》가 훨씬 재미있었다. 그 중에서도 최고는《부적 이야기》였다. 그 책은 고대, 즉 '시간의 어두운 뒤안길과 심연'에 처음으로 눈을 뜨게 해 주었다. 그 이야기라면 지금도 기꺼이 읽을 마음이 든다. 무삭제판에 요란한 삽화를 곁들인《걸리버 여행기 Gulliver's Travels》는 내가 제일 좋아한 책 중에 하나였으며, 아버지가 서재에 거의 다 모아두었던 낡은〈펀치 Punch〉잡지는 지칠 줄 모르고 탐독했다. 테니얼 Sir John Tenniel[11]이 희화화한 러시아 백곰, 영국 사자, 이집트 악어 등은 '옷 입은 동물들'에 대한 내 열정에 더욱 불을 지핀 반면, 식물을 아무렇게나 허술하게 그린 점은 내게 이미 부족했던 부분을 더욱 빈약하게 만드는 역할을 했다. 그 다음으로는 베아트릭스 포터 Beatrix Potter[12]의 책을 좋아했는데, 나는 그의 책에서 마침내 아름다움이 무엇인지 볼 수 있었다.

그 시절—여섯 살에서 여덟 살에 이르는 시기—에는 거의 전적으로 내 상상의 세계에 빠져 살았다고·해도 과언이 아니다. 또는 적어도 지금 내 관점에서 볼 때 그 상상의 경험이야말로 그 어떤 것보다 중요한 경험이었다고 말할 수 있다. 그러므로 나는 노르망디에서 보낸 휴가에 대해서는 한마디 설명도 없이(생생하게 기억하고 있음에도 불구하고) 넘어가려 한다. 설사 그 휴가가 나의 과거에서 삭제된다고 해도 나는 여전히 지금 이 모습 그대로일 것이기 때문이다.

그러나 상상이란 애매한 단어이므로 분명히 짚고 넘어갈 필요가 있다. 상상은 몽상이나 백일몽, 소원 성취와 관련된 환상의 세계를 의미할 수 있다. 나는 그 세계에 대해 아주 잘 알고 있다. 나

---

11) 영국의 삽화가 및 풍자화가로서, 〈펀치〉에 고정적으로 삽화를 기고했다.
12) 영국의 동화작가로서, 아름다운 수채화 그림을 곁들인 장난꾸러기 토끼 피터 이야기로 유명하다.

도 종종 잘생긴 남자였으면 하고 바랄 때가 있었으니 말이다. 그러나 동물 왕국을 지어 낸 것은 이것과 완전히 다른 일이었다는 점을 강조해야겠다. 동물 왕국은 결코 이런 의미의 환상이 아니었다. 나는 내가 만든 이야기의 등장인물이 아니었다. 나는 그 이야기를 지어 낸 사람이었지, 그 이야기 속으로 들어가고 싶어하는 사람이 아니었다. 창작은 몽상과 본질적으로 다르다. 그 차이를 모르는 사람은, 그 두 가지를 다 경험해 보지 못한 사람일 것이다. 두 가지를 다 경험해 본 사람은 누구나 내 말을 이해할 것이다. 백일몽을 꾸는 것은 바보가 되는 일이었지만, 동물 왕국의 지도를 그리고 역사를 쓰는 것은 소설가가 되는 훈련이었다. 시인이 아니라 소설가라고 말한 점에 주목하라. 내가 만들어 낸 세상은 재미있고 부산스럽고 웃기고 특색이 있었지만, 시나 로맨스는 없었다. 그 세계는 놀라울 만큼 산문적이었다.[13] 그러므로 상상이라는 단어를 가장 지고한 제3의 의미로 쓴다면[14] 나의 동물 왕국은 상상과 관련되어 있다고 할 수 없다. 그러나 상상과 관련되어 있다고 말할 수 있는 다른 경험들이 있으니, 이제 그 이야기로 넘어가기로 하

---

13) 내 동화를 읽은 독자에게 "동물 왕국은 의인화된 동물들이 나온다는 것을 제외하고는 나니아와 닮은 구석이 한 군데도 없다"고 말하면, 가장 쉽게 이해가 될 것이다. 전반적으로 볼 때, 동물 왕국은 경이로움과는 거리가 먼 세계였다. ─ 지은이 주
14) 콜리지는 자신의 대표적인 문학평론집 《문학평전 Biographia Literaria》에서 상상 imagination과 공상 fancy을 구분하면서, 가장 높은 단계의 상상력은 시인의 창조적인 상상력이라고 주장했다. 292쪽 참조.

자. 트러헌 Thomas Traherne 과 워즈워스 William Wordsworth 가 훨씬 더 잘 표현하기는 했지만, 사람은 자기 이야기를 해야 하는 법이니 말이다.

첫 번째는 기억에 대한 기억이다. 어느 여름날 꽃을 피우고 있는 까치밥나무 덤불 옆에 서 있는데, 옛집에 살던 어느 이른 아침에 형이 장난감 동산을 놀이방으로 들고 왔던 기억이 불과 몇 년 전에 있었던 일이 아니라 수백 년 전에 있었던 일인 양 불쑥 솟아올랐다. 그때 나를 덮쳤던 감정을 제대로 표현하기란 쉽지 않다. 밀턴이 말한 것처럼 에덴 동산의 "가없는 행복"("가없는"이라는 말의 옛 뜻을 그대로 살렸을 때)이 그 감정과 비슷하다. 물론 그것은 갈망의 감정이었다. 그러나 도대체 무엇을 갈망한단 말인가? 이끼로 뒤덮인 양철 과자통을 갈망한 것은 분명 아니었으며, 지나가 버린 과거(이것이 과거의 경험에서 온 감정이긴 했지만)를 갈망한 것도 아니었다. "오, 나는 너무 많이 갈망한다 Ιοῦλιανποθῶ." 그리고 내가 무엇을 갈망했는지 미처 깨닫기도 전에 갈망은 사라지고 온전히 빛나던 섬광이 물러가면서 세상은 다시 평범한 곳으로 돌아왔다. 아니, 그때 막 사라져 버린 '동경을 향한 동경'이 세상을 잠시 휘저어 놓았던 것인지도 모른다. 그 일은 눈 깜짝할 사이에 일어났다. 그러나 그 짧은 순간에 일어난 일이야말로 어떤 의미에서 그때까지 내게 일어났던 그 어떤 일보다 중요했다.

두 번째 섬광은 《다람쥐 넛킨 Squirrel Nutkin》에서 왔다. 베아트릭스 포터의 책은 다 좋아했지만 섬광이 비친 것은 그 책뿐이었다. 다른 책들은 그저 재미가 있었을 뿐이지만, 이 책은 충격을 주었고 고뇌하게 만들었다. 이 책은 내가 '가을의 개념 Idea of Autumn'이라고밖에 표현할 수 없는 것으로 나를 고뇌하게 만들었다. 계절에 마음을 빼앗겼다는 말이 터무니없이 들리겠지만, 그때 내 느낌이 바로 그런 것이었다. 전에도 그러했듯이 그것은 강렬한 갈망의 경험이었다. 나는 갈망을 채우기 위해서가 아니라(그것은 불가능한 일이었다. 가을을 어떻게 **소유할** 수 있겠는가?) 갈망을 또 한 번 일깨우기 위해 책을 다시 읽었다. 그리고 다시 읽었을 때에도 전과 똑같은 놀라움을 느꼈으며 이것이 헤아릴 수 없이 중요한 경험이라는 인상을 받았다. 이것은 일상적인 생활과 아주 다른 어떤 것, 일상적인 쾌감과도 아주 다른 어떤 것이었다. 요즘 사람들의 말대로 "차원이 달랐다".

세 번째 섬광은 시에서 왔다. 나는 롱펠로 Henry Wadsworth Longfellow의 《올라프 왕의 전설 *Saga of King Olaf*》을 애송하게 되었다. 그 시에 나오는 이야기와 활력 넘치는 리듬 때문에 그저 피상적으로 좋아하게 된 것이다. 그런데 별 생각 없이 책장을 넘기다가 〈테그너의 드라파 *Tegner's Drapa*〉를 무운시 無韻詩 로 영역한 부분과 마주쳤을 때, 그렇게 가벼운 쾌감과는 아주 다르게, 마치 아득히 먼 곳에서 들려오는 소리처럼 어떤 한 순간이 다가왔다.

외치는 소리가 들렸네,

아름다운 발데르가

죽었도다, 죽었도다—

나는 발데르[15]에 대해 아는 바가 전혀 없었다. 그러나 그 즉시 광활한 북쪽 나라 하늘 위로 둥실 떠올라, 말로 묘사할 길이 없는 (차갑고 광활하고 혹독하고 창백하고 멀리 있다는 것 외에는) 어떤 것을 가슴이 아플 정도로 간절히 갈망하게 되었다. 그리고 이전의 두 경우에 그러했듯이, 바로 그 순간 그 갈망에서 툭 떨어져 나와 다시 그 갈망으로 되돌아가기를 바라게 되었다.

이 세 가지 일화에 전혀 흥미를 느끼지 못하는 독자는 이 책을 더 이상 읽을 필요가 없다. 어떤 의미에서 이것들이야말로 내 인생 이야기의 주된 부분을 이루고 있기 때문이다. 계속 이 책을 읽고자 하는 이들을 위해 세 가지 경험에 공통적으로 나타났던 특징만 강조하고 넘어가겠다. 그 특징은 바로 충족되지 않는 갈망, 어떤 만족감보다 그 갈망 자체를 더 갈망하게 만드는 갈망이다. 나는 그것을 '기쁨Joy'이라고 부른다. 여기에서 '기쁨'은 전문적인 용어이므로 행복Happiness이나 쾌락Pleasure과 엄격히 구분되

---

15) 북유럽 신화의 주신主神 오딘과 프리그 사이에서 태어난 아들로서 결코 상처를 입지 않는 존재였으나, 눈먼 신 회드가 악한 로키에게 속아 그를 해칠 수 있는 유일한 물체인 겨우살이를 던져서 죽였다.

어야 한다. '기쁨'(내가 말하는 의미의 기쁨)이 행복이나 쾌락과 공유하고 있는 특징은 단 한 가지, 그것을 한번 맛본 사람은 반드시 다시 맛보고 싶어한다는 것뿐이다. 그 한 가지를 제쳐놓고 오직 그 특질만 놓고 생각한다면, 오히려 '기쁨'은 불행이나 슬픔의 특수한 형태라고 불러도 좋을 것이다. 그러나 그것은 우리가 바라는 종류의 경험이다. 그 '기쁨'을 한번 맛본 사람은 세상의 쾌락을 다 준다고 해도 결코 바꾸려 들지 않을 것이라고─만약 '기쁨'과 쾌락이 사람의 재량에 따라 좌우될 수 있는 것이라면─나는 믿는다. 그러나 쾌락은 우리 재량대로 얻을 수 있는 경우가 종종 있지만, '기쁨'은 결코 우리 재량에 달린 것이 아니다.

이제 나는 우리 가족이 겪은 큰 상실의 상처에 대해 이야기하려 하는데, 앞서 말한 일들이 이 사건 전에 일어났는지 후에 일어났는지는 정확히 기억이 나지 않는다. 어느 날 밤, 내가 두통과 치통으로 아파서 우는데도 어머니가 오시지 않아서 짜증이 났다. 그러나 그때 어머니는 앓고 계셨다. 이상하게도 어머니 방에 의사 선생님들이 여럿 와 있었고, 사람들이 두런거리는 소리와 왔다 갔다 하는 소리, 문이 여닫히는 소리들이 들렸다. 몇 시간이나 그랬던 것 같다. 그러고 나서 아버지가 눈물을 흘리며 내 방에 들어오시더니, 전에 생각조차 해 본 적이 없는 일들을 겁에 질려 있던 나에게 전달하고자 애를 쓰셨다. 어머니는 암이었고, 암 환자에게 정해진 수순을 밟고 계셨다. 수술(그 당시에는 환자의 집에서 수술을 했다), 회복하는가 싶다가 다시 재발, 점점 심해지는 고통, 그리고 죽음. 아버지는 그 상실의 상처에서 영원히 벗어나지 못하셨다.

아이들이 어른만큼 고통을 겪지 않는 것은 아니라고 생각한다. 단지 다른 방식으로 겪을 뿐이다. 우리 형제는 어머니가 돌아가시기 전에 이미 진정한 사별을 경험했다. 어머니가 우리로부터 점점 멀어져 간호사와 광란과 모르핀의 세계로 들어가게 되면서, 우리의 존재 전체가 낯설고 위협적인 것으로 바뀌어 가면서, 집 안에 이상한 냄새가 감돌고 한밤중에 웅성거리는 소리와 불길하게 속삭이는 귀엣말들이 떠돌게 되면서, 우리는 서서히 어머니를 잃어갔다.

이것은 두 가지 결과, 아주 나쁜 결과와 아주 좋은 결과를 낳았다. 우리는 어머니뿐 아니라 아버지와도 멀어졌다. 사람들은 슬픔을 나누면 더 가까워진다고 말한다. 그러나 나는 나이 차가 큰 사람들이 슬픔을 나눌 때에도 그런 효과가 난다고는 믿을 수가 없다. 내 경험이 신뢰할 수 있는 것이라면, 어른들이 겪는 괴로움과 공포를 보면서 아이들의 마음은 더 얼어붙고 멀어진다. 물론 그것이 우리 잘못이었을 수도 있다. 우리가 좀더 착한 아이들이었다면 아버지의 고통을 덜어드릴 수 있었을지도 모른다. 그러나 우리는 확실히 그렇게 하지 못했다. 예전에도 아버지는 결코 안정감 있는 사람이라고 할 수 없었으며, 항상 감정이 오르락내리락했다. 아버지의 기질은 불안감 때문에 더 예측할 수 없게 되었다. 아버지는 거칠게 말했고 부당하게 행동했다. 운명은 잔인하게도, 이 불운한 남자가 알지 못하는 사이에 그의 아내뿐 아니라 아들들까지 빼앗아 갔다. 우리 형제는 삶을 견디기 위해 점점 더 서로만 의지하게 되었고, 서로만 믿게 되었다. 우리는(적어도 나는) 그때 이미 아버지에게 거짓말을 하기 시작했던 것 같다. 집을 하나의 가정으로 묶어 주었던 것들이 다 떨어져 나가고, 우리 둘만 남았다. 우리는 날이 갈수록 더 가까워졌다(이것이 좋은 결과였다). 우리는 황량한 세상에서 따뜻한 온기를 찾아 몰려다니는 두 마리 놀란 어린 짐승이었다.

어린 시절의 슬픔은 다른 여러 가지 불행과 뒤얽히게 마련이다. 사람들은 어머니의 시신이 있는 방으로 나를 데려갔다. 그들은 '어머니를 보러' 가자고 했지만, 내가 단박에 눈치챈 것처럼 사실은 '시신을 보러' 가자는 것이었다. 죽음 그 자체의 흉하기 짝이 없는 모습 외에, 어른들이 보통 흉하다고 할 만한 모습은 없었다. 나는 무서워서 슬픔을 느낄 겨를이 없었다. 지금도 나는 시신을 보고 아름답다고 말하는 사람들을 이해하지 못한다. 가장 못생긴 사람이라도 살아 있는 쪽이 죽은 미인보다 아름다운 법이다. 그 후에 이어지는 관이니, 꽃이니, 영구차니, 장례식이니 하는 절차들이 싫어서 나는 몸서리를 쳤다. 나는 외숙모 한 분에게 상복을 입는 것이 얼마나 터무니없는 짓인지에 대해 설교까지 늘어놓았는데, 그것이 어른들에게는 무정하고 어린애답지 않은 짓으로 느껴진 모양이었다. 그러나 다행히도 그 외숙모는 우리가 좋아했던 애니 숙모였다. 외삼촌과 결혼한 애니 외숙모는 캐나다 사람으로서, 우리 어머니만큼이나 양식 있고 해맑은 분이었다. 이제 와서는 결함이라고 생각하지만 그래도 아직 완전히 극복하지는 못한 내 문제—공적이며 집단적인 모든 것에 대한 염증, 형식에 자신을 맞추지 못하는 촌스러움—가, 장례식에 따르는 번잡함과 겉치레에 대한 혐오감으로 그때 이미 나타났던 것 같다.

어머니의 죽음을 내 최초의 종교적 경험으로 생각하는 이들이 있는데, 내 생각은 다르다. 어머니가 회복될 가망이 없다는 말을 들었을 때, 내가 배운 바—믿음으로 드린 기도는 들어주신다는 가르침—를 떠올리기는 했다. 그래서 내 기도를 통해 어머니가 회복될 것이라는 확고한 믿음을 의지력으로 만들어 내기로 했고, 내 생각에는 성공한 것 같았다. 그럼에도 불구하고 어머니가 돌아가시자, 이번에는 어머니가 되살아나는 기적이 일어날 것을 믿기로 했다. 흥미로운 점은, 그 결과에 실망하긴 했지만 그 이상의 감정은 느끼지 않았다는 것이다. 원하던 일은 일어나지 않았으나, 일이 원하는 대로 되지 않는 데 익숙해져 있었던 나는 더 이상 그 일에 마음을 두지 않았다. 사실은 내가 스스로 최면을 걸어 갖게 된 믿음 자체가 너무나 비종교적이었던 탓에, 그 믿음이 아무 결과도 낳지 못했음에도 불구하고 종교적인 저항이 일어나지 않았던 것이 아닌가 한다. 나는 사랑도 없고 경외감도 없고 무서워하는 마음조차 없이 하나님께, 아니 사실은 내가 만든 하나님의 개념에 다가갔던 것이다. 기적을 행해 주기 바랐던 내 마음속의 하나님은 구세주나 심판자가 아니라 한낱 마술사에 불과했다. 나는 그가 내 요구를 들어주고 난 후에는 그냥 사라져 버릴 것이라고 생각했다. 내 편에서 먼저 시도했던 이 엄청난 접촉이 현재 상태status quo 를 되돌려 놓는 것 이외의 결과를 초래할 수 있다는 생각은 전혀 하지 않았다. 나는 아이들이 이런 종류의 '믿음'을 갖게 되는 경우 가 종종 있으며, 혹 그 결과에 실망한다고 해도 거기에 종교적인 의미가 있다고는 생각지 않는다. 설사 아이들이 마음속에 그리는 대로 이루어진다고 해도, 거기에 무슨 종교적인 의미가 있는 것은 아니듯이 말이다.

어머니의 죽음과 더불어 안정된 행복도, 평온하고 듬직하던 모든 것들도 내 삶에서 사라져 버렸다. 물론 이후로도 재미있는 일이나 즐거운 일이 많을 것이고, '기쁨'이 잠깐 깃들기도 하리라. 그러나 예전의 그 안정감은 다시 누리지 못할 것이다. 이제 바다에는 섬들만 떠 있을 뿐이었다. 거대한 대륙은 아틀란티스처럼 가라앉고 없었다.

2

강제수용소

색칠한 막대로 산수 가르치기
〈타임즈 교육 부록 *Times Educational Supplement*(1954. 11.19.)〉

따가닥, 따가닥, 따가닥, 따가닥……

1908년 어느 가을날 저녁, 아버지와 형과 내가 사륜마차를 타고 땅거미가 축축히 내리고 있는 벨파스트의 울퉁불퉁한 길 위를 덜커덩거리며 달리고 있다. 나는 처음으로 학교에 가려는 참이다. 우리는 기분이 처져 있다. 가장 그럴 법한 이유가 있는 형—형만이 우리가 앞으로 어떤 일을 겪게 될지 알고 있었으므로—은 감정을 최대한 자제하고 있다. 형은 이미 노련하다. 나는 약간 들떠 있을 수도 있지만, 아주 약간일 뿐이다. 그 순간에 가장 중요한 것은 내가 끔찍한 복장을 해야 한다는 사실이다. 아침—불과 두 시간 전—만 해도 반바지와 편한 웃옷 차림에 운동화를 신고 쏘다니고 있었다. 그런데 지금은 색깔 짙은 두꺼운 옷에 감겨 숨이 막히고 땀이 나고 가려운 데다가, 빳빳한 칼라는 목을 조르고 새 구두는 발을 조이고 있는 것이다. 나는 무릎께를 단추로 여미는 니커보커 바지를 입고 있다. 앞으로 몇 년간은 1년에 40주 가량 밤에 잠옷을 갈아입을 때마다, 이 단추에 빨갛게 짓눌려 쓰라린 자국을 보게 될 것이다. 제일 고통스러운 것은 중산모로서, 마치 강철로 만든 듯 내 머리를 옥죄고 있다.

이와 똑같은 곤경에 처한 소년들이 이런 일을 어른이 된 표지로 생각하고 반갑게 여겼다고 쓴 글을 읽은 적이 있는데, 나는 그런 감정을 느끼지 못했다. 내 경험으로는 아이에서 학생이 되었다고 해서 좋은 일은 하나도 없었고, 학생에서 어른이 되었다고 해서 좋은 일 또한 하나도 없었다. 형은 방학 때 집에 와도 학교 이야기를 많이 하지 않았다. 내가 맹목적으로 믿고 있었던 아버지는 "어른들의 삶이란 망하지나 않을까 끊임없이 걱정하는 일을 천형으로 짊어지고 사는 삶"이라고 말씀하셨다. 아버지는 이 부분에서 우리를 속이려 하지 않았다. 아버지는 당신 기질대로 "얼마 안 가 구빈원에 갈 수밖에 없을 거다"라고 자주 탄식하셨는데, 잠시 동안이나마 진짜 그렇게 되리라고 믿었거나 적어도 그렇게 될 것 같은 느낌이 들어서 그런 말을 하신 것이다. 나는 그 말을 있는 그대로 받아들여서, 어른이 된다는 것은 정말 우울한 일이라고 생각했다. 그런 상황에서 교복을 입는다는 것은 죄수복을 입는 것이나 다름이 없었다.

우리는 선창에 다다라 '플릿우드 호' 라는 낡은 배를 탄다. 아버지는 처량하게 갑판을 몇 번 거닌 후 작별 인사를 한다. 아버지는 감정이 북받쳐 있다. 그러나 어쩌랴, 나는 창피하고 부끄러운 마음이 더 크다. 아버지가 배에서 내려가신 후에야 우리는 비교적 기운을 차린다. 형은 배 구경을 시켜 주고, 눈에 들어오는 다른 배들에 대해 설명하기 시작한다. 형은 여행을 많이 했고 세상 물정에 밝다. 어느새 기분 좋은 흥분이 나를 사로잡는다. 매끄러운 수면에 비치는 항구의 모습과 배 우현에서 비치는 불빛, 권양기가 삐그덕거리는 소리, 기계실 채광창에서 새어나오는 따뜻한 냄새가 마음에 든다. 배가 떠난다. 우리와 포구를 가르는 어두운 공간이 점점 넓어진다. 발밑에서 스크루가 힘차게 돌아가는 것이 느껴진다. 배는 곧 호수를 따라 내려가고, 입술에는 소금기가 느껴진다. 내가 구별할 수 있는 것은 우리로부터 멀어지고 있는 배 고물 쪽의 한 무더기 불빛뿐이다. 우리가 선실로 내려간 후, 바람이 몰아치기 시작한다. 험악한 밤이고 형은 뱃멀미를 한다. 어리석게도 내 눈에는 그것마저 대단한 일로 보여 부러운 생각이 든다. 형은 경험 많은 여행자가 하는 행동을 다 하고 있다. 엄청난 노력 끝에 마침내 나도 토하는 데 성공한다. 어설픈 짓─그때나 지금이나 나는 배를 아주 잘 탄다─이다.

잉글랜드 사람들은 내가 잉글랜드를 처음 보았을 때 받은 인상을 이해할 수 없을 것이다. 우리가 내린 시각은 다음 날 새벽 6시 경이었는데(그러나 한밤중 같았다), 나는 땅에 발을 내딛자마자 그 땅이 싫어졌다. 이른 아침에 보는 랭카셔의 모래벌판은 정말이지 음산하다. 그 당시 내 눈에는 마치 스틱스 강[16] 기슭처럼 보였다. 주변에서 들려오는 낯선 억양은 악마의 소리처럼 들렸다. 그러나 최악은 플릿우드에서 내려 유스턴으로 가는 길에 펼쳐진 풍경이 었다. 어른이 된 지금 봐도 그 길은 잉글랜드에서 지루하고 매정 한 살풍경으로 보인다. 하물며 바다 가까이, 높은 산마루가 보이 는 곳에서만 살았던 아이에게 그 광경은 마치 영국 아이 눈에 비 친 러시아 같았을 것이다. 그 단조로움! 너무 길어서 지루하기 짝 이 없는 그 광경! 아무 특색 없이 몇 마일이나 이어지며, 사람을 바 다에서 몰아내 가두는 듯 답답하게 만드는 그 땅! 내가 보기에는 제대로 된 구석이 한 군데도 없었다. 돌담과 산울타리 대신 목책 이 둘려 있었고, 하얀 시골집 대신 붉은 벽돌로 지은 농가가 서 있 었으며, 들판은 너무 넓었고, 짚더미는 잘못된 모양으로 쌓여 있 었다. 낯선 집은 마룻바닥도 옹이투성이라는 《칼레발라 Kalevala》 의 시구가 딱 맞다. 그 후 나는 투정을 가라앉혔다. 그러나 그 순간 에 잉글랜드에 느꼈던 혐오감을 치유하기까지는 몇 년이 더 흘러 야 했다.

---

16) 그리스 신화에서 지하 세계를 흐르는 강 가운데 하나.

우리의 목적지는 하퍼드셔의 작은 마을—그곳을 '벨젠 Belsen' 이라고 부르기로 하자—이었다. 램 Charles Lamb 은 그곳을 "푸르른 하퍼드셔"라고 불렀지만, 다운 카운티에서 자란 소년의 눈에는 전혀 푸르러 보이지 않았다. 단조로운 하퍼드셔, 무정한 하퍼드셔, 흙이 누런 하퍼드셔였을 뿐이다. 잉글랜드와 유럽 대륙의 기후가 다르듯이, 잉글랜드와 아일랜드의 기후도 달랐다. 나는 벨젠에서 전에 겪지 못했던 악천후를 많이 겪었다. 나는 거기에서 처음으로 살을 에는 서리와 얼얼한 안개, 찌는 듯한 더위와 엄청난 뇌우의 존재를 알았다. 그리고 거기에서 처음으로 커튼 없는 기숙사 창문으로 비치는 보름달의 오싹한 아름다움을 알게 되었다.

내가 처음 알게 된 것은, 그 학교에 8, 9명 정도의 기숙생과 그만한 숫자의 통학생이 있다는 사실이었다. 돌바닥 같은 학교 운동장에서 지루한 공놀이를 하는 것 외에 조직화된 운동경기는 이미 오래 전에 시들해진 상태였고, 내가 간 지 얼마 안 되어 결국 완전히 없어지고 말았다. 욕탕에서 일주일에 한 번 목욕하는 것 말고는 목욕하는 일도 없었다. 1908년 그곳에 갔을 때 나는 이미 라틴어 연습문제를 풀고 있었는데(어머니가 가르쳐 주신 대로), 1910년 그곳을 떠날 때에도 여전히 라틴어 연습문제를 풀고 있었다. 로마작가는 구경도 해 본 적이 없었다. 선생님들이 가르칠 때 유일하게 자극적인 요소라고는 하나뿐인 교실의 녹색 벽난로 위에 걸려 있던, 길이 잘든 회초리 몇 개뿐이었다. 교사진은 소유주이자 교장(우리는 그를 '올디 Oldie' 라고 불렀다)과 그의 다 큰 아들(그는 '위 위 Wee Wee' 였다)[17], 그리고 보조교사가 전부였다.

보조교사는 매우 빠른 속도로 바뀌었다. 일주일도 채 못 채운 사람도 있었다. 한 사람은 학생들이 보는 앞에서 해고당했는데, 올디는 자신이 성직에 종사하는 사람만 아니라면 발로 차서 내쫓았을 것이라는 말을 덧붙였다. 그 기이한 광경이 기숙사에서 벌어졌다는 것은 기억이 나지만, 왜 그런 일이 일어났는지는 기억나지 않는다. 보조교사들은(일주일도 채 못 채운 그 사람을 제외하고) 우리만큼이나 올디를 무서워했다. 그러나 마침내 더 이상 보조교사는 오지 않게 되었고, 올디의 막내딸이 초급반을 가르쳤다. 기숙생이 겨우 다섯 명 남게 되자, 올디는 마침내 학교를 포기하고 성직으로 돌아서서 영혼을 구원하는 길을 택했다. 나는 최후의 생존자 중 한 사람으로서, 배가 완전히 가라앉고 나서야 그 난파선을 떠났다.

올디는 항해 중인 선장처럼 고독한 절대권력 속에서 살았다. 그 집에서는 그와 동등한 입장에서 이야기할 수 있는 사람이 아무도 없었다. 오직 위위만 먼저 말을 꺼낼 수 있을 뿐이었다. 학생들은 식사 때 그들의 가정생활을 엿볼 수 있었다. 아들이 오른쪽에 앉았다. 부자는 따로 음식을 받았다. 아내와 장성한 세 딸(침묵하고

---

17) 'Oldie' 는 '늙은이', '구닥다리' 를 뜻하는 속어이다. 'wee' 는 '아주 작다' 는 뜻의 스코틀랜드 방언, 'wee-wee' 는 '쉬하다' 는 뜻의 속어이다.

있다), 보조교사(침묵하고 있다), 학생들(침묵하고 있다)은 그보다 못한 음식을 씹었다. 아내는 올디에게 전혀 말을 붙이는 것 같지 않았지만, 그래도 대답 비슷한 것은 했다. 딸들—이 세 명의 비극적인 인물들은 여름이나 겨울이나 똑같이 초라한 검정 옷을 입고 있었다—은 아주 가끔 질문을 받게 되어도, 거의 속삭이는 듯한 소리로 "네, 아빠", "아니오, 아빠" 이상은 말하는 법이 없었다. 방문객도 거의 없었다. 올디와 위위는 저녁 식사 때 맥주를 마시면서 보조교사에게도 한 잔씩 권하곤 했는데, 물론 그것은 마땅히 거절해야 하는 권유였다. 그 권유를 받아들이면 맥주 한 잔은 마실 수 있었지만, 잠시 후 "N 선생, 좀 **더** 잡숫고 싶으시지?"라고 비꼬는 벽력 같은 소리에 제 본분을 깨닫게 마련이었다. N 선생님은 담대한 사람이어서 "아, 고맙습니다, C 선생님, 한 잔 더 하지요"라고 가볍게 받아넘겼다. 이 사람이 일주일도 못 넘기고 도중하차한 그 사람이다. 그날 또 어떤 다른 일들이 벌어졌는지 학생들은 알 길이 없었다.

나는 올디가 예뻐한 축에 속했는데, 결단코 내가 잘 보이려 해서 그런 것이 아니었을 뿐 아니라 사실 그가 예뻐해서 득될 일 또한 없었다. 형도 올디에게 자주 당하는 희생자는 아니었다. 올디는 제대로 해내는 것이 없는 학생들을 희생자로 삼았기 때문이다. 하루는 아침 식사 후에 교실에 들어와서 학생들을 쓰윽 둘러보더니 "아, 거기 있었구나, 꼴보기 싫은 리즈. 피곤하지만 않으면 오

늘 오후에 시원하게 매타작을 해 주마"라고 했다. 그는 화가 난 것
도 아니었고 농담을 하고 있는 것도 아니었다.

그는 몸집이 크고, 아시리아 왕의 석상처럼 두툼한 입술에 턱수
염을 길렀으며, 엄청나게 힘이 센 데다가 겉보기에도 지저분했다.
요즘은 너나없이 사디즘을 들먹이지만, 올디의 잔인성에 모종의
성애적 요소가 섞여 있었던 것 같지는 않다. 그때도 대충은 짐작
했거니와 지금 명확히 알고 있는 바, 그가 즐겨 때리는 아이들에
게는 공통점이 있었다. 그들은 일정한 사회 기준에 못 미치는 학
생들이었고, 하층 계급의 말투를 썼다. 불쌍한 P—착하고 정직하
고 근면하고 정 많고 건전한 의미에서 경건했던 P—는 쉴 새 없이
맞았는데, 지금 생각해 보니 이유는 단 하나, 그 아이 아버지가 치
과 의사라는 데 있었다.[18] 한번은 올디가 P를 교실 한구석에 엎드
리게 해 놓고 한 번 맞을 때마다 교실을 가로질러 달리게 한 적이
있었다. P는 워낙 맞는 데 단련이 되어 있어서 신음 소리를 내지
않았음에도 불구하고, 고문이 끝날 즈음이 되자 마치 인간의 소리
가 아닌 듯한 소리가 그의 입술에서 새어 나왔다. 쉰 듯한, 또는 껄
떡거리는 듯한 그 이상한 울음소리, 잿빛으로 굳어 버린 학생들의
얼굴, 죽음과도 같았던 정적은 나의 뇌리에서 제발 지워 버리고
싶은 기억이다.[19]

---

18) 그 당시 치과 의사는 하층 기술직에 속했다.
19) 이 체벌은 기하 증명을 제대로 하지 못했다고 내려진 것이었다. ─ 지은이 주

이상한 점은, 이 모든 잔인한 짓거리에도 불구하고 우리가 놀라
울 만큼 공부를 하지 않았다는 것이다. 아마도 부분적으로는 그
잔인성이 비논리적이고 예측 불가능한 것이었기 때문일 것이다.
그러나 또 한편으로는 올디의 이상한 방법론 탓이기도 했다. 올디
는 기하(그가 정말 좋아했던 과목이다) 말고는 가르치는 것이 거의
없었다. 그는 수업시간에 학생을 일으켜 세워 질문을 던졌다. 그
리고 대답이 시원찮을 때마다 낮고 조용한 목소리로 "회초리를 가
져와. 맞아야겠군"이라고 말했다. 학생이 헛갈려 하면 올디는 책
상을 때리면서 점점 더 큰 목소리로 "생각, 생각, **생각!!**"이라고 소
리쳤다. 그리고 처벌의 서곡序曲으로 "나와, 나와, 나와"라고 중
얼거렸다. 그러다가 정말 화가 나면 아주 우스꽝스러운 짓도 했
다. 이를테면 새끼손가락으로 귀지를 파내면서 "예이, 예이, 예이,
예이……" 하며 웅얼거리는 식이었다. 나는 그가 책상 위로 뛰어
올라 춤추는 곰처럼 빙빙 도는 모습을 본 적도 있었다. 그 와중에
위위나 보조교사(나중에는 올디의 막내딸)는 속삭이는 듯한 목소리
로 다른 책상에서 초급반을 가르쳤다.

이런 종류의 '수업'은 오래가지 못했다. 그러면 남는 시간에는
무엇을 했을까? 올디는 자기 입장에서 가장 덜 번거로운 산수를
시켰다. 그에 따라 우리는 아침 9시에 학교에 들어서면서부터 각
자 석판을 집어들고 셈을 했다. 얼마 후 이름이 불리면 '배운 것을
암기' 했다. 그리고 암기가 끝나면 제자리로 돌아가 또 셈을 했다.

그 짓이 끝도 없이 이어졌다. 그림이나 과학 같은 다른 공부는

깊은 바다의 꾸밈없는 가슴을
갖가지 호화로운 보석으로 수놓으려는

섬들(바위투성이의 위험한 섬들)로 보였다. 해안도 없이 펼쳐진 산수
의 대양은 그야말로 깊디깊은 바다였다. 학생들은 오전수업이 끝
날 때마다 얼마나 셈을 많이 했는지 보고해야 했다. 거짓말로 무사
히 빠져나간다는 것은 쉬운 일이 아니었다. 그러나 감독은 소홀했
고 감독을 도와주는 사람도 없었다. 형은—앞서 말했듯이 형은 이
미 세상 물정에 밝았다—곧 적당한 해결책을 찾아냈다. 형은 아침
마다 다섯 문제를 풀었노라고 아주 정직하게 말했다. 그러나 매일
똑같은 문제를 풀었다는 사실은 밝히지 않았다. 형이 같은 문제를
도대체 몇천 번이나 풀었는지 세 보면 재미있을 것이다.
　이제 자제해야겠다. 올디에 대해서라면 몇 쪽이라도 더 얘기할
수 있지만 말이다. 가장 극악한 이야기는 아직 꺼내지도 않았다. 그
러나 그 얘기까지 하는 것은 나쁜 짓이 될 터이고, 꼭 그럴 필요도
없다. 올디에게도 한 가지 좋은 점은 있었다. 어느 날 한 학생이 양
심에 찔려, 탄로 날 염려가 없는 거짓말을 하나 고백했다. 도깨비
영감은 감동했다. 그는 공포에 질린 소년의 등을 두드리면서 "언제
나 진실하거라"고만 말하고 넘어갔다. 또 기하학을 잔인하게 가르

치기는 했지만 잘 가르쳤다. 그는 추론을 억지로 시켰는데, 그 기하학 수업 덕분에 나는 평생에 더 나은 사람이 될 수 있었다.

그 밖에도 그의 행동을 조금은 용서할 마음을 갖게 할 법한 변명거리 비슷한 것이 있다. 몇 년 후 형이 올디의 학교 옆집에서 자란 사람을 한 명 만났다. 그와 그의 가족들은(내 생각에는 다른 이웃들도 대부분) 올디가 미쳤다고 생각했다. 그들의 생각이 맞을지도 모른다. 만약 올디가 바로 그 몇 년 사이에 미친 것이라면, 나를 혼란스럽게 했던 문제가 하나 해결되는 셈이다. 내가 아는 바대로라면 그 학교에서는 학생 대부분이 아무것도 배우지 못했고, 어떤 학생도 제대로 배우지 못했다. 그런데 올디는 옛날에 자기 학교의 성적이 얼마나 뛰어났는지 자랑하곤 했다. 올디의 말대로 그 학교가 내가 다닐 때처럼 늘 엉터리는 아니었을 것이다.

우리 아버지가 왜 그런 곳에 우리를 보냈는지 궁금할 것이다. 아버지가 아무 학교나 고른 것은 분명히 아니었다. 남아 있는 편지들로 미루어 볼 때, 아버지는 올디의 학교를 낙점하기 전에 다른 학교들도 많이 고려의 대상에 포함시켰다. 더구나 내가 아는 아버지는 처음 떠오른 생각(옳은 생각일 가능성이 있다)은 물론이고 스물한 번째 든 생각(최소한 조리는 있는 생각이었을 것이다)에 좌우되어 이런 문제를 결정할 분이 아니었다. 아버지는 틀림없이 백한 번째까지 심사숙고했을 것이다. 그러나 불행히도 그것은 돌이킬 수 없을 만큼 잘못된 생각이었다. 이것은 스스로 섬세한 인간이라고 믿는 단순한 사람이 심사숙고할 때 언제나 벌어지는 일이다. 얼 John Earle 의 《종교적 회의주의자 Scepticke in Religion》에 나오는 인물처럼 아버지는 "언제나 스스로에게 너무 엄격했다." 아버지는 자신이 이른바 '행간의 의미를 읽는 데' 능란하다고 자부하셨다. 그래서 어떤 사실이나 보고문의 명백한 의미조차 늘 의심해 버릇했다. 그 속에 담긴 진정한 의미를 파악할 수 있는 사람은 오직 당신 자신뿐이라고 생각했고, 쉼 없이 가지를 뻗는 상상력으로 당신도 모르는 사이에 이른바 '진정한 의미'를 창작해 내셨다. 아버지는 스스로 올디 학교의 입학안내문이 무슨 뜻인지 해석하고 있다고 생각했지만, 사실은 가상의 학교 이야기를 마음속에서 지어내고 계셨다. 단언하건대, 아버지는 그 모든 이야기를 극도로 세심하게, 심지어 고뇌하면서까지 지어내셨을 것이다.

우리가 벨젠에서 겪은 진짜 이야기가 아버지가 지어낸 가짜 이야기를 결국 밀어내지 않았겠느냐고 생각할 수도 있다. 그러나 그런 일은 일어나지 않았다. 내 생각에 그런 일은 거의 일어나지 않는다. 우리의 아버지들이 자기 자녀가 다니는 학교에서 무슨 일이 일어나는지 항상 알았다면, 아니 어쩌다 한 번씩이라도 알았다면, 교육의 역사는 아주 달라졌을 것이다. 어쨌거나 형과 나는 아버지 마음에 진실을 각인시키지 못했던 것이 분명하다. 일단 아버지는 쉽게 정보를 받아들이는 분이 아니었다(이 점은 나중에 더 분명하게 드러날 것이다). 아버지의 마음은 너무 활발히 움직인 나머지 정확한 수신受信의 기능을 수행하지 못했다. 아버지가 들었다고 생각하시는 내용과 우리가 말한 내용이 정확히 일치하는 경우는 단 한 번도 없었다.

우리도 열심히 노력하지 않은 것이 사실이다. 다른 아이들처럼 우리도 비교할 기준이 없었다. 우리는 다른 학교 학생들도 벨젠의 불행 같은 불행을 다 겪고 있는 줄 알았다. 허영심도 우리의 혀를 묶어 놓는 데 일조했다. 학교에서 집으로 돌아온 소년은(특히 방학이 한없이 길 것처럼 느껴지는 첫 주에는) 자기과시를 하고 싶어하는 법이다. 소년은 자기 선생을 도깨비보다는 허풍쟁이로 묘사하고 싶어한다. 겁쟁이나 울보 취급을 당하기 싫은 소년은 자기가 지난 13주 동안 눈물로 얼룩진 창백한 얼굴로 벌벌 떨면서 알랑거리며 노예 생활을 했던 강제수용소의 실상을 있는 그대로 털어놓지 못한다. 누구든지 동굴감옥ergastulum에 갇혀서 얻은 상처보다는 용감히 싸우다가 얻은 상처를 내보이고 싶어하는 법이다. 설사 우리가 올디의 학교에서 보낸 허송세월과 비참한 시간들에 대해 아버지의 책임을 추궁했다 한들 아버지는 그 추궁을 견디지 못했을 것이 틀림없다. 그러니 이제 단테Alighieri Dante의 말을 빌려 "거기서 찾은 좋은 점을 다루기로" 하자.

첫째로, 나는 우정까지는 아니더라도 최소한 집단의식을 배우게 되었다. 형이 처음 학교에 갔을 때는 동료 학생들에게 완력을 행사하는 일들이 있었다고 한다. 나는 처음 몇 학기 동안 형의 보호를 받았는데(그 후 형은 우리가 '와이번 Wyvern'이라고 부른 학교로 떠났다) 그것이 과연 필요한 조처였는지 모르겠다. 학교가 기울어 가던 마지막 몇 년간, 기숙생들의 숫자도 적은 데다가 그나마 열악한 대접을 받았던 탓에 누구도 남을 괴롭힐 여력이 없었기 때문이다. 또 얼마 후에는 새로 오는 학생 자체가 아예 없어졌다. 우리는 싸울 때도 있었고, 당시에는 그 싸움을 아주 심각하게 생각했다. 그러나 파국이 오기 훨씬 전부터 서로 너무 오래 알고 지낸 데다가 고생도 너무 많이 함께한 덕분에 최소한 오래된 지기知己라고 할 정도의 사이가 되었다. 내 생각에는 바로 이 점 때문에 벨젠의 학교가 궁극적으로 그리 큰 해가 되지 않았던 것 같다. 윗사람이 아무리 괴롭힌다고 해도 같은 친구가 괴롭히는 것만큼 소년의 마음을 할퀴지는 못하는 법이다.

다섯 명 남은 우리 기숙생들은 우리끼리 모여 즐거운 시간을 보냈다. 조직적인 운동경기가 폐지된 것은 우리 대부분이 진학할 예정이었던 사립학교 입학 준비에는 치명타였지만, 그 당시 우리에게는 대단한 축복이 아닐 수 없었다. 주말이면 우리끼리 산책 나가는 것이 허락되었다. 우리는 많이 걷지 않았다. 활기라고는 찾아볼 수 없는 마을 구멍가게에 들러 사탕을 산 후 방둑 길 주변을 어슬렁거리거나, 기찻길이 지나가는 언덕 절개면 위쪽에 앉아 터널 입구에서 기차가 나오는 것을 지켜보았다.

하퍼드셔는 이제 덜 험악해 보였다. 우리들의 대화는 사립학교

학생들이 좋아하는 좁은 관심사에 국한되어 있지 않았다. 우리는 여전히 아이의 호기심을 가지고 있었다. 그 즈음에 나로서는 최초로 형이상학적 논쟁에 참여했던 일도 기억난다. 우리는 미래가 사람의 눈으로 볼 수 없는 선線 같은 것인지, 아니면 아직 그려지지 않은 선 같은 것인지를 놓고 논쟁했다. 내가 어느 편을 들었는지는 잊어버렸지만 아주 열렬하게 논쟁했던 것만큼은 기억하고 있다. 그리고 거기에는 언제나 체스터턴 G. K. Chesterton 이 말한 바, "옛 농담이 서서히 익어 가는 과정"이 있었다.

내가 집에서 이미 경험했던 양상이 학교에서도 나타나고 있는 것을 독자들은 눈치챘을 것이다. 나는 집에서 힘든 시기를 보내면서 형과 가까워졌다. 학교에서 지낸 시간은 언제나 힘들었기 때문에, 올디에 대한 공포와 혐오감이 학생들에게 그와 비슷한 작용을 했다. 올디의 학교는 어떤 면에서 《역할 뒤집기 Vice Versa》에 나오는 그림스턴 박사의 학교와 매우 닮았다. 그러나 그림스턴 박사의 학교와 달리 밀고자는 없었다. 우리는 견고하게 공동의 적에 맞섰다.

나는 그렇게 이른 나이에 이런 일이 두 번이나 반복되는 바람에 나의 시각 전체가 과도하게 한쪽으로 기울어진 것이 아닌가 생각한다. 오늘날까지도 나에게 가장 자연스러운 세계관은 '우리 둘'이나 '우리 몇몇'(이 경우는 '운좋은 우리 몇몇'이 되겠다)이 힘을 합쳐 더 강하고 큰 세력에 맞서는 것이다. 1940년 영국의 처지는 내게 전혀 놀라운 것이 아니었다.[20] 그것은 내가 늘 예상하고 있던 상황이었다. 사정이 이렇다 보니 우정은 내 행복의 가장 큰 원천이 되어 온 반면, 단순히 사람들과 안면을 트는 일이나 일반적인 의미의 사교는 나에게 별 의미를 주지 못했다. 인간이 왜 진정한 친구가 될 수 있는 사람들보다 더 많은 수의 사람들을 알고 싶어 하는지 나로서는 이해할 수가 없다. 또 사정이 이렇다 보니 비인 격적인 대규모 운동이나 명분 같은 것에도 비난을 피하지 못할 정 도로 관심이 부족하다. 내가 전투 자체(이야기에 나오는 전투이든 실 제 전투이든)에 기울이는 관심은 전투원의 숫자에 기울이는 관심에 거의 반비례한다.

얼마 지나지 않아 올디의 학교는 다른 방면에서도 내가 집에서 경험한 일을 반복해서 경험하게 해 주었다. 올디의 아내가 죽었 다. 학기 중이었다. 올디는 상실감 때문에 더 폭력적이 되었다. 그 정도가 얼마나 심했던지, 위위가 대신 학생들에게 사과할 정도였 다. 독자들은 내가 그 전에도 감정적인 것을 무서워하고 싫어했다 는 사실을 기억할 것이다. 그런데 더더욱 그렇게 될 수밖에 없는 이유가 한 가지 더 생긴 것이다.

올디의 학교에서 겪었던 가장 중요한 사건은 아직 이야기하지 않았다. 나는 그 학교에서 처음으로 실질적인 신자가 되었다. 내

---

20) 제2차 세계대전의 상황을 가리킨다.

가 아는 한, 그 계기는 일요일마다 두 번씩 가게 되어 있었던 교회가 제공해 주었다. 그 교회는 고교회파에 속하는 '영국 성공회 내 가톨릭파'였다. 나는 의식意識의 차원에서 그 교회의 특성에 강하게 반발했다. 나는 북아일랜드 얼스터의 개신교도이다. 그런데 이 낯선 의식은 내가 혐오하는 잉글랜드의 분위기를 핵심적으로 대변하고 있지 않은가? 그러나 무의식적인 차원에서는 촛대와 향, 제복, 무릎을 꿇고 부르는 성가 등이 상당 부분 정반대의 영향을 끼치지 않았는가 싶다.

그러나 그것이 중요한 사실은 아니라고 생각한다. 정작 중요한 사실은, 내가 그 교회에서 기독교 교리를 분명히 믿는 이들의 가르침(일반적으로 '고조된 감정'에서 나오는 말이 아니라)을 받았다는 것이다. 나는 회의론자가 아니었기 때문에, 그 가르침은 내가 과거에도 이미 믿고 있다고 생각했던 것들을 생생하게 되살리는 효과를 냈다. 이러한 경험에는 굉장한 두려움이 뒤따랐다. 그 당시 내가 느꼈던 두려움이 건전한 두려움, 사실은 꼭 필요하다고 해야 할 두려움을 넘어설 정도로 지나친 것이었다고는 생각지 않는다. 그럼에도 불구하고 내 책에 지옥 이야기가 너무 많이 나온다고 생각하는 사람들이나 그 점에 대해 역사적인 설명을 듣고자 하는 비평가들은, 얼스터에서 보낸 어린 시절에 형성되었을 청교도주의보다는 벨젠의 교회에서 형성된 성공회 신앙에서 그 답을 찾아야 할 것이다. 나는 넋이 빠질 정도로 무서웠다. 특히 달빛이 괴괴한 밤, 커튼도 없는 기숙사에서 들리는 다른 학생들의 쌔근대는 숨소리가 얼마나 무서웠던지! 내가 판단하건대 그 효과는 전적으로 긍정적인 것이었다. 나는 진지하게 기도하기 시작했고, 성경을 읽기 시작했으며, 양심의 소리에 따르려고 노력했다. 종교는 우리가 종종 토론하는 주제 가운데 하나였다. 내 기억에 따르면 우리는 건전하고도 유익한 방식으로 아주 진중하게 토론했고, 과도하게 흥분하거나 선배들이 있다고 해서 창피하게 여기지 않았다. 그 후 이 출발점에서 어떻게 뒷걸음질을 치게 되었는지에 대해서는 앞으로 이야기할 기회가 있을 것이다.

지적인 면에서 볼 때, 올디의 학교에서 보낸 시간은 거의 완전히 허비한 셈이라고 할 수 있다. 만약 그 학교가 문을 닫지 않아 2년만 더 거기에 다녔더라면, 아마도 학자로서 내 운명은 영원히 끝나고 말았을 것이다. 기하와 《웨스트 영문법》 몇 쪽만이(그나마 영문법도 내가 찾아 공부했던 것 같다) 수지맞은 유일한 항목이라고 할 수 있었다. 그 밖에 산수의 바다에서 건질 수 있었던 것이라고는 연도와 전쟁과 수출품, 수입품 등등이 뒤얽힌 해초 더미뿐으로서, 배우고 돌아서면 잊어버리는 것들이었을 뿐 아니라 기억해 봤자 전혀 쓸모가 없는 것들이었다.

나는 상상의 세계에서도 엄청나게 퇴보하였다. '기쁨'(내가 앞서 정의한 '기쁨')은 수년간 사라졌고 잊혀졌다. 나는 주로 시시한 책 나부랭이를 읽었다. 그러나 학교에는 도서관이 없었으므로, 올디가 나의 독서에 책임을 져야 한다고 말할 수는 없다. 나는 《선장 The Captain》에 나오는 시시한 학교 이야기들을 읽었다. 내가 그 책을 읽으며 느낀 쾌락을 정확히 표현하자면, 자기 소망이 충족되는 쾌감과 환상이라고 할 수 있다. 나는 주인공의 승리에 대리 만족을 느꼈다. 소년이 동화에서 학교소설로 옮겨 가는 것은 퇴보이지 전진이 아니다. 《피터 래빗 Peter Rabbit》은 이러한 사심 私心과는 무관하게 상상력을 즐겁게 해 준다. 아이들은 토끼가 되고 싶어서 그 책을 좋아하는 것이 아니기 때문이다. 물론 나중에 커서 《햄릿 Hamlet》을 읽고 햄릿을 연기해 보고 싶어하듯이 토끼 시늉을 해 보고 싶을 수는 있겠지만 말이다. 그러나 앞날에 기대할 것이 하나도 없는 소년이 퍼스트 일레븐 호의 선장이 된다는 이야기는 그야말로 소년의 야심을 부추기기 위해 만들어진 이야기이다.

또 나는 《쿠오 바디스 Quo Vadis》, 《암흑과 새벽 Darkness and Dawn》, 《글래디에이터 Gladiators》, 《벤허 Ben Hur》 등, 고대 세계에 관한 이야기라면 무엇이든지 좋아하게 되었다. 종교에 새로이 관심을 갖게 되면서 이런 취향이 생긴 것은 아닐까 짐작할지 모르겠지만, 내 생각에는 그렇지 않다. 초대 교회 그리스도인들이 이런 이야기에 많이 등장하기는 하지만, 내가 책에서 보고 싶어했던 것은 그 사람들이 아니었다. 내가 보고 싶었던 것은 샌들이나 사원, 토가,[21] 노예, 황제, 갤리선,[22] 원형경기장이었다. 지금 보면 그것들이 주는 매혹은 관능적인 것이었고, 그 관능성에는 다소 병적인 데가 있었다. 그리고 그 책들은 문학적으로 볼 때 대체로 저급한 작품들이었다.

그 당시 내가 본 책 중에 비교적 나은 것으로는 라이더 해거드 Rider Haggard의 작품과 웰즈 H. G. Wells의 '공상과학소설'이 있었다. '다른 행성'이라는 개념은 당시의 내게 독특하고 자극적인 유혹으로서, 내가 문학적으로 관심을 가지고 있었던 그 밖의 것들과 사뭇 다른 점을 가지고 있었다. 가장 다른 점은 그것이 '멀리 있는 것 Das Ferne'을 부르는 낭만적인 주술이 아니라는 것이었다. '기쁨'(내가 부여한 전문적인 의미의 기쁨)은 결코 화성이나 달에서 날아오는 것이 아니었다. '다른 행성'은 '기쁨'보다 조잡하지만 더 강력한 어떤 것이었다. 거기에 홀려 있을 때 느끼는 재미는 정욕처럼 게걸스러웠다.

나는 이 특별하면서도 조잡한 힘이 영적인 재미를 느낄 때가 아니라 심리적인 재미를 느낄 때 나타나는 표지라는 사실을 인식하게 되었다. 거기에 숨어 있는 그 강렬하고도 짜릿한 맛은 심리분석학적으로나 설명할 수 있는 것이 아닌가 싶다. 내가 그처럼 행성에 빠져들게 되면서 그 맹렬한 호기심을 채우기는커녕 오히려

---

21) 고대 로마인들이 입었던 긴 겉옷.
22) 고대 그리스와 로마의 전함. 노예나 죄수들이 한꺼번에 노를 저을 수 있도록 이중으로 노가 달려 있었다.

몰아내게 되었다는 말도 덧붙여야겠다. 그것은 좀더 붙잡기 어려운 충동, 진짜 상상과 관련되어 있는 다른 충동에 그 호기심이 일치되거나 종속되어 버린 탓이었다. 공상과학소설을 좋아하는 사람은 이처럼 게걸스럽게 좋아하는 반면 싫어하는 사람은 구역질나게 싫어하는 것만 봐도 공상과학소설에 흥미를 느끼는 것은 심리분석학적인 문제라는 점을 알 수 있다. 사람은 어떤 것을 질색할 때와 똑같은 강도로 다른 것에 매혹되는 법이며, 이 두 가지는 결국 같은 성향을 보여 주는 하나의 징후라고 할 수 있다.

올디의 학교 이야기는 이제 그만 하기로 하자. 그 몇 해가 내 인생의 전부는 아니니 말이다. 열악한 기숙학교 생활은 소망을 품고 사는 법을 가르쳐 준다는 점에서 그리스도인의 삶을 위한 훌륭한 준비가 된다. 집도 멀리 있고 방학도 너무 멀어서 천국만큼이나 실감이 나지 않는 학기 초에는, 어떤 의미에서 소망뿐 아니라 믿음까지 필요하다. 눈앞에 닥친 공포에 비해 집이나 방학이나 천국은 초라할 정도로 비현실적으로 보인다. 당장 내일 치를 기하학 시험이 멀고 먼 학기말에 대한 기대를 싹 지워 버리듯이, 당장 내일 받을 수술이 천국의 소망을 싹 지워 버릴 수 있다. 그럼에도 불구하고 매 학기마다 믿을 수 없는 일이 일어났다. '이제 6주'라는 비현실적이고 천문학적인 숫자는 '이제 다음 주'라는 현실적인 숫자로 줄어들어서 마침내 '이제 내일'이 되었고, '최후의 날'에 해당하는 거의 초자연적인 축복의 순간이 때에 맞추어 다가왔다. 그러면 어찌나 즐거운지 포도주나 사과로 속을 진정시켜야 할 정도였다. 그것은 등줄기를 간지럽히고 배를 살살 아프게 만드는 즐거움, 때로는 숨까지 멎게 만드는 즐거움이었다.

물론 여기에는 그만큼 끔찍한 반대급부가 있었다. 우리는 방학 첫 주에도 다음 학기가 오리라는 사실을 인정할 수 있었다. 그러나 그것은 마치 평화를 누리고 있는 건강한 젊은이가 언젠가 자신이 죽을 것이라는 사실을 인정하는 것만큼이나 막연한 생각이었다. 그 젊은이가 그렇듯이 우리 또한 그 불길하기 짝이 없는 죽음의 기억 memento mori 에도 불구하고 그것을 실감하지 못했다. 그리고 이번에도 역시 매번 믿을 수 없는 일이 일어났다. 이를 드러낸 해골이 마침내 변장했던 것을 걷어치우고 정체를 드러내곤 했던 것이다. 우리의 의지와 상상력으로 온갖 궁리를 다 해서 붙들어 놓았음에도 불구하고 마지막 순간은 기어이 다가왔고, 우리는 또다시 중산모를 쓰고 교복 칼라를 세운 채 니커보커 바지를 입고 항구를 향해 따가닥, 따가닥, 따가닥, 따가닥 소리를 내면서 저녁 길을 떠나야 했던 것이다.

진심으로 말하는데, 내가 신앙생활을 좀더 쉽게 할 수 있었던 것은 바로 이런 기억들 덕분이라고 생각한다. 햇빛은 찬란하게 비치고 마음은 자신감으로 충만한 상태에서 '나는 언젠가 죽어 썩어질 것'이라고 생각하거나 '이 우주는 언젠가 쓸려나가 과거의 기억이 될 것'(마치 올디가 1년에 세 번 기억에서 쓸려나가고, 그와 더불어 회초리나 입맛 떨어지는 음식, 냄새가 진동하는 공중화장실과 차가운 침대가 함께 사라져 버렸듯이)이라고 생각하는 것은 그와 비슷한 종류의 경험을 미리 할 때 좀더 수월해진다. 우리는 현재의 일들을 눈에 보이는 대로 평가하지 않는 법을 배웠다.

그 즈음에 우리 집에서 일어났던 일들을 이야기하려고 하니 시기가 헷갈린다. 학교에서 있었던 일들은 남은 기록들을 통해 어느 정도 날짜를 짐작할 수 있지만, 집에서 일어나는 일들처럼 천천히, 연속적으로 펼쳐지는 일들은 시기를 파악하기가 어렵다. 우리는 알아채지 못할 만큼 조금씩 아버지와 멀어져 갔다. 부분적으로 보면 누구에게도 잘못이 없었다. 그러나 크게 보면 우리 잘못이었다. 기질적으로 변덕스러운 데다가 상처한 아픔에서 여전히 벗어나지 못하고 있는 홀아비가 둘이서만 똘똘 뭉쳐 장난질을 하며 시끄럽게 구는 사내애 둘을 키우다 보면, 여간 마음 좋고 현명한 사람이 아닌 한 실수를 저지르게 마련이다.

아버지의 약점뿐 아니라 장점도 아이들을 키우는 일에는 적합치가 못했다. 아버지는 지나치게 남자답고 관대한 사람이어서 자기 화를 풀려고 아이를 때리는 법이 없었지만, 다른 한편으로는 너무 충동적인 사람이어서 원칙에 따라 냉정하게 벌을 내리지 못했다. 그러다 보니 가정 훈육의 도구로 오직 혀만 사용하게 되었다. 그리고 극적인 것을 좋아하며 장황하게 늘어놓기를 좋아하는 그 치명적인 성향(내가 그 성향을 물려받았기 때문에 더 거리낌없이 말할 수 있다)은 바로 이 부분에서 딱하고도 우스운 결과를 낳았다. 아버지도 처음에 꾸짖기 시작할 때는 잘 정선된 짧은 말로 우리의 상식과 양심에 호소해 보려 하셨다. 그러나 어쩌랴, 아버지는 아버지이기 훨씬 이전에 대중 연설가로 이골이 난 분이었다. 아버지는 오랫동안 검사로 일하셨다. 일단 단어가 주입되면 그 단어에 흠뻑 취하기 일쑤였다. 아이가 한 짓이라야 슬리퍼를 신은 채 젖은 잔디 위를 걸어다녔거나 화장실을 엉망으로 만든 것이 고작일 때에도, 아버지는 마치 키케로Marcus Tullius Cicero가 카틸리나를 공격하듯이, 버크Edmund Burke가 워렌 헤이스팅즈를 공격하듯이 열변을 토하셨다.[23] 꼬리에 꼬리를 무는 직유와 수사의문문, 번뜩이는 연설가의 눈빛, 꿈틀거리는 눈썹, 몸짓, 억양, 그리고 잠시 동안의 휴지기. 무엇보다 휴지기가 가장 위험했다. 한번은 그 휴지기가 너무 길어지자, 형이 순진하게도 아버지의 비난성명이 끝났다는 뜻으로 해석해서 조용히 책을 들어 다시 읽기 시작했다. 아버지는 당연히(수사적인 효과를 위해 딱 1.5초만 쉬려고 했다가 착오가 난 것이었으므로) 그 행동을 '냉정하게 계산된 오만불손함'으로 받아들이셨다.

아버지의 장광설과 그 장광설의 계기가 된 사소한 일들의 우스

---

23) 키케로는 로마 공화정 당시의 정객이자 연설가로서, 카틸리나의 반란 음모를 폭로하는 연설을 하여 마침내 처형시켰다. 버크는 18세기 후반 영국의 정치사상가로서, 초대 인도 총독인 헤이스팅즈를 탄핵하는 연설을 한 바 있다.

꽝스러운 불균형을 생각하노라면, 별것도 아닌 이유로 로마 역사에 등장하는 모든 악당을 몰아친 군신軍神 마르스가 이해되기도 한다.

이 소송은 염소의 무단 침입과 관련된 것임을
법정은 기록하기 바라노라.

불쌍한 아버지는 연설을 하는 동안 애초에 뭐가 문제였는지를 잊어버리셨을 뿐만 아니라 듣고 있는 청중의 이해능력이 어느 정도 되는지도 잊어버리셨다. 엄청난 분량의 어휘가 아버지의 입에서 쏟아져 나왔다. 그 중에 '언어도단', '궤변', '부정행위' 같은 단어가 지금도 생각이 난다. 화난 아일랜드 사람이 얼마나 강력하게 폭발하듯 자음을 내뱉는지, 얼마나 요란하게 으르렁거리며 R자를 발음하는지 모르는 사람은, 이런 말을 듣고 있는 기분이 어떤지 전혀 짐작하지 못할 것이다. 이런 말들을 듣고 있는 것보다 더 견디기 힘든 벌은 아마 없으리라고 생각한다.

아버지의 독설은 꽤 나이가 들 때까지 내 마음에 더할 나위 없는 공포와 당황스러움을 안겨 주었다. 아버지는 곧 파산할 것이고, 우리 모두는 길거리에서 빵을 구걸해야 하며, 아버지가 집을 닫아걸어서 우리 형제는 일 년 내내 학교에서 지내야 하고, 결국 식민지로 보내져 이미 시작한 범죄 경력을 계속 쌓아가다가 비참하게 인생을 마칠 것이라는 아버지의 말씀을 문자 그대로, 맹목적인 믿음으로 듣고 있다 보면, 형용사가 난무하고 알아들을 수 없는 말들이 뒤죽박죽 나뒹구는 벌판 위로 유감스럽게도 내가 너무나 잘 알고 있다고 여기고 있던 생각들이 떠오르곤 했다. 안전한 울타리는 전부 사라져 버린 것 같았다. 내 발밑을 받치고 있는 것은 단단한 대지가 아니었다. 그 즈음, 밤에 잠이 깼는데 옆자리에서 형이 숨 쉬는 소리가 들리지 않으면 '아버지와 형이 나 몰래 일어나 미국으로 떠나 버린 것은 아닌가, 결국 나는 버림받은 것이 아닌가' 하고 종종 의심하곤 했던 것은 의미심장한 일이 아닐 수 없다.

이처럼 아버지의 장황한 훈계는 꽤 나이가 들 때까지 내게 영향을 끼쳤다. 그런데 어느 날부터 갑자기, 아버지의 장광설이 우습게 느껴지기 시작했다. 나는 그 변화가 어느 순간에 일어났는지도 기억하고 있는데, 독자들이 이 이야기를 들으면 아버지가 과연 화를 낼 만했다는 것, 그러나 그 화를 표현하는 방식은 전혀 적절치 못했다는 사실을 금세 알아챌 수 있을 것이다. 어느 날 형은 멋진 천막을 만들기로 했다. 그래서 우리는 다락에서 가구 덮개를 하나 끌어내렸다. 다음 단계는 천을 받칠 지지대를 찾는 것이었다. 세탁실 사다리가 눈에 띄었다. 사다리를 도끼로 찍어 몇 개의 작대기를 만드는 일은 사내아이들에게 식은 죽 먹기처럼 쉬운 일이었다. 우리는 지지대 네 개를 땅에 묻고 덮개를 씌웠다. 전체 구조가 튼튼한지 확인하려고 형이 덮개 위에 올라앉았다. 우리는 결국 찢어져 버린 덮개를 치우는 일은 잊지 않았지만, 지지대의 존재는 까맣게 잊고 말았다. 그날 저녁 퇴근한 아버지가 식사를 마친 후 우리를 앞세워 정원으로 산책을 나갔다. 잔디를 뚫고 솟아 있는 앙상한 나무 작대기 네 개가 아버지의 호기심을 끈 것은 당연한 일이었다. 질문이 시작되었다. 우리는 사실대로 말했다. 그리고 뇌성벽력이 울렸다. 전에도 여러 번 그랬듯이 아버지가 하신 다른 말씀들은 다 잊혀질 것이 분명했다. 그러나 그 꾸짖음의 절정에서 하신 말씀만큼은 잊을 수가 없었다.

"그 대신 너희들은 이 사다리를 잘랐겠다. 정녕 무엇 때문이었더냐? 실패로 끝날 '펀치 앤 주디 쇼'[24]를 위함이었더냐?"

그 순간 우리 둘은 손으로 얼굴을 가려 버렸다. 그러나 어쩌랴, 그것은 울기 위해서가 아니었다.

이 일화에도 등장하지만, 우리 가정생활에서 중요한 것은 아버지가 아침 9시부터 저녁 6시까지는 항상 외출 중이라는 점이었다. 그동안 집은 온전히 우리 것이었다. 요리사와 하녀가 있었는데, 우리는 그들과 전쟁을 벌이기도 했고 동맹을 맺기도 했다. 모든 것이 아버지와 무관한 삶으로 우리를 이끌어 갔다. 우리의 활동 중에서 가장 중요한 것은 동물 왕국과 인도에 대해 끝없는 드라마를 만드는 것이었는데, 그것만으로도 우리는 아버지와 다른 세계

---

24) 작은 천막을 치고 그 안에서 우스꽝스러운 광대 인형극을 공연하는 쇼.

에 살고 있다고 할 수 있었다.

그러나 방학을 맞아 집에 가도 아버지가 안 계신 시간에만 행복했다는 식의 인상을 독자에게 남겨서는 안 되겠다. 아버지는 변덕이 죽 끓듯 했고 기분도 쉽게 오르락내리락했지만, 확실하게 화를 내시는 것만큼이나 확실하게 용서해 주셨다. 아버지는 가끔 아주 쾌활한 친구의 역할을 해 주셨다. 아버지는 우리처럼 '바보짓'도 하셨고, '부모의 체면' 같은 것은 생각지 않으셨다. 물론 그때는 아버지가 얼마나 좋은 친구였는지(어른 기준으로 볼 때) 알지 못했고, 아버지의 유머를 완전히 알아듣기 위해서는 더 많은 인생 경험이 필요하다는 사실도 깨닫지 못했다. 그저 화창한 햇볕 속에 누워서 그 은덕을 누렸을 뿐이다. 또한 우리는 집에 있다는 감각적인 즐거움, 호사스러운 즐거움—우리는 그것을 '문명 생활'이라고 불렀다—을 항상 누렸다.

나는 앞에서 《역할 뒤집기》라는 책에 대해 이야기했다. 그 책이 인기 있었던 것은 단지 우스꽝스러운 이야기 이상의 것이 그 안에 들어 있기 때문이었다. 이 책은 지금으로서는 유일한 진짜 학교 이야기라고 할 수 있다. '마법의 돌Garuda Stone'이라는 장치는, 집에서 따뜻하고 온화하고 존중받는 생활을 하다가 학교에 들어가면서부터 노골적이고 더럽고 추악한 생활로 옮겨 간 모든 아이들의 감정을 있는 그대로(그 장치가 없었다면 아마 과장된 이야기로 보였을 것이다) 보여 준다. 나는 "옮겨 가는"이라고 말하지 않고 "옮겨 간"

이라고 말했다. 학교에 들어가면서 집은 세상에서 사라져 버리고,
학교가 전면에 등장하기 때문이다.

　우리에게 친구나 이웃이나 친척은 없었는지 궁금할 것이다. 있었
다. 특히 어떤 한 가족에게는 아주 큰 마음의 빚을 지고 있기 때문
에, 다음 장에서 다른 이야기들과 함께 다루는 것이 좋을 것 같다.

3
마운트브라켄과 캠벨

연회에 모인 사람들은 모두 선남선녀들이었다.
그들은 하늘 아래 가장 행복한 사람들이었으며,
왕은 가장 고귀한 성품을 지닌 사람이었다.
오늘날 어디를 가도 그처럼 훌륭한 친교를 찾기는 힘들 것이다.
《거웨인 경과 녹색 기사 Sir Gawain and the Green Knight》

가까운 친척들에 대해 이야기하려다 보니, 루이스와 해밀턴이라
는 두 가문이 내 어린 시절에 어떻게 대조적인 영향을 끼쳤는지에
대해 생각하게 된다. 그 영향은 조부모님 대로부터 시작되었다. 친
할아버지는 듣지 못하시는 데다가 동작이 느린 분으로서 찬송가
구절을 낮게 웅얼거리곤 하셨으며, 건강에 몹시 신경을 쓰셨고, 당
신은 오래 살지 못할 것이라는 말씀을 입에 달고 사셨다. 그와 대
조적으로 외할머니는 입이 맵고 기지가 날카로운 과부이자 이단적
인 의견으로 꽉 차 있는(아일랜드 자치주의자로서 구설수에 오르기도
하셨다) 철두철미한 워렌 가문 사람으로서, 남부 아일랜드의 옛 귀
족답게 관습에 무심하여 다 허물어져 가는 저택에서 몇십 마리나

되는 고양이들을 데리고 혼자 사셨다. 할머니 앞에서 아무 생각 없이 말문을 열었다가 "말도 안 되는 소리 하고 있네"라는 핀잔을 들은 적이 얼마나 많았던가? 할머니가 조금만 더 늦게 태어났더라면 아마 페이비언 협회[25] 회원이 되셨을 것이다. 막연한 잡담을 늘어놓으면 확인할 수 있는 사실을 들이대라며 가차 없이 몰아세우셨고, 흔한 경구를 말하면 증거를 내놓으라고 쏘아붙이셨다. 당연한 일이지만 사람들은 할머니를 괴짜라고 불렀다.

한 세대 아래에서도 두 가문의 차이는 여전했다. 아버지의 큰형인 '조 삼촌'은 아들 둘, 딸 셋과 함께 우리 옛집 근처에 살았다. 그 집 둘째아들은 내 죽마고우였지만 자라면서 점점 사이가 멀어졌다. 조 삼촌은 영민하고 친절한 분으로서 특히 나를 좋아했다. 그러나 그 집에서 어른들이 어떤 이야기들을 나누었는지는 전혀 생각나지 않는다. 아마도 사람들이나 일이나 정치, 건강 같은 '어른들 말씀'을 나누었을 것이다. 그러나 '거시 삼촌' ─ 외삼촌인 A. W. 해밀턴 ─ 은 마치 동갑내기처럼 우리와 대화했다. 즉 외삼촌은 진짜 중요한 일들에 대해 우리에게 이야기해 주었다. 외삼촌은 과학 지식을 내가 알아들을 수 있도록 명확하고도 열정적으로 이야기하면서도, 바보 같은 농담을 섞거나 일부러 수준을 낮추어 말하지 않았다. 외삼촌은 내가 과학 이야기 듣기를 좋아하는 것만큼이

---

25) 1883-84년에 사회주의를 표방하며 영국에서 창립된 단체로서, 점진적인 개혁을 통해 민주적인 사회주의 국가를 건설하고자 했다.

나 과학 이야기 하기를 좋아했다. H. G. 웰즈를 읽을 수 있도록 지적인 배경을 제공해 준 사람도 거시 외삼촌이었다. 외삼촌은 조삼촌이 나를 사랑한 것의 반만큼도 나에게 신경을 쓰지 않았던 것 같다. 그런데 나는 바로 그 점이(부당한 반응이든 아니든 간에) 좋았다. 외삼촌과 이야기를 나누다 보면 서로에게 관심이 집중되는 것이 아니라 말하고 있는 주제에 관심이 집중되었다. 캐나다 출신의 외숙모에 대해서는 이미 말한 바 있다. 외숙모에게도 내가 아주 좋아한 부분이 있었는데, 그것은 감상적이지 않으면서도 변함없이 친절한 태도와 냉정한 상식, 어떤 상황에서도 항상 명랑하고 편안한 분위기를 만들어 내는 조심성 있는 재능이었다. 외숙모는 가질 수 없는 것을 욕심 내지 않고 만족하며 살았다. 상처를 다시 헤집고 잠자는 개를 들쑤시는 루이스 집안의 성향은 외삼촌, 외숙모와 한참 거리가 먼 특징이었다.

그러나 삼촌과 숙모들보다 훨씬 큰 영향을 끼친 친척들이 있었다. 우리 집에서 반 마일도 채 떨어지지 않은 곳에 당시 내 눈에는 가장 커 보였던 저택이 있었는데—이 책에서는 그 집을 '마운트브라켄Mountbracken'이라고 부르겠다—거기에 사는 W. E. 경의 부인 E는 우리 어머니의 사촌이자 가장 절친한 친구였다. 부인은 우리 어머니를 생각해서 형과 나를 교화하는 영웅적인 과업을 떠맡았을 것이다. 우리는 집에 있을 때마다 마운트브라켄으로 점심 먹으러 오라는 초대를 받았다. 우리 형제가 야만인으로 자라지 않을 수 있었던 것은 완전히 그 덕분이었다고 생각한다. E부인(우리는 '메리 이모'라고 불렀다)뿐 아니라 다른 가족들에게도 빚이 있다. 산책, 자동차 드라이브(당시에는 신나는 새 놀이거리였다), 소풍, 연극 초대 등이 해마다 쏟아졌다. 우리가 미숙하고 시끄러운 데다가 시간마저 제대로 지키지 않았음에도 불구하고 그들의 친절은 지치지 않고 계속되었다. 우리는 그 집이 마치 우리 집인 양 편안히 지냈는데, 우리 집과 한 가지 크게 다른 점은 그 집에는 예의범절의 기준이 있어서 그것을 지켜야 했다는 것이다. 내가 정중함이나 사교적인 기지savoir faire에 대해 아는 바가 있다면(많이 알지는 못하지만), 그것은 바로 마운트브라켄에서 배운 것이다.

W경('쿼터스 이모부')은 여러 형제 중 장남으로, 동생들이 벨파스트에 엄청난 산업체를 가지고 있었다. 요즘 식으로 말하자면 그는 골즈워디John Galsworthy 작품에 나오는 포사이트 가[26]에 해당하는 계층과 세대에 속해 있는 사람이었다. 그렇다고 해서 쿼터스 이모부가 지극히 전형적인 인물 같은 인상이 든다면(당연히 전형적인 인물이 될 수도 있었다), 그것은 아주 부당한 일이다. 이모부처럼 골즈워디적인 인물과 거리가 먼 사람은 없었다. 그는 너그럽고 천진한 사람으로서 종교적으로 깊은 겸양을 갖추고 있었고 자

---

26) 골즈워디가 1906년부터 1928년까지 집필한 연작소설 《포사이트 가 이야기 The Forsyte Saga》에 나오는 집안. 이 집안의 가장인 솜스는 맹목적으로 이윤을 추구하는 사업가이다.

비심이 풍부했다. 자신에게 딸린 일가에 대한 책임감이 그처럼 강한 사람은 아무도 없었다. 그에게는 소년 같은 쾌활함이 많이 남아 있었다. 동시에 의무감이 언제나 그의 삶을 지배하고 있다는 인상을 주었다. 장대한 기골, 회색 턱수염, 놀라울 만큼 잘생긴 옆얼굴은 가장 덕망 높은 이미지로 아직도 내 기억에 남아 있다.

신체적인 아름다움은 그 가족이 전반적으로 지니고 있던 특징이었다. 메리 이모는 은발에다 다정한 남부 아일랜드 사투리를 쓰는 전형적인 미모의 노부인이었다. 스코틀랜드 고지대 신사의 언어가 글래스고 빈민가 은어와 판판인 것처럼, 부인의 아일랜드 사투리는 투박한 사투리와 거리가 멀었다는 점을 알아두어야 한다. 그러나 누구보다 우리와 친했던 사람들은 그 집의 세 딸이었다. 세 딸은 이미 '숙성한' 처녀들이었지만 다른 어떤 어른들보다 우리와 연령대가 가까웠고, 대단히 잘생긴 여성들이었다. 제일 큰 딸이자 진중한 성격의 H는 검은 머리의 여왕 주노[27]를 닮았는데, 어떤 때는 유대 여인처럼 보이기도 했다. K는 발퀴레[28]와 비슷했고(그러나 말은 셋 다 능숙하게 탔던 것 같다), 아버지의 옆모습을 많이 닮았다. K의 얼굴에는 어딘지 모르게 순종 혈통의 말이 지닌 섬세한 사나움, 성이 난 듯 힘이 들어간 콧구멍의 팽팽함, 우량종

---

27) 로마 신화에 나오는 주피터 신의 아내.
28) 북유럽 신화에 나오는 오딘의 시녀이자 전쟁의 전령으로서, 말을 타고 싸움터로 달려가며 전사한 영혼들을 죽은 자들의 궁전인 발할라로 인도한다.

이 내보일 법한 거드름을 연상시키는 구석이 있었다. K에게는 남자들이 허영심으로 내세우는 이른바 '남성적인' 정직성이라는 것이 있었다. 어떤 남자도 K보다 더 진정한 친구가 될 수는 없었다. 가장 어린 G에 대해서는, 내가 본 중에 가장 아름다운 여인으로서 몸매나 안색이나 목소리나 동작 하나하나가 모두 완벽한 사람— 누가 그 아름다움을 다 묘사할 수 있을까?—이라고밖에 말할 수가 없다. 독자들은 조숙한 애송이가 사랑에 빠졌음을 보여 주는 어렴풋한 징조라고 생각해서 미소를 머금을지 모르겠지만, 그 생각은 틀렸다. 아름다움이 너무 명확할 때는 그런 색안경을 끼지 않아도 알아볼 수 있는 법이다. G의 아름다움은 어린아이의 산만하고 사심 없는 눈에도 확 뜨일 정도로 선명한 것이었다(내 피를 뜨겁게 했던 첫 여성은 학교에서 댄스를 가르쳤던 선생님으로, 그 이야기는 나중에 할 생각이다).

마운트브라켄은 어떤 면에서 우리 아버지 집과 비슷했다. 거기에도 다락이 있었고 고요한 실내와 끝도 없이 이어지는 서가가 있었다. 처음에 우리는 태반이나 길들여지지 않은 상태였으므로 종종 집주인을 무시한 채 우리 관심사를 찾아 여기저기 돌아다녔다. 러벅의 《개미, 꿀벌, 말벌》을 발견한 곳도 이곳이었다. 그러나 아버지 집과 판이하게 다른 점도 있었다. 마운트브라켄의 생활은 우리 생활보다 더 폭이 넓을 뿐 아니라 잘 고려된 것이어서, 우리 집이 수레처럼 덜커덩거렸다면 그 집은 유람선처럼 순항했다.

또래 친구는 남녀를 막론하고 없었다. 부분적으로 이것은 기숙학교를 다닌 당연한 결과였다. 아이들은 자라면서 바로 옆집에 사는 이웃과도 멀어지는 법이다. 그러나 우리에게 친구가 없었던 것은 대부분 우리가 고집스럽게 선택한 결과였다. 우리 집 가까이 살던 사내아이 하나가 종종 우리와 친해지려고 다가오곤 했다. 그러나 우리는 온갖 수를 다 써서 그 아이를 피해 다녔다. 우리의 생활은 이미 꽉 차 있었고, 방학은 독서, 창작, 놀이, 자전거, 이야기 나누기 등 우리가 하고 싶은 일만 하기에도 턱없이 짧았다. 우리는 제3자의 출현을 짜증스러운 방해로 여겼다. 그래서 사람들이 선심을 베풀려고 할 때마다 심하게 화를 냈다(오직 마운트브라켄 사람들만 우리에게 선심을 베푸는 데 성공했다).

그때까지는 그리 심각하지 않았지만 학창 시절이 진행되면서 점점 더 극성스러워진 어른들의 선심 행사가 하나 있었으므로, 여기에서 한마디 하고 넘어가려 한다. 우리 동네에는 사실 어른들을 위한 댄스 파티임에도 불구하고 어린 학생들을 초대하는 관례가 있었다. 주최측의 입장에서 보면 이런 배려에 좋은 점이 있을 수도 있다. 또 어린 손님들도 서로를 잘 알고 자의식을 떨쳐 버린 경우에는 그 나름대로 즐겁게 놀 수 있다. 그러나 내게는 파티가 고문이었다. 물론 보통 때도 수줍음을 잘 타긴 했지만, 그것은 고문의 일부에 불과했다. 나를 괴롭힌 것은 가짜로 위조된 아이들의 위치(나는 그 점을 잘 느낄 수 있었다)였다. 어른들이 우리를 아이로 생각하고 있으면서도 원래 어른들을 위해 마련해 놓은 행사에 참여하도록 강요하고 있다는 것을 아는 괴로움, 거기 모인 모든 어른들이 반은 장난하듯 친절을 베풀면서 마치 나 아닌 다른 사람을 대접하듯 연기하고 있다는 것을 느끼는 괴로움. 거기에 교복과 뻣뻣한 셔츠의 불편함, 아픈 다리와 지끈거리는 머리, 잘 시간이 넘었는데도 억지로 깨어 있어야 하는 지루함까지 더해 보라. 내 생각에는 이성과 알코올의 매혹이 없다면 어른들도 저녁 파티를 그다지 잘 견뎌 내지 못할 것 같다. 하물며 여자와 시시덕거릴 줄도 모르고 술도 못 마시는 어린아이가 반짝거리는 바닥 위를 으스대며 걸어다니면서 새벽까지 즐길 수 있으리라는 생각은 할 수도 없다.

물론 그때 나는 사회적 연줄이라는 것에 대한 개념이 전혀 없었다. 그래서 어떤 이들은 우리 아버지나 돌아가신 어머니와 알고 지낸 사이여서 예의상 나를 초대해 주었다는 사실을 전혀 알지 못했다. 나에게 그것은 오직 설명되지 않는 벌, 잘못도 하지 않았는데 받는 벌에 불과했다. 그래서 실제로 종종 그랬듯이 그런 약속이 방학 마지막 기간에 끼어서 한 순간 한 순간이 금쪽같이 느껴지는 시간을 뭉텅 잘라가 버릴 때, 정말이지 파티 주최자의 사지를 갈가리 찢어 놓고 싶은 기분이 들었다. 왜 그 안주인은 나를 이처럼 괴롭히는 것인가? 나는 **그 사람에게** 잘못한 적도 없고 파티에 오라고 초청한 적도 없는데.

댄스 파티에서 의당 취해야 한다고 생각했던 너무나 부자연스러운 행동도 나의 불편함을 가중시켰다. 생각해 보면 참 우스운 일이었다. 책을 많이 읽은 데다가 또래 아이들과 어울릴 기회도 적었던 나는 교복을 걸친 통통한 개구쟁이의 입에서 나오는 말이라고는 믿어지지 않을 정도로 어려운(이제 와서 안 일이지만) 어휘를 학교에 들어가기 전부터 구사하고 있었다. 내가 '긴 단어'를 늘어놓으면 어른들은 당연히 내가 뻐기고 있는 것으로 생각했다. 그러나 그것은 틀린 생각이었다. 나는 내가 아는 말만 사용했다. 상황은 오히려 정반대였다. 내 입에서 자연스럽게 흘러나오는(내 상황에서는 어쩔 수 없는 일이었다) 책벌레 말투 대신 내 또래 학생들이 쓰는 은어를 쓸 수 있었다면 오히려 더 자부심을 느꼈을 것이다. 또 관심 있는 체, 진지한 체하면서 나를 부추기는 어른들이 꼭 있어서, 거기에 휘둘리다 보면 어느 한 순간 내가 놀림 당하고 있다는 사실을 알아챌 수 있었다. 그때의 치욕감이란 이루 말로 다 할 수 없는 것이었다.

그런 일을 한두 번 겪은 후로는 '사회적 기능'(나 혼자 은밀히 쓰던 말이었다)을 수행할 때 내가 조금이라도 흥미를 느끼고 있는 관심사에 대해서는 어떤 경우에도 절대 말하지 않기로, 또 내 머리에 자연스럽게 떠오르는 말은 절대 쓰지 않기로 굳게 결심했다. 그런데 그 결심을 너무 잘 지켰나 보다. 지루하기 짝이 없는 어른들의 잡담을 낄낄거리며 흉내내는 것, 내가 진짜 생각하고 느끼는 바는 뒤에 감춘 채 효과 없는 익살이나 떨면서 즐거운 척하는 것이 그 후 파티에 참여하는 내 습성이 되었으니 말이다. 나는 마치 배우가 제 역할을 감당하듯이 의식적으로 내 역할을 감당하면서 말할 수 없이 지겨워하다가, 마침내 형과 함께 차에 뛰어올라 집을 향해 출발하는 순간(그 저녁에 유일하게 즐거운 순간)에야 비로소 안도의 한숨을 내쉬며 그 역할을 내던져 버렸다. 여러 사람들이 좋은 옷을 차려입고 모이는 곳에서도 진짜 인간적인 교류가 있을 수 있다는 사실을 깨닫기까지는 그 후 오랜 세월이 흘러야 했다.

여기에서 나는 우리 인생에 발생하는 기묘한 경우, 공정함과 부당함이 뒤섞이는 경우에 부닥치게 된다. 우리는 진짜 자기 잘못 때문에 비난을 받지만, 대개는 적절치 못한 순간에 비난을 받는다. 나는 확실히 가식적인 아이였고, 그 때문에 비난을 받았다. 그러나 그 비난은 대개 내가 가식 없이 행동할 때 쏟아졌다. 어른들은 종종 아이의 허영심에 대해 야단을 치지만, 일반적인 아이들, 또는 특정한 한 아이가 어떤 지점에서 허영을 부리고 싶어하는지에 대해서는 깊이 생각해 보지 않는다. 그래서 나는 새 속옷이 가렵고 따끔거린다고 불평했을 때, 왜 아버지가 "잘난 척하지 말라"고 야단을 치셨는지 몇 년 동안 도저히 이해할 수가 없었다. 물론 지금은 잘 알고 있다. 아버지는 '피부가 예민한 것은 세련된 것'이라는 사회적인 속설을 염두에 두셨고, 그 때문에 내 불평을 유난히 세련된 척하는 행동으로 오해하셨던 것이다. 그러나 나는 그러한 사회적 속설을 전혀 모르고 있었고, 허영심에 관해서라면 오히려 뱃사람처럼 살가죽이 튼튼한 경우를 더 자랑스러워했을 것이다. 결국 나는 내가 갖추지 못한 것 때문에 야단을 맞아야 했다. 또 한번은 '헐렁탕stirabout'이 뭐냐고 물어보았다가 "잘난 척한다"는 말을 들은 적이 있다. 그것은 멀건 죽을 일컫는 아일랜드 속어였다. 어떤 어른들은 '하층 계급의 말을 못 알아듣는다고 말하는 아이는 틀림없이 고상한 척하는 것'이라고 생각한다. 그러나 사실 나는 그 말을 들어 본 적이 한 번도 없었기 때문에 물어본 것이었다. 내가 그 말을 알고 있었다면, 오히려 그 말을 쓰면서 더 우쭐해했을 것이다.

앞서 말했듯이 올디의 학교는 1910년에 슬퍼하는 사람 하나 없이 침몰하고 말았다. 나의 교육을 위해 새로운 조처가 강구되어야 했다. 아버지는 내가 기뻐해 마지않을 계획을 세우셨다. 새집에서 1마일쯤 떨어진 곳에 장대한 붉은 벽돌담과 탑으로 이루어진 캠벨 칼리지Cambell College가 생겼는데, 그것은 얼스터 지방 소년들이 아일랜드 해를 건너는 수고를 하지 않고도 사립학교 교육을 받게 하려는 명백한 목적하에 설립된 학교였다. 조 삼촌의 아들이자 우리의 똑똑한 사촌 하나는 벌써 그 학교에 다니고 있었다. 나는 기숙학생으로 가기로 했지만, 매주 일요일마다 집에 와도 된다는 **외박허가**를 받았다. 황홀했다. 나는 아일랜드 것이라면 아무리 학교라도 나쁠 리가 없다고 생각했다. 지금까지 잉글랜드에서 맛본 것들처럼 나쁠 리는 결코 없으리라. 나는 순순히 캠벨 칼리지로 들어갔다.

이 학교는 워낙 짧게 다닌 만큼 비판할 생각이 없다. 그곳은 내가 들어 본 잉글랜드의 사립학교들과는 아주 딴판이었다. 감독학생들prefects[29]이 있긴 했지만 별 힘이 없었다. 또 명목상 잉글랜드 식 '기숙사'로 나뉘어 있기는 했지만 형식에 불과했다. 운동경기를 위해 팀을 나누는 경우를 제외하면(그렇다고 꼭 기숙사 별로 팀을 나누어야 하는 것도 아니었다), 아무도 기숙사 구분 같은 것에 신경을 쓰지 않았다. 잉글랜드 학교에 비교할 때, 훨씬 많은 계층의 학생들이 다양하게 '뒤섞여' 있었다. 나는 농부의 아들들과 어깨를 맞대고 지냈다. 거의 친구처럼 지냈던 아이 하나는 장사꾼의 아들로 "트럭 운전사가 글자를 몰라서 '장부' 기입을 못하기 때문에, 최근까지만 해도 아버지가 장사하는 차를 타고 함께 다녔다"고 했다. 나는 그 친구의 즐거운 직업을 몹시 부러워했고, 불쌍한 이 친구는 그 당시를 마치 황금 시대였던 양 회고했다. 그는 "지난 달 이맘 때 같으면 말이지, 루이스" 하고 말을 꺼내곤 했다.

"예습 시간에 대가지도 못했을걸. 장사가 끝나고 돌아오면 내가 먹을 소시지와 차가 탁자 한구석 작은 천 위에 놓여 있었지."

역사가의 관점에서 볼 때, 나는 캠벨에 다녔던 것을 늘 다행으로 생각한다. 캠벨은 아널드Matthew Arnold[30] 이전에 훌륭한 잉

---

29) 영국 학교에는 고학년 학생을 세워 교사들의 학생 통솔을 돕게 하는 제도가 있다.

글랜드 학교들이 지니고 있던 특징을 많이 지니고 있었다고 생각하기 때문이다. 캠벨에서는 입회인도 세우고 돈도 걸고(내 생각에는 그랬던 것 같다), 100여 명 정도 환호하는 관객도 있는 진짜 싸움이 벌어졌다. 완력 행사도 있긴 했지만 다행히 나는 심각하게 당한 적이 없었다. 캠벨에는 현대 잉글랜드 학교에 지배적으로 나타나는 엄격한 위계질서의 흔적이 없었다. 저마다 타고난 재간과 주먹에 따라 학생들의 서열이 정해졌다.

내 입장에서 볼 때 그 학교의 가장 큰 결점은 학생들에게 이른바 '본거지'가 없다는 것이었다. 극소수의 고학년 학생들에게만 공부방이 주어졌다. 나머지 학생들은 식사하러 식탁에 앉을 때나 저녁 '예습 시간'을 위해 '예습실'에 모일 때를 제외하면 딱히 갈 곳이 없었다. 방과 후에 학생들은 마치 물결처럼 굵게 흘렀다가 가늘게 흐르기도 하고, 완만하게 흐르는가 하면 한쪽으로 밀려들기도 하며, 흩어지는가 하면 어느 순간 다시 모여드는 무리의 불가해한 흐름에 합류하는 쪽을 택하거나, 아니면 어디론가 도피해서 시간을 보내곤 했다. 벽돌로 된 밋밋한 복도는 아이들의 발소리로 늘상 웅웅거렸고, 휘파람과 난투극과 왁자한 웃음소리가 그 사이사이 끼어들었다. 우리는 늘 어딘가 '가고' 있거나 '배회하

---

30) 영국의 시인이자 문학비평가, 교육가. 교양과 무질서에 대한 평론으로 유명하며, 평생 장학사로 지내면서 영국 교육 제도 개선에 힘을 기울였다. 아널드의 아버지는 근대적 영국 사립학교의 원형인 럭비 학교의 교장이었다.

고' —화장실에서, 창고에서, 강당에서— 있었다. 마치 커다란 기차 역에 내내 살고 있는 듯한 느낌이었다.

캠벨에서 이루어진 완력 행사는 정직한 것이었기에, 즉 감독학 생 제도라는 용인된 체제에 기대어 양심의 가책을 무마시키며 그 권위를 빌려 완력을 행사하는 것이 아니었기 때문에, 부정적으로 나마 장점을 가지고 있었다. 학생들은 주로 패거리로 뭉쳐 그 짓을 했다. 그들은 열 명 남짓 몰려다니면서 먹잇감을 찾아 긴 복도를 끝없이 헤매고 다녔다. 그들은 회오리바람처럼 늘 요란하게 돌격 했음에도 불구하고 희생자들은 그들의 돌격을 너무 늦게 알아채곤 했다. 보통 때에도 복도에는 끝없는 혼란과 소란이 휘몰아치고 있 었으니 빨리 알아채지 못할 법도 했다. 때로는 그렇게 포획된 결과 심각한 일을 당하는 경우도 있었다. 내가 아는 두 학생은 건물 뒤 로 끌려가서 매질을 당했다. 그 매질은 아무 사심 없는 것이었는 데, 왜냐하면 포획자들이 포로들에게 사사로운 감정을 가지고 있 지 않았기 때문이다. 그것은 순전히 매질을 위한 매질이었다.

나는 딱 한 번 잡힌 적이 있는데, 그때 내 운명이 이상할 정도로 순탄했으므로 기록할 가치가 있을 것 같다. 내가 다른 포로들과 함께 평소에 다니던 곳을 지나 미로 같은 통로로 질질 끌려가 도 착한 곳은 가스불 하나만 어슴프레 켜져 있는 방(내 눈에는 그렇게 보였다), 천장이 낮은 빈 방이었다. 한숨을 돌리고 난 후 산적 두 녀 석이 첫 번째 포로를 끌어냈다. 나는 그제야 반대쪽 벽에 3피트 정도 높이로 여러 개의 파이프가 지나가고 있는 것을 보았다. 포로가 가장 낮은 곳에 있는 파이프 아래로 머리를 처박고 형벌 받을 자세를 취하는 것을 보자 더럭 겁이 났지만, 전혀 예상치 못했던 일은 아니었다.

그러나 그 다음 순간에는 정말이지 화들짝 놀라지 않을 수가 없었다. 그 방이 어두웠다는 이야기는 이미 했다. 두 녀석이 포로를 떠밀었다. 그러자 희생자가 사라졌다. 흔적도 없이, 소리도 없이. 마치 굉장한 마술이라도 부린 것 같았다. 또 다른 희생자가 끌려나갔다. 다시 매 맞는 자세를 취했다. 그리고 또다시 매를 맞는 대신 용해되고, 원자화되고, 소멸되어 버렸다. 마침내 내 차례가 왔다. 나 또한 떠밀렸고, 벽에 난 구멍인가 쪽문인가로 떨어져 버렸다. 알고 보니 석탄광으로 떨어진 것이었다. 또 다른 작은 학생이 내 뒤를 따라 떨어지더니 문이 쾅 소리를 내며 등 뒤에서 잠겼고, 포획자들은 기쁨에 찬 괴성을 지르며 다른 포획물을 찾아 달려나갔다. 녀석들은 다른 패거리들과 '누가 누가 더 잡나' 놀이를 하고 있는 것이 분명했다. 우리는 곧 풀려났다. 몰골이 꾀죄죄해지고 몸에 쥐가 나긴 했어도 달리 더 나쁜 일은 없었다.

캠벨에서 경험한 훨씬 더 중요한 일은 옥티 Octie 라는 훌륭한 선생님 밑에서 〈소랩과 러스텀 Sohrab and Rustum〉을 어형 語形을 따져 가며 읽은 것이다. 나는 첫눈에 그 시를 사랑하게 되었고, 지금도 여전히 사랑하고 있다. 옥서스 강에서 축축한 안개가 피어

오른다는 첫 행의 묘사처럼, 더없이 아름다운 은빛 서늘한 냉기, 아득함과 고요함이 주는 기분 좋은 느낌, 장중한 우수가 시 전체에서 피어올라 나를 감싸안았다. 그때는 그 시의 중심적인 비극을 거의 음미하지 못했다. 그것을 음미하게 된 것은 훨씬 나중의 일이다. 그 당시에 나를 매혹시켰던 것은 상아빛 이마와 창백한 두 손을 지닌 베이징의 예술가, 여왕의 정원에 서 있는 사이프러스 나무, 젊은 날을 회상하는 러스텀의 눈길, 카불의 행상, 조용히 쌓이는 코러스미아의 재였다. 시를 읽는 순간, 아널드는 내게 냉정한 비전 대신 열정을 가지고 멀리서 조용히 사물을 응시하는 시선을 감지하게 해 주었다(아널드의 좋은 시들은 아직도 내게 이런 것을 감지하게 해 준다).

여기에서 우리는 문학이 실제로 어떻게 작용하는지 알게 된다. 앵무새처럼 말만 따라 하는 비평가들은 〈소랩〉이 고전주의를 모방한 시라서, 호머의 여운을 느낄 수 있는 독자들이나 반길 작품이라고 말한다. 그러나 옥티 선생님의 어형 수업을 들었을 때(선생님이 편히 잠드시기를) 나는 호머에 대해 아는 바가 아무것도 없었다. 내 경우에 아널드와 호머의 관계는 정반대로 작용했다. 세월이 흘러 내가 《일리아스 Iliad》를 읽고 좋아하게 된 이유 중 하나는 그 작품에 〈소랩〉을 연상시키는 데가 있기 때문이었다. 분명히 말하지만, 유럽 시의 계통 중 어느 지점을 끊고 들어가 작품을 읽기 시작하느냐는 전혀 중요하지 않다. 단지 귀를 열고 입은 닫고 있으면, 어느 부분의 작품을 읽든 결국 다른 모든 곳에 도달하게 되어 있다. "각 부분은 각기 다른 부분을 비춘다 ogni parte ad ogni parte splende."[31]

캠벨에서 보낸 처음이자 유일한 학기 중반에 나는 아파서 집으로 돌아오게 되었다. 아버지는 무슨 이유에서인지 캠벨에 불만을 품으셨다. 아버지는 와이번에 있는 예비학교를 마음에 들어 하셨는데, 형이 다니는 와이번 칼리지와는 별 상관이 없는 학교였는데도 그랬다. 특히 내가 그 학교에 가면 형과 함께 귀향할 수 있다는 편리성이 한몫을 했다. 그리하여 집에서 행복한 6주를 보내고 고대하던 크리스마스 휴가까지 보낸 뒤, 새로운 모험을 시작하게 되었다. 나는 그것을 다행스럽게 생각했지만, 아버지가 형에게 보낸 편지 중 남아 있는 것을 보면 "주말이 되기 전에 너무 외로워질까 봐 걱정이다"라는 구절이 나온다. 평생 나를 보아 왔으면서도 그처럼 나를 모르셨다니 이상한 일이다. 나는 집에 있는 동안 아버지 방에서 잠을 자면서, 고독이 두려운 캄캄한 밤 시간 대부분을 고독에서 벗어날 수 있었다. 형이 없었기 때문에 둘이 어울려 장난칠 일이 없었고, 따라서 아버지와 부딪칠 일도 없었다. 내 인생에서 그처럼 평온한 애정을 품은 적은 없었던 것 같다. 우리는 편하게 잘 지냈다. 그러면서도 아버지가 외출하시고 나면, 나는 아

---

31) 단테의 《신곡 La Divina Comedia》 중 〈연옥 Inferno〉 7편 75행.

주 만족스럽게, 더할 나위 없이 깊은 고독 속으로 침잠하곤 했다. 텅 빈 집, 텅 비고 조용한 방에 머무는 것은 캠벨의 와글거리는 소음을 씻어내는 개운한 목욕 같았다. 나는 싫증이 날 때까지 읽고 쓰고 그릴 수 있었다.

참 이상한 일이지만, 나는 어릴 때가 아니라 이때 주로 요정 이야기를 즐겼던 것으로 기억한다. 나는 난쟁이들—아서 레컴 Arthur Rackham[32]이 고상하게 만들어 버리기 전, 월트 디즈니 Walt Disney가 세속화시켜 버리기 전, 알록달록한 두건을 쓰고 눈처럼 새하얀 수염을 길렀던 나이 많은 난쟁이들—의 마법에 깊이 빠져들었다. 어찌나 열심히 상상했던지 환상이 다 보일 정도였다. 한번은 정원을 산책하고 있는데, 작은 사람이 순간적으로 나를 스쳐 덤불로 뛰어든 것 같은 느낌이 들었다. 약간 겁이 나긴 했지만, 밤에 느꼈던 공포와는 달랐다. 요정 세계를 둘러싸고 있는 두려움이라는 보호막은 내가 감당할 만한 것이었다. 모든 면에서 겁쟁이인 사람은 없는 법이다.

---

32) 영국의 삽화가로서 《피터 팬》, 《안데르센 동화집》, 《지그프리트와 신들의 황혼》 등의 삽화를 아르누보 스타일로 그렸다.

4

시야를 넓히다

나는 탁자를 치며 소리쳤다. "이젠 싫어, 나가겠어."
뭐? 내가 내내 한숨이나 쉬면서 시들어 갈 거라고?
내 운명과 삶은 자유롭다. 길처럼 자유롭고,
바람처럼 분방하고, 광처럼 넓다.

허버트 George Herbert, 〈칼라 The Collar〉

1911년 1월, 열세 살이 되면서 형과 함께 와이번으로 갔다. 형은
와이번 칼리지로, 나는 '샤르트르 Chartres'라고 불렸던 예비학교
로 들어갔다. 그리하여 학창 시절의 고전 시대라고 할 만한 시기,
소년 시절에 대해 이야기할 때마다 우리 두 사람에게 가장 먼저
떠오르는 기간이 시작되었다.

방학이 끝나면 집에서 함께 출발하여 와이번 기차역에서 마지못
해 헤어져 각자 학교로 가고, 방학이 시작되면 역시 와이번 역에서
신나게 다시 만나 함께 집으로 오는 것이 큰 연례행사가 되었다.
우리는 여행의 해방감을 점점 더 즐기면서 성숙해 갔다. 처음에는
리버풀에 아침 일찍 도착하는 즉시 남쪽행 기차를 탔다. 그러나 얼

마 지나지 않아, 오전 내내 라임 스트리트 호텔 라운지에서 잡지를 읽고 담배를 즐기다가 오후 기차를 타고 와이번으로 가도 아슬아슬하게 시간에 맞추어 도착할 수 있다는 사실을 알게 되었다. 얼마 지나지 않아 우리는 잡지 읽는 일도 집어치웠다. 진짜 책을 가지고 다니며 읽는 황금 같은 독서 시간이 여행의 재미를 더해 준다는 사실(이런 사실을 전혀 모르는 이들도 있다)을 발견하게 된 것이다(어디서든 책을 읽을 수 있는 능력을 어린 시절에 길러 두는 것은 매우 중요한 일이다. 나는 뇌성벽력이 치는 날 라니에서 벨파스트로 여행하는 도중에 말로 Christophe Marlowe의 《탬벌레인 *Tamburlaine*》을 처음 읽었고, 촛불 아래서 브라우닝 Robert Browning의 《파라켈수스 *Paracelsus*》를 처음 읽었다. 그 촛불은 내 아래쪽에 있는 구덩이에서 큰 대포가 발사될 때마다 꺼졌기 때문에 밤새도록 거의 4분에 한 번씩 다시 켜야 했던 것으로 기억한다).

귀향 길은 더 축제 같았다. 우리가 집에 갈 때마다 어김없이 거치는 절차가 있었다. 우선 식당에서 식사를 한 후—찐 달걀과 차 한 잔에 불과했지만 우리에게는 신들의 식사나 다름없었다—오래된 엠파이어 홀(당시까지만 해도 음악홀이 남아 있었다)에 들렀다가 부잔교 Landing Stage로 가서 크고 유명한 배들을 구경하다가 발길을 돌리면, 다시금 그 축복받은 소금기가 입술에 와 닿곤 했다.

아버지의 말씀을 빌리자면 흡연은 당연히 "부정한 행위"였다. 엠파이어 음악홀에 가는 것은 괜찮았다. 아버지는 그런 문제에 엄하게 굴지 않으셨고, 토요일 밤이면 종종 우리를 데리고 벨파스트 극장에 가시기도 했다. 이제야 깨닫는 바이지만, 나는 형이나 아버지만큼 서커스에 흥미가 없었다. 그 당시에는 스스로 그 구경거리를 즐긴다고 생각했지만, 그것은 착각이었다. 익살꾼들은 내 기억 속에 밋밋하게 남아 있을 뿐, 최소한 회상하는 즐거움조차 주지 못한다. 그러나 그들이 실수했을 때 내가 대리 경험했던 그 수치심과 고통스러운 공감의 감정은 아직도 생생하게 남아 있다. 내가 좋아했던 것은 서커스의 부수적인 요소들, 즉 조명 불빛과 소란스러운 분위기, 밤 외출에 따른 들뜬 감정, 휴일 기분에 젖은 아버지의 호기, 그리고 무엇보다 10시경에 집에 돌아와 먹는 차가운 저녁 식사의 황홀한 맛이었다. 그 즈음은 우리 집 식탁의 황금기로서, 애니 스트래헌이라는 요리사가 식사를 준비해 주었다. 요즘 영국 소년들은 무언지 잘 모를 '부풀린 파이' 가 식탁에 오르곤 했는데, 그것은 가게에서 파는 형편없는 파이밖에 못 먹어 본 사람들을 깜짝 놀라게 만들 만큼 맛이 훌륭했다.

샤르트르는 와이번 칼리지보다 더 언덕 높이 솟아 있는 희고 높은 건물에, 20명도 채 안 되는 기숙생들로 구성된 작은 학교였다. 샤르트르는 올디의 학교와 아주 달랐다. 내 교육은 이곳에서 비로소 시작되었다. 우리가 '텁스 Tubbs' 라고 부르던 교장 선생님은 영민하고 인내심이 많은 분이었다. 나는 그 밑에서 라틴어와 영어에 급속히 자신감을 얻게 되었고, 와이번 칼리지의 유력한 장학생

후보로까지 거론되기 시작했다. 학교는 훌륭한 음식을 제공했고 (물론 우리는 불평했지만), 학생들을 잘 보살펴 주었다. 나는 전반적으로 친구들과 잘 지낸 편이었다. 평생 우정을 나눌 친구도 만나고, 이 패 저 패로 나뉘어 팽팽히 맞서기도 하며, 심하게 다투었다가 화해하기도 하고, 싸우지 않고 승리를 얻는 명예로운 경험도 하는 등, 어린 소년의 삶을 상당 부분 차지하게 되는 일들을 친구들과 함께 겪는 가운데, 때로는 그 앞자리에 서기도 하고 때로는 끝자리에 서기도 했지만 말이다.

와이번의 생활은 잉글랜드에 품고 있던 내 불편한 마음을 치유해 주었다. 학교 아래 드넓게 펼쳐진 푸른 들판, 뒤쪽에 뾰족뾰족 솟아 있던, 모양은 산에 가깝지만 덩치는 자그마했던 초록빛 언덕들은 거의 보는 즉시 내 즐거움이 되어 버렸다. 와이번 수도원은 내가 아름답다고 인식한 최초의 건물이었다. 또 나는 샤르트르에서 최초로 친구를 사귀었다. 그러나 그보다 훨씬 더 중요한 일도 이곳에서 일어났다. 신앙을 버리게 된 것이다.

이 재앙이 일어난 시점은 정확히 모르겠지만, 와이번에 간 후부터 진행되기 시작해서 그곳을 떠난 직후에 완결된 것이 분명하다. 그렇게 되기까지 작용한 의식적인 원인들과 무의식적인 원인들로 무엇이 있었는지 정리해 보자.

비난하려는 것도 아니고 비난할 마음도 전혀 없지만, 내 어머니의 흠을 마지못해 드러내는 심정으로 우리 여사감이었던 C 선생님의 이야기를 하지 않을 수 없다. 그분은 최고의 사감 선생님이었다. 아픈 소년들을 능숙하게 보살펴 주었으며, 건강한 소년들에게는 더할 나위 없이 활기찬 친구가 되어 주었다. 그 선생님은 내가 본 사람들 중에 가장 이타적인 분이었다. 우리는 모두 그분을 사랑했으며, 어머니를 잃은 나는 특히 더 사랑했다. 그러나 C선생님은 나보다 나이가 많았음에도 불구하고 영적으로는 여전히 미숙했고, 천사 같은 영혼의 열정으로 삶의 방식과 진리를 찾아 헤매고 있었다. 이런 방황의 길잡이가 될 만한 것이 그때는 지금보다 더 없었다. 이제 와서 말하는 것이지만, 선생님은 접신학, 장미십자회, 강신술 등, 영미 英美 신비주의의 미궁에서 빠져나오지 못하고 있었다. 선생님에게는 내 신앙을 무너뜨릴 의도가 전혀 없었다. 그분은 자신이 촛불을 들고 들어간 방이 엄청난 화약고라는 사실을 몰랐던 것이다.

선생님이 해 주는 이야기는 전에 한 번도 들어 보지 못한 것이었다. 나는 악몽을 꿀 때나 동화를 읽을 때 말고는 신과 인간 외에 다른 영들에 대해 생각해 본 적이 한 번도 없었다. 기묘한 광경이나 다른 세상, 미지의 존재들에 관한 이야기를 읽는 것은 좋아했지만, 그렇다고 해서 정말 그런 것들이 존재한다고 믿었던 것은 아니었다. 난쟁이의 환영도 그저 한순간 내 마음을 스치고 지나간 것에 불과했다. 아이들이 상상하는 바를 다 믿는다고 생각하면 큰 오산이다. 나는 동물 왕국과 인도라는 상상의 세계와 오랫동안 친숙하게 지내기는 했지만, 그런 것을 쉽게 진짜로 착각할 만한 부류의 아이가 아니었다(나 자신이 그 세계를 창조한 조물주 중 한 사람이었으므로 그 세계를 진짜로 착각하려야 착각할 수가 없었다). 그런데 난생처음으로 우리 주변에 실제로 경이로운 일들이 일어날 수 있으며, 눈에 보이는 세계란 나의 단순한 신학으로는 파악할 수 없는 거대한 영역을 가리는 장막에 불과할지도 모른다는 생각이 들기 시작한 것이다. 그때부터 내 속에 무언가—이를테면 신비학에 대한 열정처럼 초자연적인 것을 갈망하는 마음—가 생겨나, 때때로 나를 상당히 괴롭히게 되었다.

누구나 이런 병을 가지고 있는 것은 아니다. 그러나 이 병을 가지고 있는 사람은 아마 내 말뜻을 이해할 것이다. 나는 한때 이것을 소설에서 표현해 보고자 했다. 이것은 일종의 영적인 정욕으로서, 육체의 정욕처럼 그 정욕을 계속 품고 있는 한 다른 모든 것들을 시들게 만드는 치명적인 힘을 가지고 있다. 마술사들이 생겨나는 것은 힘에 대한 갈망 때문이라기보다는 이 같은 열정 때문일 것이다.

C선생님과의 대화로 일어난 변화는 여기에서 그치지 않았다. 의도적인 것은 아니었지만 선생님은 조금씩, 무의식적으로 내 신앙 체계 전반을 흔들어 놓았으며, 그 예리한 날을 전부 무디게 해 버렸다. 신비학의 모호함, 단순히 추론하는 성향이 번져나가—그렇다, 아주 매혹적으로 번져나갔다—신앙 고백의 엄격한 진리를 물

들였다. 이제는 모든 것이 추론의 문제가 되었다. 나는 얼마 지나지 않아, 그 유명한 표현대로 "'–이라고 믿습니다'를 '–인 것 같습니다'로 바꾸고" 있었다. 아, 그때의 안도감이란! 벨젠의 기숙사에서 보냈던 무서운 달밤의 기억이 사라져 갔다. 나는 계시라는 그 폭압적인 정오의 빛에서 벗어나 '고등한 사고'라는 서늘한 저녁 빛 속으로 빠져 들어갔다. 거기에는 위로나 자극만 있었을 뿐, 꼭 지켜야 할 일도, 꼭 믿어야 할 것도 없었다. 그렇다고 C 선생님이 이렇게 만들었다는 뜻은 아니다. 그보다는 원수 사탄이 선생님이 별 뜻 없이 한 말을 이용해서 이런 결과를 만들어 냈다고 하는 편이 옳을 것이다.

원수가 쉽게 이런 일을 할 수 있었던 이유 중에는, 내가 나도 모르는 사이에 이미 신앙을 치워 버리고 싶어 안달했던 탓도 있다. 그 이유는 여기 기록해 둘 만하다. 나는 영적인 기교라는 측면에서 순전히 실수로—지금도 나는 그것이 순진한 나머지 저지른 실수였다고 믿고 있다—개인적인 신앙생활에 감당하기 어려운 종교의 멍에를 씌워 버렸다. 발단은 이렇다. 다른 이들도 그렇겠지만, 나도 어렸을 때부터 말로만 기도하지 말고 그 내용에 대해 잘 생각해 보라는 가르침을 받았다. 그래서 마침내 진지한 믿음을 갖게 되었을 때(올디의 학교에 다닐 때), 그 가르침을 실천에 옮기려 했다. 처음에는 식은 죽 먹기 같았다. 그러나 곧 잘못된 양심(바울 식으로 말하자면 "율법", 조지 허버트 식으로 말하자면 "수다쟁이")이 끼어들었다. 내가 "아멘" 하고 기도를 마치자마자 그것이 속삭였다.

"좋아, 그렇지만 네가 기도한 내용에 대해 진짜 생각해 봤어?"

혹은 더 은근하게 말했다.

"예를 들어 어젯밤만큼 진지하게 생각해 본 거야?"

그때는 이유를 몰랐지만, 그에 대한 대답은 거의 언제나 "아니"였다. 그러면 그 목소리가 다시 말했다.

"좋아, 그렇다면 다시 한 번 생각해 보는 게 좋지 않을까?"

나는 그 지시에 따랐다. 물론 한 번 더 기도한다고 해서 상황이 나아지리라는 보장은 없었다.

이렇듯 갉죽거리는 목소리에 나는 가장 어리석은 방법으로 대응했다. 즉, 스스로 규칙을 정해 버린 것이다. 그것은 기도할 때 이른바 '깨달음', 즉 생생한 상상과 감동이 없이는 단 한 구절도 그냥 넘기지 않겠다는 규칙이었다. 나는 밤마다 인간의 의지력으로 절대 만들어 낼 수 없는 현상을 순수한 의지력으로 만들어 내기 위해 분투했다. 그러나 사실 그런 현상은 너무나도 모호한 것이어서 실제로 그런 현상이 일어났는지 여부도 확실히 알 수 없었고, 설사 그런 현상이 일어났다 해도 그 영적인 가치는 아주 보잘 것없었다.

그때 하나님이 주시지 않는 것을 "우리 마음대로" 끌어내려 해서는 안 된다는 월터 힐튼 Walter Hilton 의 오래된 경고를 읽어 주는 사람이 있었더라면! 그러나 그런 경고를 해 주는 사람은 없었다. 그래서 밤마다 졸려서 흐릿한 정신으로, 또 자주 절망감에 빠진 상태로 '깨달음'을 불러일으키려고 애를 썼다. 상황은 점점 더 수렁으로 빠져 들어갔다. 물론 나는 좋은 '깨달음'을 달라는 말로 기도를 시작했다. 그러나 그 준비 기도 자체는 '깨달은' 기도일까? 그 질문을 물리칠 정도의 상식은 그래도 있었던 것 같다. 그렇지 않았다면 기도를 끝내는 일만큼이나 시작하는 일도 힘들었을 것이다. 모든 게 생각난다! 차가운 방수 식탁보, 15분마다 울리던 종소리, 어느덧 지나가 버리던 밤, 그 지루하고 절망적인 염증. 나는 몸과 영혼을 다 바쳐 그 멍에에서 빠져나오고 싶었다. 그때 이미 나는 밤에 겪을 고통 생각에 저녁 내내 우울해하고, 불면증 환자처럼 취침 시간을 무서워하는 상태에 빠져 있었다. 만약 그 길을 계속 고집했다면 미쳐 버렸을 것이다.

이처럼 기도에 잘못된 의무를 부여함으로써 뒤집어쓰게 된 우스꽝스러운 멍에 때문에, 나는 기독교 신앙에서 몸을 빼고 싶다는 소망을 무의식적으로 품게 되었다. 그러나 그와 거의 동시에 의심을 부추기는 의식적인 원인들도 생기기 시작했다. 그 중 한 가지는 고전을 읽다가 생겼다. 고전, 특히 베르길리우스 Publius Vergilius Maro 의 작품을 읽다 보면, 방대한 분량의 종교적 개념들에 마주치게 된다. 선생님들이나 책 편집자들은 처음부터 '이러한 종교적 개념들은 순전한 환상일 뿐'이라는 전제를 내세웠다. 기독교가 어떤 의미에서 이교 신앙을 완성시켰는지, 또는 이교 신앙이 어떤 의미에서 기독교를 예표했는지 밝히고자 하는 사람은 아무도 없었다. 내가 볼 때 '종교란 대개 헛소리를 뒤섞어 놓은 것에 불과한데, 다행히도 우리가 믿는 기독교는 정확하게 진리를 말하는 예외적인 경우'라고 보는 것이 일반적인 입장인 것 같았다. 초기 그리스도인들이 그러했듯이, 다른 종교들은 악마의 산물로 여겨 아예 설명조차 해 주지 않았다. 어쩌면 내가 그런 종교를 믿게 만드는 환경에서 양육되었을 수도 있는 문제인데 말이다. 내가 볼 때 종교란—아무리 극도로 잘못된 종교라 하더라도—일반적으로 자연스럽게 발달하는 것으로서, 인간이 혹하기 쉬운 일종의 헛소리, 지방색을 반영하는 헛소리였다. 그런 종교가 천 가지나 난무하는 복판에서, 우리 종교만 '참'이라는 딱지를 붙이고 천한 번째 자리에 서 있었다. 그러나 무슨 근거로 이 예외를 믿으라는 것인가? 일반적인 의미에서는 기독교도 다른 종교와 하등 다를 것이 없었다. 그런데 왜 기독교만 그처럼 따로 취급하는 것인가? 그렇다고 나까지 기독교를 따로 취급할 필요가 있는가? 나는 정말이지 그러고 싶지 않았다.

이에 덧붙여, 내 신앙에 똑같이 부정적인 영향을 끼친 요소는 내 속에 깊이 뿌리박혀 있던 염세주의였다. 그 당시 염세주의는 기질의 문제라기보다는 지적인 경향이었다. 나 개인적으로는 전혀 불행하지 않았다. 그러나 전반적으로 우주라는 것이 썩 내키지 않는 체제라는 생각을 확고히 가지고 있었다. 교복을 차려입은 촌스럽고 퉁퉁한 녀석이 우주에 대해 이처럼 비호의적인 판정을 내렸다는 말을 들으면서 정나미가 떨어진다고 생각하는 이들도 있고 웃음을 터뜨리는 이들도 있으리라는 것을 잘 안다. 어느 쪽 반응이든 일리가 있을 수 있지만, 단지 교복을 입고 있다는 이유만으로 그런 반응을 보이는 것이라면 부당한 일이 아닐 수 없다. 그렇게 생각하는 이들은 교복을 입고 있었던 자신의 소년 시절을 잊고 있는 사람들이다. 날짜는 보통 생각하는 것처럼 중요하지 않다. 추측컨대 생각이라는 것을 할 줄 아는 사람들은 대부분 열네 살 이전에 상당히 많은 생각을 한다.

독자들은 내가 여러 면에서 행운아였음에도 불구하고 아주 어린 시절에 큰 충격을 받았다는 사실에서 내 염세주의의 근원을 찾으려 들 것이다. 그러나 지금 나는 오히려 어머니의 죽음 이전에 이미 염세주의의 씨앗이 뿌려져 있지 않았나 하는 생각을 한다. 우스꽝스럽게 들릴지 모르겠지만 나는 서투른 손재주가 문제의 근원이라고 믿고 있다. 어떻게 이런 일이 가능할까? 어린아이처럼 "나는 가위질을 똑바로 못해. 그러니까 세상은 나빠"라고 말하려는 것이 아니다. 아이들은 그렇게 일반화를 할 능력도 없거니와, 공평하게 말하건대 그렇게 바보스럽지도 않다. 그렇다고 내 서투른 손재주 때문에 흔히 말하는 열등의식에 빠진 것도 아니었다. 나는 남들과 나를 비교하지 않았다. 오히려 좌절감은 혼자 있을 때 찾아왔다. 그 좌절감 때문에 나는 생명 없는 것들에 대해 깊은 저항감 내지는 반감(물론 불분명한 것이었지만)을 품게 되었다. 사실 이것도 너무 추상적이고 어른스러운 표현이다. 그보다는 '모든 일은 내가 원하는 대로 되지 않는다'고 굳게 믿게 되었다고 말하는 편이 낫겠다. 내가 곧추세우려 하는 것은 구부러진다. 구부리려 하는 것은 팽팽하게 곧추선다. 묶어 놓고 싶은 매듭은 풀린다. 풀고 싶은 매듭은 절대 풀리지 않는다. 그 상황을 말로 묘사하면 우스워질 수밖에 없지만, 지금이야 우습게 보일까 봐 꺼릴 것도 없다. 어른들 눈에는 이런 어릴 적 경험들이 일시적이고 괴상한 것으로 보이지만, 사실은 이런 경험들이 초기 성향, 즉 무엇이 타당하고 무엇이 타당하지 않은지에 대한 일상적인 감각을 형성한다.

염세주의를 부추긴 요소는 또 있었다. 부유한 아버지—현재 세금 매기는 기준에서 보자면 거의 무한정 안락하고 안정된 삶을 누린 분이었다—를 두었음에도 불구하고, 나는 어릴 적부터 "어른이 된다는 것은 죽어라고 노력해 봤자 구빈원행을 면하는 것이 고작인 부단한 투쟁의 연속"이라는 말을 듣고 자랐고 그 말을 믿었다. 화려한 수사가 동원된 아버지의 말씀은 내 마음에 깊이 각인되었다. 내가 아는 대부분의 어른들은 아주 안락하게 사는 것 같았지만, 그 명백한 사실을 잣대로 아버지의 말씀을 검토해 볼 생각은 전혀 하지 않았다.

샤르트르에 다닐 때 가장 친한 친구와 이야기를 나누면서, 우리의 운명을 '학기, 방학, 학기, 방학을 되풀이하다가 학교를 떠나면

일, 일, 일만 하다 죽는다'는 공식으로 요약했던 것이 기억난다. 설사 내가 이런 망상에 빠지지 않았다 해도, 다른 데서 얼마든지 염세주의의 근거를 찾아냈을 것이다. 그 나이 또래 아이들도 자기가 처해 있는 일시적인 처지만을 근거로 모든 것을 판단하지는 않는다. 오아시스에 앉아 있는 소년이라도 자기 주변은 온통 사막이라는 것을 인식한다. 나는 무력하나마 따뜻한 마음을 가진 인간이었다. 아마도 샤르트르 교문에 서 있던 거지에게 돈을 주지 못하게 막았던 보조교사에게 느꼈던 감정이 내가 품었던 가장 흉악한 감정이었던 것 같다.

이에 더하여 초창기 독서—웰즈의 책뿐 아니라 로버트 볼 Robert Ball 경의 책도 읽었다—는 내 상상력에 광활하고 차가운 우주와 왜소한 인간에 대한 인식을 단단히 박아 넣었다. 내가 우주를 위협적이고 살벌한 곳으로 느낀 것도 이상한 일은 아니다. 루크레티우스 Lucretius를 읽기 몇 년 전부터 나는 이미 무신론을 주장하는 그의 논증(이런 종류의 논증 중에서 가장 강력한 논증이다)의 힘을 느끼고 있었다.

　　신이 의도를 가지고 세상을 만들었다면
　　이처럼 약하고 흠투성이일 리가 없다.

이 직접적인 무신론 사상, 이 위대한 '무의도성에 관한 논증'과

내 신비학적인 환상을 어떻게 결합시킬 수 있었는지 아마 의아할 것이다. 내가 논리적으로 이 두 가지를 연결시켰던 것 같지는 않다. 이 두 가지는 각기 다른 분위기로 나를 몰고갔음에도 불구하고 반기독교적이라는 공통점을 가지고 있었다. 그리하여 나는 상실감은커녕 오히려 크나큰 안도감을 누리는 가운데, 알아차릴 수 없을 만큼 조금씩 신앙을 버리면서 배교자가 되어 갔다.

샤르트르 생활은 1911년 봄 학기부터 1913년 여름 학기까지 계속되었는데, 정확히 어느 시기에 이 점진적인 배교가 이루어졌는지는 알 수 없다. 다른 관점에서 볼 때 이 시기는 둘로 나뉠 수 있다. 학교생활 중반쯤에 내가 아주 사랑했던 보조교사와 그보다 훨씬 더 사랑했던 사감 선생님이 동시에 학교를 떠났다. 그 후로 나는 급격히 추락했다. 눈에 보이는 행복에서 추락한 것이 아니라 견실한 선善에서 추락한 것이다. 친애하는 C선생님은 나에게 나쁜 영향을 끼친 만큼 좋은 영향도 끼쳤다. 일례로, 선생님은 내 애정을 일깨움으로써 어릴 때부터 쌓여 온 반감정주의적 억압을 무너뜨리는 데 일조했다. 또 선생님의 '고등한 사고'가 내게 주로 치명적인 영향을 끼치기는 했지만, 다른 한편으로 거기에는 진정하고 사심 없는 영성의 요소도 있어서 그 혜택을 입었다는 사실을 부인할 수 없다. 불행히도 선생님이 떠나면서 좋은 영향은 사라지고 나쁜 영향은 남았다.

선생님들이 바뀌면서 상황은 훨씬 더 나빠졌다. 우리가 '시러

Sirrah' 라고 불렀던 남자 선생님은 존경할 만한 영향력을 가진 분이었다. 지금 그 선생님을 묘사하라면 '현명하고 괄괄했던 분'이라고 할 수 있을 것이다. 떠들썩하고 애들 같고 쾌활한 데다가 자신의 권위를 잘 유지하면서도 우리와 어울릴 때는 약간의 가식도 없이 한데 어울려 지저분하게 설치며 놀았다. 그 선생님은 인생이란 가능한 한 신나게 즐기며 사는 것이라는 느낌을 전달해 주었다 (그것은 내게 꼭 필요한 교훈이었다). 선생님과 진눈깨비 위를 달음질치면서 '악천후에는 이렇게 거친 농담과 떠들썩한 장난으로 대처해야 하는구나'라는 생각을 처음으로 했던 것 같다.

그 선생님이 가신 후 '포고 Pogo'라는 별명의 대졸 초임 선생님이 부임해 왔다. 포고는 사키 원숭이 내지는 우드하우스 Sir Pelham G. Wodehouse[33]의 주인공을 닮은 데가 있었다. 포고는 재담가에 옷을 잘 차려입는 멋쟁이였고, 원기왕성하며 도회지 물정에 환한 젊은이였다. 선생님의 기질을 잘 몰라 머뭇거리던 우리들은 일주일이 지나면서 전부 그 발 아래 엎드려 그를 숭배하게 되었다. 온통 반짝반짝 빛나는 세련된 신사가 나타나 그 세련됨을 우리에게 나누어주려 하고 있었다(이런 일이 있으리라고 상상이나 했던가?).

우리는—최소한 나는—옷을 잘 차려입게 되었다. 때는 바야흐

---

33) 사립학교 이야기와 가벼운 로맨스로 인기를 얻은 소설가로서, 젊고 멋진 신사 '지브스'라는 인물을 창조했다.

로 '멋쟁이'의 시대였다. 넓직한 넥타이에 핀을 꽂았고, 가슴께가 깊이 파인 외투에 짧은 기장의 바지를 입어 화려한 색깔의 양말을 내보였으며, 엄청나게 넓은 끈으로 묶은 가죽구두를 신었다. 나는 멋쟁이의 세계에 입문할 나이가 된 형을 통해 벌써부터 이런 영향을 받고 있던 터였다. 그런데 포고가 그 과정을 완성시켜 주었다. 일주일에 1실링의 용돈을 받는, 홀쩍 큰 열네 살짜리 시골뜨기에게 이보다 더 처량한 꼴은 없을 것이다. 더욱이 어떤 것을 사 입어도 항상 헌옷가게에서 나온 사람처럼 보였던 나의 경우에는 더 처량한 야망이 아닐 수 없었다. 바지에 줄을 세우느라, 또 머리에 기름을 처덕처덕 바르느라(지저분한 관습이었다) 애쓰던 일은 지금 생각해도 부끄럽다. 이렇게 해서 내 삶에 새로운 요소가 들어왔다. 그것은 천박함이었다. 그 전까지도 내 힘이 닿는 한 거의 모든 죄와 어리석음을 범해 보긴 했지만, 번지르르하게 꾸미는 일은 이때 비로소 시작했다.

어설픈 멋내기는 세련된 사람이 되기 위한 과정의 일부분에 불과했다. 포고는 연예가의 황제였다. 우리는 곧 최신 히트곡들을 꿰게 되었다. 당시 잘 나가던 여배우들—릴리 엘지, 거티 밀러, 지나 데어—에 대해서도 꿰게 되었다. 포고는 여배우들의 사생활에 대해 아는 것이 많았다. 최신 농담도 가르쳐 주었다. 우리가 잘 알아듣지 못하면 기꺼이 해설까지 보태 주었다. 그는 많은 것을 설명해 주었다. 포고와 어울려 한 학기를 보내고 나자, 단지 12주가 지난 것이 아니라 12년은 더 어른이 된 것 같았다.

나의 탈선을 전부 포고의 탓으로 돌리면서 도덕적인 교훈으로 이야기를 끝맺을 수 있다면 얼마나 만족스럽고 교훈적인 이야기가 되겠는가. "별 생각 없이 말을 내뱉는 젊은이가 순진한 소년들에게 얼마나 큰 해를 끼쳤는지 보라!" 하면서 말이다. 그러나 불행히도 그것은 거짓말이다. 그 당시 내가 격렬한 성적 유혹에 시달렸고, 거의 매번 그 유혹에 넘어갔던 것은 사실이다. 그러나 그렇게 된 데에는 그 당시 내 나이 탓이 컸고, 내가 절반은 자진해서 하나님의 보호를 거부한 탓이 컸다. 포고는 전혀 관련이 없었다고 생각한다. 생식에 관한 단순한 사실들은 이미 오래 전에 다른 아이에게 들어 알고 있었고, 그때는 너무 어려서 과학적인 호기심 이상을 느끼지 못했다. 포고를 통해 나를 덮친 것은 '육체'(나도 내 육체를 가지고 있었다)가 아니라 '세상', 번쩍거리고 싶고 허세부리고 싶고 남의 눈에 띄고 싶고 소수만이 알고 있는 은밀한 정보들을 공유하고 싶은 욕망이었다. 포고는 내 순결을 깨뜨리는 데에는 거의 기여하지 못했지만, 그때까지도 남아 있던(내 생각에는 그렇다) 겸손하고 아이다우며 자신을 의식하지 않는 부분은 슬프게도 망가뜨려 버렸다. 나는 이제 멋쟁이, 날나리, 속물이 되기 위해 엄청난 노력을 기울이게 되었다.

포고를 알게 됨으로써 아무리 정신이 천박해졌다 해도, 댄스 교습을 하던 선생님이나 상으로 받은 베커의 《차리클 Charicles》만큼 내 감각에 전기처럼 짜릿한 자극을 주지는 못했다. 댄스 선생님은 사촌 G만큼 아름답지는 않았지만, 내가 처음으로 '육체적으로 갈망한' 여인이었다. 선생님의 잘못은 전혀 없었다. 이 영역에서는 사소한 어조 하나, 몸짓 하나가 예기치 못한 결과를 낳는 법이다. 겨울 학기 마지막 날, 선생님이 교실을 댄스장으로 꾸미다 말고 잠시 멈추어 천장에 매달 깃발을 들더니 "나는 이 냄새가 좋더라" 하면서 얼굴에 깃발을 갖다댔다. 그 순간 나는 완전히 넘어가고 말았다.

이것을 낭만적인 열정으로 생각하면 안 된다. 다음 장에서 이야기하겠지만, 내 삶의 열정은 완전히 다른 영역에 속해 있었다. 내가 선생님에게 느낀 것은 순전한 욕망, 즉 '육체'의 시가 아니라 '육체'의 산문이었다. 나는 스스로 귀부인에게 헌신하는 기사처럼 느낀 적이 한 번도 없었다. 오히려 나는 돈 주고 살 수 없는 코카서스 소녀를 바라보는 터키인에 더 가까웠다. 나는 내가 무엇을 원하는지 아주 잘 알고 있었다. 이런 경험은 대개 죄의식을 동반하게 마련인데, 내게는 그런 죄의식이 없었다는 점을 밝히는 편이 좋겠다. 나는 도덕적인 잘못이 어쩌다 명예의 규범을 깨뜨리거나 동정심을 자극하는 경우 외에는 거의 죄의식을 느끼지 않았다. 남들이 금기를 제거하는 데 오랜 시간이 걸리는 것처럼 나는 금기를 습득하는 데 오랜 시간이 걸렸다. 그래서인지 현대 세계와 내가 서로 어긋나 있는 것을 발견하게 될 때가 많다. 나는 배교한 청교

도들 틈에 사는 개종한 이교도인 것이다.

독자들이 포고에게 너무 가혹한 판단을 내릴까 봐 걱정이다. 지금 생각해 볼 때 그는 소년들을 맡아 가르치기에 너무 어렸던 것 같다. 그 자신이 청소년에 불과했던 데다가 '어른이 되었다'고 기뻐할 만큼 미성숙했고, 우리가 자기보다 더 순진한 것을 즐거워할 만큼 그 자신이 순진하기도 했다. 더욱이 그는 다정한 사람이었다. 그는 자기가 알고 있는 것 내지는 알고 있다고 생각하는 것을 우리에게 말해 주고 싶어했다. 이제는 헤로도토스 Herodotos 식으로 "포고에게 안녕을 고하기로" 하자.

내가 신앙과 미덕과 소박함을 잃어 가는 동안, 한편에서는 아주 다른 상황이 벌어지고 있었다. 그 이야기는 새로운 장에서 해야겠다.

5
르네상스

세상에서 무엇을 사랑해야 할지 모를지라도,
우리 안에는 그 미지의 무언가를 향한 사랑의 세계가 있다.

트러헌Thomas Traherne, 《명상 편 *Centuries of Meditation*》

나는 역사가들이 일반적으로 묘사하는 르네상스를 별로 믿지
않는다. 그 증거라는 것을 들여다보면 들여다볼수록, 15세기에 전
유럽을 휩쓸었다는 봄기운의 흔적을 찾기가 더더욱 힘들어진다.
역사가들의 책에 등장하는 봄빛이 제각기 다른 근원을 가지고 있
는 것은 아닐까, 저마다 자신의 개인적인 르네상스, 사춘기가 끝
날 무렵 우리 대부분에게 찾아오는 놀라운 재각성의 경험을 거기
에 투사하고 있는 것은 아닐까 하는 의심도 든다. 그것은 신생
birth이 아니라 재생re-birth, 각성wakening이 아니라 재각성
reawakening이라고 불려야 마땅하다. 대부분의 경우에 그것은 새
로운 존재가 되는 경험일 뿐 아니라 유년기에 간직했다가 소년이

되면서 잃었던 것을 새로이 발견하는 경험이기도 하기 때문이다. 소년기는 '암흑 시대'[34]와 아주 비슷하다. 그 시대의 실제 모습과 비슷하다는 것이 아니라, 불쾌하고 짧은 역사에 재현되어 있는 모습과 비슷하다는 것이다. 유년기의 꿈과 청소년기의 꿈에는 상당히 비슷한 데가 많다. 그러나 소년기는 모든 것이(우리 자신을 포함해서) 탐욕스럽고 잔인하고 시끄러우며 산문처럼 단조로운 미지의 영토처럼, 상상력은 잠들어 있고 이상과는 거리가 먼 감각과 야망만 불안하게, 심지어 광포하게 깨어 있는 미지의 영토처럼 유년기와 청소년기 사이에 뻗쳐 있다.

나의 경우에는 확실히 그랬다. 유년기는 인생의 나머지 부분들과 화합을 이루고 있지만 소년기는 그렇지가 못하다. 어릴 때 나를 즐겁게 해 주었던 책들은 지금도 나를 즐겁게 해 준다. 그러나 올디의 학교나 캠벨에서 읽은 책들은 대부분 필요할 때가 아니면 다시 읽게 되지 않는다. 이런 관점에서 볼 때 소년기는 모래사막이라고 할 수 있다. 진정한 '기쁨'(내가 앞서 설명하려고 애썼던 그 기쁨)은 내 삶에서 사라져 버렸다. 너무 완벽하게 사라져서 기억조차 남지 않았고, 그에 대한 갈망조차 없어져 버렸다. 〈소랩〉을 읽는 것도 내게 그런 기쁨을 주지는 못했다. 이 기쁨은 일반적인 쾌락과 다를 뿐 아니라 미학적인 쾌락과도 다르다. 이 기쁨에는 칼에

---

34) 476년 서로마 제국의 멸망에서 1,000년경까지 유럽의 시대를 가리키는 말로서, 넓게는 중세 전체를 의미한다.

찔리는 듯한 아픔과 통증, 도저히 달래지지 않는 동경이 있다.

그 긴 겨울은 한순간에 물러갔다. 샤르트르의 생활을 시작한 지 그리 오래되지 않았을 때의 일이었다. '봄'이 이 일에 딱 들어맞는 이미지이긴 하지만, 나의 봄은 자연의 봄처럼 점진적으로 찾아오지 않았다. 나의 경우에는 마치 북극 같던 세속의 두꺼운 빙하층이 일주일도 아니고 단 한 시간도 아니고 단 한 순간에 풀이 돋고 앵초가 피고 과수원에 꽃이 만발한 풍경으로, 새들의 노랫소리에 귀가 멍멍하고 개울물 흐르는 소리가 요란한 풍경으로 바뀌어 버린 것 같았다. 나는 그 순간에 대해 정확히 이야기할 수 있다. 날짜까지는 몰라도, 그때의 정황만큼은 너무나 잘 기억하고 있다. 누군가 교실에 문예잡지를 두고 갔다. 아마 〈북맨 The Bookman〉이나 〈타임즈 문예 부록 Times Literary Supplement〉이었을 것이다. 무심코 잡지 표지 그림과 제목에 눈길이 갔다. 그런데 그 다음 순간, 어느 시인의 표현처럼 "천지개벽이 일어났다."

내가 읽은 글자는 《지그프리트와 신들의 황혼 Siegfried and the Twilight of the Gods》이었다. 그리고 내가 본 그림은 아서 레컴의 삽화였다. 나는 바그너 Richard Wagner 나 지그프리트에 대해 들어 본 적이 없었다. '신들의 황혼'도 신들이 사는 곳에 황혼이 지는 광경을 가리키는 말인 줄 알았다. 이것이 켈트의 황혼도 아니고 숲의 황혼도 아니고 대지의 황혼도 아니라는 것을 어떻게 한눈에 알 수 있었겠는가? 그러나 그것은 확실히 그런 황혼이 아니었다. 순수한 '북방성北方性'이 나를 사로잡았다. 대서양 너머 북쪽의 여름, 그 가없는 황혼에 펼쳐진 광대하고 맑은 창공의 환영幻影, 그 아스라함과 혹독함……. 그 순간 나는 아주아주 오래 전에 (지금 생각하면 그렇게 오래 전이었던 것 같지는 않지만) 〈테그너의 드라파〉를 읽으면서 이미 이런 경험을 했다는 것과, 지그프리트가 정확히 무엇인지는 몰라도 적어도 발데르나 태양을 향해 날아가는 두루미들과 같은 세계에 속한 존재라는 것을 깨달았다.

이처럼 과거로 뛰어든 그 즉시, '기쁨'의 기억과 함께 과거에는 가지고 있었던 것을 그 후 수년간 잃고 살았으며 이제야말로 사막의 유배지에서 고국으로 돌아가고 있는 중이라는 자각이 비탄처럼 솟구쳐 올라왔다. 도저히 도달할 수 없는 두 가지, '신들의 황혼'과 과거의 '기쁨'이 주는 거리감이 합쳐져 하나의 단일한 인식을 만들어 냈다. 그것은 갈망과 상실감이 뒤섞여 있는 감당하기 힘든 인식으로서, 경험 전부를 잃고 말았다는 상실감으로 순식간에 연결되었고, 마치 혼수상태에서 깨어난 사람처럼 먼지투성이 교실을 휘둥그레 둘러보며 **바로 그거였어**라고 말하는 순간 벌써 나를 빠져나가 사라져 버리고 없었다. 그때 나는 '그것을 다시 얻는 것'이야말로 최고로 갈망할 만한 유일한 일이라는 깨달음(운명적인 깨달음)에 도달했다.

그 후로는 모든 요소가 나에게 이롭게 작용했다. 아버지가 우리 형제에게 주신 여러 선물 중에 축음기가 있었다. 내 눈길이 《지그프리트와 신들의 황혼》에 가 닿기 전부터 나는 음반 목록을 애독하고 있었다. 그러나 그랜드 오페라의 음반에 나오는 그 이상한 독일식 이름 내지는 이탈리아식 이름들이 내게 무슨 영향을 끼치리라고는 꿈에도 생각지 못하고 있었다. 잡지를 본 지 한두 주쯤 지난 후에도 상황은 마찬가지였다. 그런데 예상치 못했던 곳에서 급습을 당했다. 〈사운드박스 The Soundbox〉라는 잡지가 매주 위대한 오페라를 요약해 주고 있었는데, 그때 마침 《니벨룽겐의 반지 Der Ring des Nibelungen》[35]를 다룬 것이다. 나는 황홀경에 빠진 채 기사를 읽어 나갔고, 마침내 지그프리트가 누구며 '황혼'이 무엇을 뜻하는지 알게 되었다. 더 이상 참을 수가 없었다. 나는 니벨룽겐 이야기의 바그너 판본에 따라 영웅시를 쓰기 시작했다. 〈사운드박스〉에 나온 간추린 줄거리가 유일한 자료였던 탓에 아는 것이 너무 없었던 나는 '디치 ditch'로 '알베리히 Alberich'의 운을 맞추고, '타임 time'으로 '미메 Mime'의 운을 맞추었다.[36] 포프 Alexander Pope의 《오디세이아 Odyssey》를 모범 삼아 지은 그 시(신화도 좀 섞어 넣었다)는 이렇게 시작한다.

---

35) 〈라인의 황금 Das Rheingold〉, 〈발퀴레 Die Walküre〉, 〈지그프리트 Siegfried〉, 〈신들의 황혼 Götterdammerung〉으로 구성된 4부작 악극.
36) 영시에서는 시행의 마지막 운을 맞추는 각운양식 rhyming이 일반적인데, 루이스는 독일어 발음을 몰라서 알파벳만 보고 운을 맞추었다는 뜻이다. 즉 '알베리히'를 '알베리치'로, '미메'를 '마임'으로 읽은 것이다.

대지로 내려오라, 내려오라, 천상의 아홉 여신이여,
내려와서 라인 강의 옛 전설을 노래하라…….

넷째 권까지 썼는데도 고작 〈라인의 황금〉 마지막 장면까지밖
에 진도를 못 나갔으니, 그 시를 끝내 마무리하지 못한 것도 놀랄
일이 아니다. 그러나 그것은 시간낭비가 아니었다. 지금도 나는
그 작업이 나에게 어떤 역할을 해 주었으며, 어느 지점에서부터
그런 역할을 해 주기 시작했는지 확실히 말할 수 있다. 시간이 많
이 흐른 만큼 허영심 없이 말하는 바이지만, 내 시의 첫 세 권은 소
년이 쓴 시치고는 그리 나쁘지 않은 수준이었다. 쓰다 만 넷째 권
을 시작하면서 시는 엉망으로 망가지기 시작했다. 바로 그 지점이
내가 정말 시를 쓰기 위해 노력하기 시작한 지점이다. 그 전까지
는 운율이 맞고 운각이 나뉘며 내용이 원래 이야기와 맞기만 하면
만족스러워했다. 그러나 넷째 권을 시작하면서부터는 내가 느끼
고 있던 강렬한 흥분을 전달하고자 시도했고, 단순한 사실만 진술
하는 것이 아니라 암시도 써 보려 했다. 물론 그 시도는 실패했다.
나는 산문의 명료함을 잃고 열변을 토하며 혁혁대다가 얼마 못 가
침묵에 빠져들고 말았다. 그러나 그 일을 통해 글쓰기가 무엇인지
배우게 되었다.

이제는 '바그너'라고 인쇄된 글자만 보아도 마술적인 상징으로
여길 정도가 되었지만, 그때까지만 해도 바그너의 음악을 한 소절

도 들어보지 못한 상태였다. 그 다음 방학 때 혼잡한 T. 이든즈 오스본(편히 잠드소서)의 컴컴하고 북적대는 가게에서 처음으로 〈발퀴레〉를 들었다. 요즘 사람들이야 그런 작품을 우습게 알고 있고, 실제로 작품을 전체 맥락에서 떼어내 연주용 곡으로 바꾸어 버리면 초라하게 들릴 수도 있다. 그러나 나는 연주용 곡이 아니라 영웅극을 생각하고 있었다는 점에서 바그너와 공통점이 있었다. 북방성에 푹 빠져 있던 소년에게, 그때까지 가장 고상한 음악적 경험이라고 해 봐야 설리번 Arthur S. Sullivan[37]의 곡을 들은 것이 고작인 소년에게, 〈발퀴레〉는 뇌성벽력처럼 다가왔다.

그 후로 나는 바그너 음악 레코드(주로 《니벨룽겐의 반지》에 나오는 곡들이었지만, 《로엔그린 Lohengrin》이나 《파르지팔 Parsifal》에 나오는 곡들도 포함되어 있었다)를 사는 데 거의 모든 용돈을 투자했고, 선물 받을 기회가 있을 때마다 바그너 판만 줄기차게 요청했다. 그렇다고 해서 당장에 음악 전반에 대한 취향이 크게 바뀐 것은 아니었다. '음악'과 '바그너 음악'은 별개의 것으로서, 두 가지에 공히 해당되는 공통의 잣대가 없는 탓이었다. 바그너 음악은 단순히 새로운 쾌락이 아니라 아예 종류 자체가 다른 쾌락이었다. '이름 붙일 수 없는 흥분의 충돌'을 '괴로움'이나 '무아경'이나 '놀라움'이 아닌 '쾌락'으로 부르는 것이 더 적절한 표현이라면

---

37) 19세기 말에 활동한 영국의 작곡가로서 독자적인 영국 오페레타 형식을 확립했다.

말이다.

그 해 여름 사촌 H(사촌 쿼터스의 장녀이자 올림퍼스 신들의 여왕인 검은 머리 주노 여신)가 결혼하여, 더블린 외곽 지역인 던드럼에 있는 신접살림 집에 몇 주간 머물다 가라고 우리 형제를 초대했다. 나는 그 집 응접실 탁자 위에서 이 모든 사건을 촉발시킨 바로 그 책, 직접 보게 되리라고는 감히 생각지도 못했던 《지그프리트와 신들의 황혼》이 아서 레컴 삽화본으로 놓여 있는 것을 보았다. 마치 바그너의 음악을 시각화하여 눈앞에 펼쳐 주는 것 같은 그 책은 나를 환희의 도가니 깊숙히 밀어넣어 버렸다. 지금껏 그 책만큼 탐을 낸 물건은 거의 없다. 나는 15실링만 주면 살 수 있는 저가본(그것도 내게는 천문학적인 금액이었지만)이 있다는 말을 듣고, 그것을 사고 싶어 안절부절못했다. 결국은 형이 책값을 같이 부담해 준 덕분에 그 책을 손에 넣을 수 있었는데, 그때도 어렴풋이 짐작했고 지금은 확신하는 바 형이 책값을 같이 내 준 것은 순전히 친절에서 나온 행동이었다. 형은 북방성에 전혀 매료되어 있지 않았기 때문이다. 형은 그 당시조차 선뜻 받아들이기 좀 미안했던 선심을 베푸느라, 자기 눈에는 그림책에 불과해 보이는 그 책을 사는 데 7실링 6펜스나 투자했다. 그것은 형의 입장에서 훨씬 유용한 용도로 쓸 수 있는 액수였다.

그 정도 일에 이만큼의 지면을 할애하다니 가당치 않다고 생각하는 독자들도 있겠지만, 나로서는 그 일이 내 인생에 미친 영향을 기록하지 않고 넘어갈 수가 없다.

  우선, 아스가르드[38]와 발퀴레들이 그 당시 나에게는 그 어떤 것보다—C선생님이나 댄스 선생님보다, 장학생이 되는 일보다—더 중요한 경험이었다는 점을 깨닫지 못한 사람은 내 이야기를 잘 이해하지 못한 독자이다. 더 충격적인 사실은, 그 당시 기독교에 대한 의심이 점점 강해지고 있었던 현실보다 이런 것들이 더 중요해 보였다는 것이다. 어쩌면 벌을 받아 눈이 먼 것일 수도 있지만(부분적으로 보면 벌을 받아 그렇게 된 것이 확실하다) 그것이 이유의 전부라고 할 수는 없었다. 북방성이 내 종교보다 크게 보인 데에는, 내 종교에 대해 마땅히 가지고 있어야 했음에도 불구하고 가지고 있지 못했던 태도를 북방성에 대해서는 가지고 있었다는 이유가 부분적으로 작용했을 것이다. 물론 북방성 자체를 새로운 종교라고 말할 수는 없었다. 그것은 신앙과 거리가 멀었을 뿐 아니라 추종자들에게 어떤 의무도 부과하지 않았기 때문이다. 그러나 내가 크게 착각한 것이 아니라면 그 안에는 숭배와 아주 흡사한 무언가, 어떤 대상을 향한 사심 없는 자기 포기라고 할 만한 것이 있었는데, 그 자기 포기는 강제적인 요구사항이 아니라 그 대상의 존재 자체로 인해 위험부담 없이 감행하게 되는 자기 포기였다. 우리는 기도문에서 하나님의 큰 영광 그 자체로 인해 감사드리라고 배우는데, 그

---

38) 북유럽 신화에 나오는 신들의 거주지.

말은 하나님이 우리에게 주시는 특별한 혜택 때문에 감사드리기보
다는 하나님의 하나님 되심 때문에 더 감사드려야 한다는 인상을
준다. 사실 우리는 하나님의 하나님 되심에 더 감사드려야 한다.
하나님을 안다는 것은 바로 이 사실을 아는 것이다.

그러나 나는 이러한 경험에서 너무나 동떨어져 있었다. 나는 내
가 믿었던 참 하나님보다는 내가 믿지 않았던 북유럽의 신들에게
서 더 이런 느낌을 받았다. 때로는 참 하나님이 나를 다시 부르실
그날에 대비해서 미리 경배의 능력을 갖추게 하시려고 이런 거짓
신들에게 보내셨던 것은 아닐까 하는 생각도 든다. 이것은 내가
저지른 것과 같은 배교 대신 좀더 빠르고 안전한 방식, 지금의 나
로서는 절대 알지 못할 방식으로는 이런 경배의 능력을 배울 수
없었으리라는 뜻이 아니다. 오히려 하나님의 벌은 벌인 동시에 자
비이며, 특정한 선은 특정한 악을 재료 삼아 빚어지고, 벌을 받아
눈이 멀었던 사람이 오히려 건강해질 수 있다는 뜻이다.

둘째로, 이 상상력의 르네상스는 거의 즉각적으로 외부의 자연
을 새롭게 인식할 수 있게 해 주었다. 생각해 보면, 처음에 자연은
나에게 문학적, 음악적 경험에 기생하는 어떤 것이었다. 던드럼에
서 보낸 방학 기간 동안, 나는 위클로우 산 사이를 자전거로 누비
면서 바그너의 세계에 나올 법한 풍광을 무의식중에 찾아다녔다.
이쪽에서는 미메가 지그린데를 만났을 것 같은 전나무 뒤덮인 가
파른 언덕을, 저쪽에서는 지그프리트가 새 소리에 귀를 기울였을

것 같은 양지바른 숲 속 빈터를, 또 곧이어 파프너의 비늘 덮인 유연한 몸뚱이가 굴에서 빠져나올 법한 물 없는 바위 계곡을 찾았다.

그러나 자연은 곧(얼마나 '곧'이었는지는 모르겠지만) 책을 상기시키는 역할에서 벗어나 스스로 진정한 기쁨을 전달해 주는 매개체가 되었다. 그렇다고 해서 다른 대상을 상기시키는 역할을 아주 그만두었다는 뜻은 아니다. 모든 '기쁨'은 무언가를 상기시킨다. '기쁨'은 소유물이 아니라 오래 전에 있었던 무언가, 저 멀리에 있는 무언가, 아직 '이르지 않은' 무언가를 바라는 갈망이다. 자연과 책은 이제 똑같이 그 무언가—그것이 무엇이든 간에—를 상기시켜 주는 협력자가 되었다. 나는 어떤 이들이 '자연에 대한 유일하게 순수한 사랑'으로 취급하는 사랑, 사람을 식물학자나 조류학자로 만드는 학구적인 사랑에는 가까이 가지 못했다. 나에게 중요했던 것은 어떤 풍광이 풍기는 분위기였다. 나는 그 분위기를 음미하려고 두 눈뿐 아니라 살갗과 코까지 바쁘게 움직였다.

셋째로, 나는 바그너에서 시작하여 북유럽 신화와 관련된 모든 것, 《북유럽인의 신화 Myths of the Norsemen》, 《튜튼 족의 신화와 전설 Myths and Legends of the Teutonic Race》, 맬릿 Sir Walter Scott Mallet 의 《북방의 고대유물 Northern Antiquities》 등으로 관심사를 넓혀 나갔다. 지식이 점점 늘어났다. 나는 이런 책들을 읽고 또 읽으면서 '기쁨'에 가슴을 찔리곤 했다. 그러나 그렇게 가슴을 찔리는 횟수가 아주 서서히 줄어들고 있다는 사실은 깨닫지 못하고 있었다. 기쁨에 가슴을 찔리는 경험과 에다 Edda[39]의 세계를 알아 가는 단순한 지적 만족감이 어떻게 다른지 그때까지만 해도 깊이 생각해 보지 못했던 것이다. 만약 그 시기에 누군가 고대 북유럽어를 가르쳐 주는 사람이 있었다면 아주 열심히 배웠을 것이다.

마지막으로, 이처럼 내가 겪은 변화는 이 책을 계속 써 나가는 데 새로운 어려움을 하나 더 얹어 준다. 샤르트르의 교실에서 기쁨을 경험한 첫 순간부터 시작된 은밀한 상상의 삶은 나의 외적인 삶과 확연히 다른 것일 뿐 아니라 아주 중요한 것이어서, 이제부터는 거의 별개라고 해야 할 이 두 가지 이야기를 각기 따로 써 나가야 할 판이기 때문이다. 이 두 삶은 서로 거의 영향을 끼치지 않는 것 같다. 한쪽의 삶에는 '기쁨'을 갈구하는 불모의 황무지가 펼쳐져 있는데, 다른 쪽의 삶은 온통 신나게 법석을 떨며 승승장구하는 일들로 풍성한 경우가 있을 수 있다. 또 외적인 삶은 비참한데, 상상의 삶은 희열로 넘실대는 경우도 있을 수 있다. 여기에서 상상의 삶이란 내 삶 중에서도 오직 '기쁨'과 관계 있었던 부분만을 가리킨다. 대개의 경우 '상상'이라고 부르는 많은 부분들, 예를 들어 내 대부분의 독서와 관능적이거나 야심적인 환상은 모두 외적인 삶에 속하는 것들이다. 이런 것들은 다 자기애 自己愛 이기 때

---

39) 13세기에 편찬된 고대 아이슬란드 문학 작품집.

문이다. 심지어 동물 왕국과 인도 이야기조차 '외부'에 속한다.

그러나 동물 왕국과 인도는 더 이상 존재할 수 없게 되었다. 그 두 나라는 18세기(우리의 18세기가 아니라 그들의 18세기) 후반 언제쯤에 연합해서 복센 Boxen이라는 단일 국가가 되었는데, 이상하게도 복센의 형용사형은 흔히 생각하듯 '복세니안 Boxenian'이 아니라 '복소니안 Boxonian'이었다. 그들은 현명한 규정에 따라 제각기 왕을 옹립했지만, 의회는 다머페스크 하나만 운영했다. 선거제도는 민주적인 것이었으나 영국에서처럼 문제가 되지는 않았다. 다머페스크는 정해진 한 장소에서만 열리지 않았기 때문이다. 두 왕은 어디에서든지 의회를 소집할 수 있어서, 이를테면 단파벨(북쪽 동물 왕국의 산자락에 깃들인 클로벨리 지역)의 작은 어촌 마을에서 의회를 열 수도 있었고 피시아라는 섬에서 열 수도 있었다. 궁정은 왕들의 결정을 누구보다 빨리 알았기 때문에 의원들이 미처 소식을 듣기도 전에 의회가 열리는 지방의 숙박업소를 모두 예약해 버리곤 했고, 혹 의원들이 회기에 대어간다고 해도 도착하자마자 의회 개최지가 변경되지 않으리라는 보장이 없었다. 그래서 운좋게 자기 지역에서 의회가 열리는 경우를 제외하고는 다머페스크에 한 번도 참석하지 못하는 의원들까지 있었다. 이 의회를 '하원下院'으로 표기해 놓은 기록들도 가끔 있지만, 거기에는 오해의 소지가 있다. 다머페스크는 두 왕이 주재하는 단원제 의회였기 때문이다.

그러나 내가 잘 아는 시기를 살펴볼 때, 효과적인 통제력은 왕들이 아니라 '리틀마스터'(이것은 한 단어로서, 제리빌더 Jerrybuilder처럼 첫 음절에 강세를 두어 발음해야 한다)가 쥐고 있었다. 리틀마스터는 수상이자 재판관으로서, 최고사령관 자리를 항상 유지한 것은 아니었지만(기록은 이 점을 분명히 밝히고 있지 않다) 참모진에서 밀려난 적은 확실히 없었다. 적어도 내가 마지막으로 복센에 들렀을 때까지는 리틀마스터가 권력을 휘두르고 있었다.

물론 그의 권력에 누수현상이 있었을 수도 있다. 그 당시에 대단히 개성적인 한 사람—더 정확히 말하자면 한 개구리—이 공무를 집행하고 있었기 때문이다. 개구리 빅 경은 다소 공평하지 못한 이점을 가지고 공무를 집행하고 있었다. 그 이점이란 그가 어린 두 왕의 가정교사로서, 두 왕에게 사뭇 부모와 같은 권위를 행사하고 있었다는 것이다. 두 왕이 빅 경의 굴레를 벗어나고자 노력할 때가 가끔 있기도 했지만, 불행히도 그것은 심각한 정치적 목적을 위해서가 아니라 자신들이 사사로운 쾌락을 누린 데 대한 빅 경의 문책을 피하기 위해서였다. 그 결과, 체구가 거대하고 목소리가 우렁우렁하며 기사도 정신이 충만한 데다가(이 개구리는 수없이 많은 결투를 치른 영웅이었다) 과격하며 능변에 다혈질인 빅 경은 거의 국가 그 자체라고 할 수 있었다.

독자들은 두 왕이 빅 경 밑에서 사는 모습과 우리 두 형제가 아버지 밑에서 살던 모습 사이에서 어떤 유사성을 발견할 수도 있다. 물론 유사성이 있을지도 모르겠다. 그러나 기본적으로 빅 경은 우리 아버지와 달랐다. 아버지는 처음에는 양서류로 그려졌다가 그 다음에는 어떤 면에서는 희화화되고 또 다른 면에서는 영예롭게 그려질 수 있는 인물이 아니었다. 빅 경은 여러 면에서 지난 2차 대전 때 윈스턴 처칠Winston Churchill 경의 모습을 많이 닮았다. 복센을 아는 사람들이라면 누구나 이 위대한 정치가의 사진에서 개구리 빅 경의 이미지를 선명하게 떠올릴 것이라고 생각한다. 이처럼 현실 세계의 인물을 앞질러 창안해 낸 경우는 비단 이것 하나뿐이 아니었다. 빅 경의 가장 끈덕진 적수이자 늘 그를 성가시게 하는 인물로 해군 대위인 작은 갈색 곰이 있었다. 믿어도 그만 안 믿어도 그만이지만, 갈색 곰 제임즈 바 대위는 존 베츠먼John Betjeman[40]과 거의 똑같다. 나는 그 당시에 베츠먼을 알지 못했지만, 그를 알고 난 후로는 계속해서 빅 경과 제임즈 바 대위를 엮어 이야기를 꾸며 나갔다.

빅 경과 아버지가 닮았다는 것은 흥미로운 사실이지만, 그렇다고 해서 복센이 현실 세계의 반영을 배아胚芽 삼아 탄생한 것은 아니었다. 복센이 말기에 이를수록 현실 세계를 반영하는 사례가 늘어나긴 하지만, 이것은 복센이 지나치게 성숙했다는 징조 내지는 쇠락의 시초로 보아야 할 것이다. 조금만 과거로 거슬러 올라

---

40) 20세기에 활동한 영국의 계관시인. 사라져 가는 것들에 대한 향수를 노래하며 공허한 진보주의를 미묘하게 비판했다.

가도 그런 모습은 나타나지 않는다.

빅 경이 자신들을 휘두르도록 내버려 둔 두 왕은 동물 왕국의 벤자민 8세와 인도의 호키(6세였던 것 같다)였다. 그들은 형과 나를 많이 닮았다. 그러나 그 아버지인 대大 벤자민과 노老 호키는 우리와 닮은 데가 없다. 호키 5세는 허울뿐인 인물이다. 그러나 벤자민 7세(짐작하겠지만 그는 토끼다)는 입체적인 인물이다. 아직도 그가 생각난다. 토끼들 중 가장 턱살이 많고 어깨가 떡 벌어졌으며 말년에 몹시 살이 쪘던 토끼, 헐렁한 갈색 외투에 펑퍼짐한 체크 무늬 바지를 왕의 지위에 걸맞지 않게 볼품없이 걸치고 다녔지만 가끔씩 사람을 당황케 만들 만한 위엄은 지니고 있었던 토끼. 그는 젊었을 때 왕과 아마추어 탐정 두 가지 일을 다 할 수 있다는 믿음에 사로잡혀 있었다. 그는 아마추어 탐정의 역할은 성공적으로 수행하지 못했는데, 그렇게 된 데에는 그가 쫓고 있었던 주된 적수(배들스미어 씨)가 실은 범죄자가 아니라 거의 미치광이에 가까운 인물이었다는—상황이 이렇게 복잡했다면 셜록 홈즈라도 실패했을 것이다—이유가 일부 작용했다. 그는 자주 납치를 당했으며, 어떤 때는 꽤 오랜 기간 동안 사라져 왕실을 불안하게 만들었다(그와 함께 왕으로 재임했던 호키 5세도 그랬다는 기록은 없다). 그러한 재난에서 벗어나 고국으로 돌아왔다가 자기 신분을 입증하느라 애를 먹은 적도 있었다. 배들스미어가 그를 염색해 버리는 바람에 낯익은 갈색 토끼가 아닌 얼룩 토끼의 모습으로 나타난 탓이었다.

마침내(아이들이 생각해 내지 못할 일이 뭐가 있겠는가?) 그는 요즘 말하는 인공수정을 일찍이 실험한 토끼가 되었다. 역사적으로 평가할 때, 그는 훌륭한 토끼도, 훌륭한 왕도 아니었다. 그렇다고 하찮은 토끼라고 할 수도 없었다. 그는 엄청난 대식가였다.

일단 복센의 문을 열고 나니, 다른 복센 주민들 또한 마치 호메로스Homeros의 작품에 나오는 유령들처럼 자기 이야기도 해 달라며 몰려나온다. 그러나 그럴 수는 없는 노릇이다. 하나의 세계를 만들어 본 경험이 있는 독자들이라면 내 이야기를 듣느니 차라리 자기 이야기를 하는 편이 더 나을 것이고, 그렇지 못한 독자들은 내 이야기에 당황스러움과 불쾌감을 느낄 것이다. 더구나 복센은 '기쁨'과 전혀 관련이 없다. 다만 이 시기의 삶을 이야기하는 데 빼 놓으면 안 될 것 같아서 이야기했을 뿐이다.

한 가지 주의사항을 되풀이해야겠다. 내가 지금까지 서술한 바는, 이런저런 종류의 상상이 주된 부분을 차지하고 있었던 삶에 대한 것이다. 그것은 신앙과는 관계가 없었다는 점을 기억하라. 나는 상상과 실제를 혼동한 적이 없었다. 북방성에 관련해서도 그런 적은 없었다. 북방성은 본질적으로 하나의 갈망으로서, 갈망의 대상이 실제로는 존재하지 않는다는 사실을 내포하고 있었다. 그리고 복센은 우리 자신이 만든 세계였던 만큼 실제 세계로 믿으려야 믿을 수가 없었다. 자기가 만들어 낸 등장인물들이 실제로 존재한다고 믿는 작가는 아무도 없다.

1913년 여름 학기가 끝날 무렵, 나는 와이번 칼리지의 고전학 장학생으로 입학했다.

왕족

하늘 길을 떠나는 내게
너희의 수군거림은 들리지 않는다.

웹스터 John Webster, 《말피의 공작 부인 *The Duchess of Malfi*》 4막

샤르트르 시대가 끝났으니, 와이번 칼리지를 간단히 와이번으로, 아니면 와이번 학생들이 부르는 대로 더 간단히 '콜 Coll'이라고 부르겠다.

콜에 입학한 것은 내 외적인 삶의 영역에 일어난 가장 멋진 일이었다. 샤르트르에 다닐 때 우리는 콜의 그늘 아래 살았다. 우리는 종종 시합이나 운동경기, 골드베리 경주의 결승 도착 장면을 보기 위해 콜로 가곤 했다. 이렇게 기회가 있어 콜에 갈 때마다 우리는 현기증이 났다. 우리보다 나이 많은 청년들의 무리와 그들의 눈부시게 세련된 분위기를 보고 어쩌다 난해한 대화 토막들을 주워듣다 보면, 사교계 입문을 한 해 앞둔 소녀가 유서 깊은 사교계

'시즌'을 맞이한 파크레인[41]을 구경하는 심정이 되었다. 게다가 왕족들, 그 근사한 운동선수들과 감독학생들은 모든 세속적인 화려함과 권력과 영광을 한몸에 끌어안고 있는 것 같았다. 그들에 비하면 포고 선생은 아무것도 아니었다. 왕족 앞에 일개 학교 선생이 무슨 대단한 존재겠는가? 학교 전체는 이 살아 있는 신들을 경배하기 위한 거대한 신전이었고, 나는 누구보다 그들을 경배하고 싶어 몸이 달아 있는 소년이었다.

와이번 같은 학교에 다녀 본 적이 없는 사람들은 '왕족 Blood'이 뭐냐고 물을 것이다. 여기에서 왕족은 학생 귀족을 가리킨다. 이 말이 낯선 독자들은, 이 귀족 계급이 바깥 세상에서 학생들이 차지하고 있는 사회적 지위와는 아무 상관이 없다는 점을 분명히 이해해 두어야 한다. 집안이 좋거나 부자라고 해서 왕족이 될 수 있는 것은 결코 아니다. 와이번 칼리지 시절 우리 기숙사에 있던 유일한 귀족은 왕족이 되지 못했다. 반면에 내가 입학하기 전에 아주 수상쩍은 인물의 아들 하나가 왕족 언저리까지 이른 적이 있었다.

왕족의 반열에 오르려면 학교에 다닌 지 상당한 기간이 지나야 한다는 자격조건이 필요했다. 물론 오래 다녔다고 해서 다 왕족이 되는 것은 아니지만 신입생은 확실히 대상에서 제외된다. 무엇보

---

41) 런던 중심가에 있는 넓은 거리로서, 부유층의 집들과 호텔이 있는 곳으로 유명하다.

다 중요한 자격은 뛰어난 운동 실력이다. 그 부분에서 뛰어난 학생은 자동적으로 왕족이 된다. 운동 실력이 좀 모자랄 때는 잘생긴 외모와 개성이 한몫을 할 수 있다. 물론 옷차림도 도움이 되는데, 이때 옷차림은 학교 안에서 인정받는 것이어야 한다. 현명한 후보생이라면 마땅히 올바른 복장을 하고, 올바른 속어를 쓰며, 올바른 것들을 찬미할 줄 알고, 올바른 농담에 웃을 줄 알아야 한다. 물론 바깥 세상에서처럼, 그 특권 계층의 언저리에 있는 자들은 아첨으로 그 계급에 기어 들어가려고 기를 쓴다.

내가 듣기로는 일종의 양두 체제로 움직이는 학교도 있다고 한다. 학생들이 대부분 지지하거나 최소한 용인하는 왕족 계급이, 교사들에게 임명받은 공식 지배 계급인 감독학생들과 대치한다는 것이다. 그런 학교의 선생들은 대개 최고학년에서 감독학생들을 임명함으로써 지식층 intelligentsia 의 권리를 주장하게 하려 든다. 콜에서는 그렇지 않았다. 감독학생들은 거의 모두가 왕족이었고, 따라서 꼭 특정 학년이어야 할 필요가 없었다. 이론상으로는 1학년에서 바닥을 기는 열등생도 콜의 대장—우리는 '두목'이라고 불렀다—이 될 수 있었다(그러나 실제로 이런 경우가 있었던 것 같지는 않다).

이처럼 우리에게는 단 하나의 통치 계급이 있었고, 그 계급에 모든 권력과 특권과 명성이 집중되어 있었다. 어쨌든지 간에 저학년 학생들의 영웅적 숭배를 한몸에 받으며 어떤 체제하에서도 자신들의 기민함과 야망으로 성공해 내는 그들에게 교사들은 공적인 권력을 실어 주었다. 여러 특권들과 복장, 우선권, 위엄 등 학교생활의 모든 영역에 영향을 주는 요소들이 그들의 지위를 강조해 주는 역할을 했다. 알다시피 이렇게 되면 상당히 강력한 계급이 형성된다. 게다가 학교와 일상생활의 다른 점 하나가 이 계급을 더욱 견고하게 만들어 주었다. 과두 체제로 통치되는 국가의 경우, 그 극소수의 지배층에 편입된다는 것은 꿈도 못 꿀 일이라는 사실을 인식하고 있는 사람들이 엄청나게 많이 있으며, 개중에는 사람들을 크게 선동할 만한 기질을 가진 인물들도 존재하기 때문에 혁명을 한번 시도해 볼 만하다. 그러나 콜에서 가장 낮은 사회 계급을 구성하는 학생들은 너무 어렸고, 따라서 혁명을 꿈꾸기에는 너무 약했다. 중간 계급—종살이하는 하급생 신세는 면했지만 왕족은 되지 못한 학생들—만이 혁명의 주역이 될 만한 물리적인 힘과 인기를 가지고 있었지만, 그들의 마음속에는 이미 왕족 계급에 오르겠다는 꿈이 싹트고 있었다. 따라서 반란을 일으켜—이런 반란이 성공할 가능성은 희박했다—자신들이 그토록 갈망하는 권력을 무너뜨리는 위험을 감수하는 쪽보다는, 기존 왕족들의 비위를 맞추어서 자신들의 사회적 지위를 향상시키는 쪽을 더 선호했다. 그리고 마침내 그들이 왕족 승격의 희망을 버릴 때쯤이면, 이미 졸업이 눈앞에 다가와 있게 마련이었다. 그리하여 와이번의 체제는 난공불락이 되었다. 학생들이 교사들에게 대항하는 경우는 종종 있었다. 그러나 왕족들에게 반역한 적은 한 번도 없었던 것으로 기억한다.

그러니 내가 그들을 숭배할 만반의 준비를 갖추고 콜에 들어갔다고 해서 놀랄 일은 아니다. 사립학교의 위계질서만큼 매력적인 모습으로 '세상 돌아가는 이치'를 보여 주는 귀족 체제가 어디 있겠는가? 왕족들은 '그 앞에 엎드려 복종하고 싶다'는 마음, 즉 열세 살 소년이 열아홉 살 소년에게 품는 자연스러운 존경심, 팬이 영화배우에게 느끼는 감정, 시골 아낙네가 공작 부인에게 느끼는 감정, 신참내기가 고참에게 느끼는 경외심, 조무래기가 경찰에게 느끼는 두려움 같은 것을 어린 신입생에게 불러일으킬 만한 요소들을 충분히 갖추고 있었다.

누구든 학교에서 보낸 첫날을 잊지 못하는 법이다. 우리 기숙사는 배처럼 높고 좁게 생긴 석조건물이었다(건축적으로 볼 때 엉망이 아닌 단 하나의 건물이기도 했다). 우리가 주로 생활하던 층에는 직각으로 이어진 아주 어두운 석조 복도가 있었다. 복도에 딸린 문들을 열면 공부방—사방 약 6피트 정도의 네모난 방으로서, 두세 명의 학생들이 함께 썼다—이 나왔다. 예비학교에서 온전한 자기 공간을 가져 보지 못한 소년에게는 그 자체가 황홀한 일이 아닐 수 없었다. 우리는 여전히 에드워드 시대[42]에 살고 있던 터라(문화적으

로) 에드워드 식 거실의 혼잡한 양상을 가능한 한 그대로 흉내내서 공부방을 꾸몄다. 오로지 좁은 방을 채우겠다는 일념으로, 책장과 구석장, 자질구레한 물건들과 그림들을 꽉꽉 채워 놓았던 것이다.

같은 층에 좀더 큰 방이 두 개 더 있었는데, 하나는 올림포스 신들의 회의장이라 할 만한 '감독학생실'이었고, 또 하나는 '신입생 공부방'이었다. 신입생 방은 전혀 공부방 같지 않았다. 공부방보다 넓고 어두웠으며 아무 장식이 없었다. 고정된 탁자 둘레에 움직일 수 없는 긴 의자들만 죽 둘려 있었을 뿐이다. 그러나 우리는 우리 열두어 명 풋내기들이 전부 이 방에 남겨지지는 않는다는 사실을 알고 있었다. 우리 중 몇 명은 '진짜' 공부방으로 갈 것이고, 나머지는 이 볼품없는 공간에 한 학기 정도 머물게 될 것이다. 이 것은 첫날 저녁에 맞이한 엄청난 주사위 게임이었다. 하나는 데려감을 당하고 하나는 버려둠을 당할 운명이었다.[43]

고정된 탁자 주변에 모여 있는 동안 우리는 대부분 조용히 앉아 있었고 어쩌다 말을 할 때도 속삭임으로 대신하곤 했는데, 그 사이사이 문이 잠깐씩 열리곤 했다. 그때마다 학생 한 명이 얼굴을 들이밀고 씨익 웃음을 지은 다음(우리를 보고 웃는 것이 아니라 그냥 혼자 웃는 것이었다) 사라졌다. 한번은 그 웃는 학생의 어깨 위로 또 다른 얼굴이 나타나더니 킬킬 웃으면서 "오호! 나는 **너희들이** 뭘

---

43) 누가복음 17장 34-35절 참조.

기다리는지 알지"라고 말했다. 나만이 그들이 무슨 짓을 하는 것
인지 알고 있었다. 형이 선배로서 콜의 풍습을 미리 알려 준 덕분
이었다. 들여다보고 웃은 녀석들 중에 왕족은 한 명도 없었다. 그
들은 전부 어렸고 생김새에 무언가 공통점이 있었다. 사실 그들은
현재 세도를 부리고 있거나 퇴물이 되어 가고 있는 '기숙사 색시'
들로, 우리 중 누가 자신들의 경쟁자 내지는 후계자가 될 것인지
가늠하고 있는 중이었다.

'기숙사 색시'가 무엇인지 모르는 독자도 있을 것이다. 먼저
'기숙사'에 대해 이야기해 보자. 와이번의 모든 생활은 소위 '콜'
과 '기숙사'라는 두 개의 구심점을 중심으로 움직였다. 신입생은
콜의 예비학생이 될 수도 있었고 단지 기숙사의 예비학생이 될 수
도 있었다. 또 콜의 왕족이 될 수도 있었고 단지 기숙사의 왕족이
될 수도 있었으며, 콜의 천민(즉 최하층민, 인기 없는 학생)이 될 수
도 있었고 단지 기숙사의 천민이 될 수도 있었다. 물론 콜의 색시
가 될 수도 있었고 단지 기숙사의 색시가 될 수도 있었다. '색시'
란 예쁘장하고 여성스럽게 생긴 작은 소년을 일컫는 말로서, 이들
은 한두 명의 선배, 대개는 왕족들의 애인 역할을 한다.[44] 그러나
이것은 대개의 경우 그렇다는 것으로서, 항상 그런 것은 아니다.

---

44) 여기에서도 그렇지만 앞으로도 이 이야기를 하는 동안 '역사적 현재' 시제를 써서 설
   명하는 경우가 종종 있을 것이다. 현재 시제를 쓴다고 해서 와이번이 오늘날에도 이렇
   다고 오해하는 일이 절대 없기를 바란다. ─지은이 주

지배층은 생활에 필요한 거의 모든 편의시설들을 독점하고 있었지만, 이 부분에서만큼은 개방적이었다. 왕족들은 중간 계급 학생에게 이런 불리한 조건을 감수하는 데 덧붙여 정절까지 지킬 것을 요구하지 않았다. 하층 계급 사이의 연애는 '주제넘은 짓'이 아니었다. 적어도 심각할 정도로 '주제넘은 짓'은 아니었다는 뜻이다. 그보다는 손을 호주머니에 넣고 다닌다든지 외투의 단추를 잠그지 않고 다니는 것이 더 심각한 문제였다. 우리 학교의 신들은 균형 잡힌 시각을 가지고 있었다.

색시의 존재는 학교생활을 통해 앞으로의 공공생활을 준비하는 데 중요한 역할을 담당했다(이것은 널리 알려진 사실이다). 색시는 노예와 달랐다. 그들의 애정을 얻으려면 강요할 것이 아니라 유혹해야 했다(거의 항상 그랬다). 그렇다고 꼭 매춘부 같다고도 할 수 없었다. 이들이 상급생과 맺는 관계는 애욕적인 관계가 아니라 아주 감상적인 관계로서, 오래 지속되는 경우도 종종 있었기 때문이다. 이들은 봉사료도 받지 않았다(실제 지폐를 받지 않았다는 뜻이다). 물론 어른들의 사회에서 정부情婦들이 그러하듯이, 주변에 아부하는 사람들도 많았고 비공식적인 영향력도 행사했으며 인기와 특혜도 누렸다. 그리고 바로 이런 점에서 '공공생활을 준비시켜 주는' 역할을 했다. 아널드 런 Arnold Lunn이 쓴 《해로우 사람들 Harrovians》[45]

---

45) 해로우는 이튼 칼리지와 더불어 영국의 대표적인 사립학교이다.

을 보면, 해로우에서는 색시들이 정보원 역할을 했던 모양이다. 그러나 우리 학교에는 그런 색시가 없었다. 내 친구 하나가 하급 색시와 공부방을 같이 썼기 때문에 나는 그들에 대해 잘 알고 있었다. 내 친구는 색시의 애인들이 찾아오는 바람에 가끔 자리를 피해 주어야 하는 것(지극히 당연한 일이다) 말고는 아무 불만이 없었다.

나는 학교에서 이런 일들이 벌어진다는 사실에 충격을 받지 않았다. 그 당시 나는 학교 체제의 가장 큰 약점은 무진장 지겹다는 데 있다고 생각했다. 우리 기숙사의 분위기를 제대로 짐작하려면, 온 동네가 일주일 내내 연애 문제를 놓고 웅성거리며 킥킥거리고 암시를 주고받고 속살거리는 모습을 떠올리면 된다. 운동경기가 끝나고 난 다음이면 연애 이야기가 점잖은 대화의 주요 주제로 등장했다. 누가 누구와 "어떻게 되었고" 누구의 애인이 급부상하고 있다는 둥, 누가 누구의 사진을 가지고 있으며 누가 언제 얼마나 자주 어쨌다는 둥, 어느 날 밤에 어디에서 어쨌다는 둥……. 이것이 이른바 '그리스 전통'이라는 것인지도 모르겠다. 그러나 나는 이러한 악습에 전혀 미혹되지 않았으며, 사실은 이런 일에 말려든다는 상상조차 하기가 힘들다. 물론 콜에서 조금만 더 오래 지냈다면, 다른 부분뿐 아니라 이 부분에서도 이 체제가 보장하는 바 '정상적인 학생'이 되었을지도 모른다. 그러나 사실 나는 모든 것이 지겹기만 했다.

군대에서 보내는 첫 몇 날이 그렇듯이, 콜의 첫 몇 날은 내가 도

대체 무엇을 해야 하는지 미친 듯 찾아다니는 일에 다 투자되었다. 나의 첫 과제는 내가 속한 '클럽'을 찾는 것이었다. 클럽은 의무적인 운동경기를 치르기 위해 학생들에게 할당되는 집단이었다. 클럽은 기숙사 조직이 아닌 콜 조직에 속해 있었고, 따라서 내가 어디 속해 있는지 찾아보려면 '콜 게시판'에 걸린 명단을 보아야 했다. 일단은 게시판이 있는 장소를 찾고, 그 다음으로 나보다 더 잘난 학생들 틈을 비집고 들어가, 500명이나 되는 명단을 훑어내리는 동시에 10분 안에 해치워야 할 또 다른 일을 놓치지 않도록 한쪽 눈을 시계에 고정시켜야 했다. 나는 내 이름을 찾기도 전에 그 자리를 떠나야 했고, 진땀을 흘리며 기숙사로 돌아오면서 불안과 초조 속에서 내일 또 어떻게 이름을 찾나, 이름을 못 찾으면 어떤 미증유의 사태가 벌어질까 전전긍긍했다(그런데 어떤 작가들은 왜 걱정 근심이 어른들의 전유물인 양 말하는 것일까? 내가 보기에는 어른들이 보통 1년 동안 겪는 우환atra cura 보다 학생이 보통 1주일 동안 겪는 우환이 더 많다).

그렇게 전전긍긍하며 기숙사에 도착했을 때 생각지도 못했던 근사한 일이 벌어졌다. 감독학생실 문가에 서 있던 프리블Fribble을 만난 것이다. 그는 단지 기숙사 왕족에 불과했고 그나마 별로 중요치 않은 인물이었지만, 그래도 나에게는 엄청나게 대단해 보였다. 그는 마른 몸매에 웃기 잘하는 젊은이었다. 나는 그가 실제로 내게 말을 걸어왔다는 사실을 믿을 수가 없었다. "아, 루이스"

하고 그가 소리질렀다.

"네가 어느 클럽인지 알고 있어. 나하고 같은 B6야."

온통 절망에 빠졌다가 갑자기 의기양양해지는 그 아찔한 변화라니! 모든 근심이 사라졌다. 그리고 거기에 이어진 프리블의 자비와 선심! 군주에게 저녁 식사 초대를 받았다 해도 그처럼 기쁘지는 않았을 것이다. 그런데 그보다 더 좋은 일이 기다리고 있었다. 나는 토요일마다 충실하게 B6 게시판으로 가서 내 이름이 그날 오후 경기자 명단에 끼어 있는지 여부를 확인했다. 내 이름은 늘 빠져 있었다. 운동경기라면 질색이었으니 그야말로 기쁜 일이 아닐 수 없었다. 타고난 손재주가 서툰 데다가 벨젠에서 보낸 어린 시절 내내 운동이라고는 한 것이 없었으므로, 다른 선수들을 만족시키기는커녕 나 자신이 즐길 수 있을 정도의 운동실력조차 애당초 갖추지 못한 것이 내 실정이었다. 나는(상당수 학생들처럼) 운동경기를 세금이나 치과 의사 같은 인생의 필요악으로 생각하고 있었다. 그래서 한두 주일 정도는 구름에 떠 다니는 기분으로 편히 지냈다.

날벼락은 그 후에 떨어졌다. 프리블이 거짓말을 했던 것이다. 나는 완전히 다른 클럽에 속해 있었다. 내가 구경도 못해 본 게시판에 내 이름이 한 번 이상 올랐다. 나는 '클럽을 빼먹는' 중차대한 죄를 저지른 셈이 되었고, 그 벌로 콜의 왕족들이 모두 모인 가운데 두목에게 매질을 당해야 했다. 그 두목—빨강 머리, 여드름투성이의 '보리지 Borage'인가 '포릿지 Porridge'인가 하는 녀석—에게는 전혀 불만이 없다. 그에게는 매질을 하는 것이 매일의 일과였을 테니 말이다. 그러나 그의 이름만큼은 꼭 밝혀야만 이 이야기의 요점을 이야기할 수 있다. 나에게 처벌이 기다리고 있음을 알리러 온 밀사(두목보다 조금 지위가 낮은 왕족)가 내 죄의 가증스러움을 드러낸답시고 이렇게 말했다.

"넌 누구냐? 하찮기 짝이 없는 인간. 포릿지는 누구시냐? **이곳의 지존**至尊."

그때도 그렇게 생각했지만 지금도 나는 이것이 요점에서 벗어난 발언이라고 생각한다. 그가 이끌어낼 수 있는 훌륭한 교훈은 두 가지나 있었다. "이제 너는 스스로 정보를 알아볼 수 있는데도 남의 말을 그냥 믿어서는 안 된다는 점을 배우게 될 거다." 이것은 아주 유익한 교훈이다. 혹은 "왕족이라고 해서 거짓말하면 안 된다는 법 있냐?"라고 말할 수도 있었을 것이다. 그러나 "넌 누구냐? 하찮기 짝이 없는 인간"이라는 것은 맞는 말일지는 몰라도 이 일과는 거의 상관이 없는 말이다. 이 말에는 내가 클럽을 빼먹은 것이 오만방자하기 때문이라는 의미가 함축되어 있다. 그러나 그가 정말 그렇게 생각해서 이런 말을 했는지 한없이 의심스럽다. 새로운 사회에 들어와 완전히 얼이 빠진 풋내기가, 그것도 자기의 모든 행복을 좌지우지하는 절대권력 계급이 다스리는 사회에 들어온 풋내기가 '지존'의 코를 빠뜨리기 위해 첫 주부터 작심을 했다는 말인가? 이 질문은 그 후에도 여러 번 나를 혼란스럽게 만들었다. 왜 어떤 시험관은 "이런 식의 답안을 내놓는 것은 문제 출제자를 우롱하는 짓"이라는 식으로 말할까? 그는 그 낙제 후보생이 정말로 자신을 우롱하려고 그런 답을 썼다고 생각하는 것일까?

또 다른 질문은 내가 겪은 이 작은 재난에서 프리블이 담당한 몫에 대한 것이다. 그의 거짓말은 나를 골탕먹이려는 장난질이었을까? 우리 형에게 원한을 품고 있다가 나에게 앙갚음을 한 것일까? 아니면(지금 생각하면 아무래도 이쪽인 것 같다) 우리 선조들이 '떠버리'라고 통칭했던 바 아무 생각 없이 입이 거의 저절로 움직여 하루 종일 참말이고 거짓말이고 떠들어대는 그런 치였기 때문일까? 프리블의 동기가 무엇이었든지 간에 내가 처한 곤경을 본 이상 앞으로 나와 자기 죄를 고백해야 마땅했다고 생각하는 이들이 있을지 모르겠다. 그러나 알다시피 그것은 말도 안 되는 소리였다. 그는 급수가 아주 낮은 왕족으로서 지위 향상을 위해 애쓰고 있었다. 프리블이 나보다 위에 있는 그만큼, 버릿지 Burradge[46]는 프리블 위에 있었다. 이런 처지에 앞으로 나와 죄를 자백한다는 것은 지위 향상이 우선되는 사회에서 자신의 사회적 지위를 위태롭게 만드는 짓이었다. 거듭 말하지만 학교는 공공생활의 준비인 것이다.

---

46) 루이스는 의도적으로 이름을 여러 번 바꾸어 부름으로써 인물을 풍자하고 있다. 137, 152쪽 참조.

와이번에 대해 공정히 말하려면, 프리블은 우리 기준에서 볼 때 왕족 계급의 대표적인 인물이 아니었다는 사실을 덧붙여야 한다. 형은 자신이 학교에 다닐 때라면 이런 일은 상상도 할 수 없는 것으로서, 프리블은 신사도에 어긋나게 행동했다고 말했다. 색시들의 사랑을 얻으려면 강요해서는 안 되고 유혹해야 한다는 말을 이미 한 적이 있다. 그러나 프리블은 자신의 구애를 거절한 파슬리 Parsley라는 학생을 괴롭히기 위해 한 학기 내내 감독학생의 권위를 남용했다. 이것은 프리블에게 아주 손쉬운 일이었다. 자잘한 규칙이 워낙 많아 하급생이라면 누구나 부지불식간에 무슨 규칙이든 어기게 되어 있었으므로 감독학생은 자기가 찍은 학생을 거의 언제든지 적발할 수 있었던 반면, 하급생은 상급생에게 종속되어 있는 체제하에서 한순간도 자유를 누릴 수가 없었다. 그리하여 파슬리는 아무리 급수가 낮은 왕족이라도 거절하면 과연 어떻게 되는가를 배우게 되었다. 파슬리가 정절이 있는 인간이어서 도덕적인 이유를 들어 프리블을 거절한 것이라면 더 감동적인 이야기가 될 수 있었을 것이다. 그러나 불행히도 파슬리 역시 "이발소 그림만큼 속된" 인간으로서, 형이 학교에 다니던 시절에는 잘나가던 색시였으나 내가 있었던 당시에는 한창때가 지난 퇴물이었다. 파슬리는 프리블에게 분명히 선을 그었다. 그러나 그렇다고 해서 이처럼 강압을 행사한 왕족은 프리블밖에 없었다.

전반적으로 평가할 때, 그리고 그토록이나 특권을 누리고 싶어하고 아부받고 싶어하는 청소년기의 유혹을 고려할 때, 우리 학교 왕족 계급은 그리 나쁜 축에 속하지 않았다. 카운트Count는 친절하기까지 했다. 젠체하는 광대에 불과한 패롯Parrot은 '길쭉이'로 불렸다. 스톱피쉬Stopfish는 잔인하다는 말을 들었으나 도덕적인 원칙을 가지고 있었다. 하급생일 때 많은 상급생이 그를 색시로 삼고 싶어했지만(나도 전해 들은 말이다) 정절을 지켰다고 한다. "예쁘지만 쓸모가 없어. '그림의 떡'이지"라는 것이 와이번 학생들이 그에게 내린 평이었다.

가장 변명의 여지가 없는 인물은 아마 테니슨Tennyson일 것이다. 그가 좀도둑이라고 해서 싫어했던 것은 아니다. 시내를 한 바퀴 돌면서 실제로 산 것보다 많은 타이와 양말을 들고 오는 그를 보면서 오히려 재주가 좋다고 생각한 학생들도 있었으니 말이다. 우리는 그가 제일 잘 쓰던 처벌 방식, 일명 '후려치기' 때문에 그를 싫어했다. 그가 선생님들에게 "단지 뺨을 한 대 때리려 했을 뿐"이라고 사실대로 진술한 적이 아주 없지는 않았을 것이다. 그러나 그럴 때라도 피해자의 왼쪽 귀와 관자놀이와 뺨이 문설주에 거의 닿을락 말락 하게 세워 놓고, 오른쪽 뺨을 있는 힘껏 후려쳤다는 말은 덧붙이지 않았을 것이다. 또 우리는 그가 '야드 크리켓'이라는 토너먼트 경기(드러내 놓고 강요했던 경기, 또는 강요한 것이나 다름없는 경기였던 것으로 기억한다)를 기획해서 신청금을 거두어들이고는, 경기를 열지도 않고 돈을 돌려주지도 않은 일을 두고 몰래 쑥덕거렸다. 그러나 이것은 무선전신 시대에 일어난 일이고, 감독학생이 된다는 것은 역시 '공공생활의 준비'인 것이다.

또 왕족들은(테니슨까지도) 술주정을 하지 않았다. 내가 들어가기 1년 전에는 선배 왕족들이 가끔 술에 절어서 대낮부터 기숙사 복도에 퍼져 있는 일도 많았다고 한다. 사실 어른들에게는 이상하게 들릴지도 모르겠지만, 나는 기숙사가 엄격한 도덕 재무장 정신으로 충만해 있던 시절에 입학했다. 감독학생들은 내가 들어간 첫 주 내내 기숙사 도서관에서 그 점에 대해 연설을 거듭했다. 도덕 개혁가들이 타락한 학생을 적발할 시에는 우리 모두 얼차려를 받게 될 것이라는 협박도 곁들여졌다. 테니슨은 이때 상당한 위력을 발휘했다. 그는 멋진 베이스 목청을 가지고 있어서 합창단에서 독창을 했다. 나는 그의 색시들 중에 한 명을 알고 지냈다.

그들 모두 편안히 잠들기를. 독을 품은 하급생들의 저주보다 더 지독한 운명이 그들을 기다리고 있었다. 이프레스와 솜므[47]가 그들 대부분을 삼켜 버린 것이다. 좋은 시절이 이어졌을 때에는 그들 모두 행복했건만.

여드름투성이의 노회한 얼리지 Ullage에게 매를 맞은 것 자체는 전혀 가혹한 처사가 아니었다. 진짜 골칫거리는 프리블 덕분에 내가 유명인사, 즉 클럽을 빼먹는 위험한 새내기 녀석이 되어 버

---

47) 두 곳 모두 제2차 세계대전의 격전지였다.

린 데 있었다. 적어도 나는 테니슨이 나를 표적으로 삼은 주된 이유가 바로 거기에 있었다고 생각한다. 물론 다른 이유도 있었을 것이다. 나는 나이에 비해 덩치가 컸고, 덩치 큰 촌뜨기는 선배들의 표적이 되게 마련이다. 또 나는 운동경기 때 아무 쓸모가 없었다. 무엇보다 최악의 조건은 내 얼굴이었다. 나는 "그 표정 좀 걷어치워"라는 말을 듣는 부류의 사람이다. 여기에서 우리는 또 한번 우리 삶에 정당함과 부당함이 뒤섞여 있는 경우에 부닥치게 된다. 물론 우쭐거리고 싶은 마음으로, 또는 기분이 나빠서 잘난 척하는 표정이나 공격적인 표정을 지은 적도 여러 번 있었다. 그러나 정작 그런 의도가 있을 때에는 사람들이 잘 알아채지 못하는 것 같다. 내가 "그 표정 좀 걷어치워"라는 말을 들었던 때는 주로 내가 아주 비굴하게 굴 때였다. 내 선조 중에 자유민이 있어서 내 의지와 상관없이 그 표정이 드러나기라도 했던 것일까?

이미 암시한 바대로, 상급생이 하급생을 종처럼 부리는 체제는 왕족들이 어떤 규칙도 거스르지 않고 하급생의 삶을 비참하게 만들 수 있는 주요한 수단이었다. 하급생을 부리는 체제는 학교마다 다르다. 어떤 학교에서는 왕족들이 각자 자기 하급생을 두고 부린다. 대부분의 학교 이야기에서 흔히 묘사하는 체제가 바로 이런 것이다. 이 관계는 때로—잘은 몰라도 아마 때로는 정말 이런 경우가 있을 것이다—기사와 종자의 관계, 즉 한쪽에서 봉사하면 다른 쪽에서는 체면 유지와 보호라는 보상을 해 주는 상호 유익한 관계로 나타나기도 한다.

　그러나 그 장점이 무엇이든 간에 와이번에서는 그런 경험을 하지 못했다. 우리 학교의 체제는 빅토리아 시대 영국의 노동시장처럼 비개인적인 것이었다. 그런 점에서도 콜은 공공생활을 준비시켜 주었다. 상급생 밑에 있는 소년들 전원은 일종의 노동자 대기소를 형성하고 있었으며, 왕족 전원의 공동재산이라고 할 수 있었다. 왕족은 자신의 군사훈련단 복장을 솔질하거나 윤내고 싶을 때, 구두를 닦고 싶거나 공부방을 '정리' 하고 싶을 때, 또는 차를 마시고 싶을 때 소리를 질렀다. 그러면 우리 전원이 달려갔고, 그는 자기가 제일 싫어하는 학생에게 일을 맡겼다. 훈련단 복장 손질—이 일은 몇 시간씩 걸렸고, 그것을 끝내고 나면 자기 복장도 손질해야 했다—은 가장 하기 싫은 '부역' 이었다. 구두 닦는 것 자체는 그리 성가신 일이 아니었지만, 어떤 상황에서 그 일이 주어지느냐가 문제였다. 그 일은 장학금을 받아 높은 학년에 배정된 탓에 아무리 노력해도 수업을 따라가기 힘든 나 같은 학생에게는 중요하기 짝이 없는 시간대에 부과되었다. 하루 수업을 무사히 감당하느냐 여부는 아침 식사 후부터 수업이 시작되기 전까지의 금쪽같은 40분, 즉 같은 수업을 듣는 학생들과 함께 번역한 문단들을 훑어 보는 시간에 달려 있었다. 그런데 그 일은 구두약 바르는 부역에서 벗어나야만 할 수 있었다. 물론 구두 한 켤레를 닦는 데 40분이 다 들었던 것은 아니다. 정작 시간을 잡아먹는 일은 다른 하급생들과 함께 '구두 창고' 앞에 줄을 서서 솔과 구두약 얻을 차례를 기다리는 것이었다. 그 지하실의 전체적인 외양과 어둠, 냄새, 손이 곱을 듯한 추위(거의 1년 내내 계속되었던)가 아직도 기억에 생생하다. 물론 그렇게 넉넉하던 시절에 하인도 없었으리라고 생각하면 안 된다. 학교에서는 구두와 장화를 닦는 공식적인 '구두닦이'를 두 명 고용하고 있었고, 학기가 끝날 무렵이면 모두(자기 구두와 왕족들의 구두를 매일 닦았던 우리 하급생들까지 모두) 그 구두닦이들에게 팁을 주었다.

영국의 독자들이라면 그 이유를 짐작하겠지만(다른 독자들은 다음 장에서 그 이유의 일단을 알게 될 것이다), 시간이 지날수록 이처럼 하급생을 부려먹는 제도를 점점 혐오하게 되었노라고 쓰려니 부끄럽고 쑥스럽다. 사립학교 제도를 진정으로 지지하는 사람은 "지쳤다"는 내 말을 믿지 않을 것이다. 그러나 나는 완전히 녹초가 되었고, 마차 끄는 말처럼, 공장에서 착취당하는 어린애처럼(거의 그 정도로) 지쳐 버렸다. 하급생 부려먹기 외에도 많은 것들이 나를 지치게 했다. 나는 덩치가 컸지만 체력은 그에 미치지 못했던 것 같다. 수업은 거의 따라가지 못하고 있는 상태였다. 그 당시 나는 엄청난 치통을 앓고 있어서, 아주 여러 날 밤을 욱신욱신한 고통에 시달렸다. 최전선 참호 안 말고는(거기서도 항상 그렇지는 않았다) 와이번에서 겪은 것 같은 통증과 지속적인 피곤을 느낀 적이 없었다. 아, 그 무자비한 날들이여, 아침에 눈을 뜰 때의 공포여, 다시

취침 시간이 되기까지 한없이 펼쳐지던 사막 같은 시간이여! 또 상급생들에게 시달리지 않더라도 운동경기를 좋아하지 않는 소년은 학교에서 거의 자유시간을 얻을 수 없었다는 것을 기억하라. 교실에서 운동장으로 나가는 것은 단지 조금 관심 있는 일에서 전혀 관심 없는 일, 실수하면 더 가혹하게 처벌받는 일, 그런데도 관심 있는 척 가장해야 하는 일(이것이 가장 힘들었다)로 옮겨 가는 것에 불과했다.

이렇게 가장해야 하는 것, 내게는 너무나 지겨운 일인데도 끊임없이 관심 있는 척해야 하는 것이 무엇보다 나를 지치게 했던 것 같다. 아무 사전준비도 없이 13주 동안 연속해서 열광적인 골프광들과 밤낮 생활해야 한다고―본인이 골프광이라면 낚시광이나 신지론자들, 복본위제론자,[48] 프랜시스 베이컨 신봉자, 혹은 자서전을 좋아하는 독일 대학생들 틈에 끼어 있다고―상상한다면, 게다가 그들 모두 권총을 차고 있어서 언제라도 대화에 흥미를 잃는 듯하면 곧바로 쏘아 버릴 태세를 갖추고 있다고 상상한다면, 내 학교생활이 어떠했는지 짐작할 수 있으리라. 강심장 초우복 Chowbok(《에레혼 Erewhon》의 등장인물)조차 이런 운명 앞에서는 움찔하지 않았던가. 운동경기와 연애담이 유일한 화제였는데, 나는 둘 다 관심이 없었다. 그러나 둘 다 관심 있는 척해야 했다. 사립학교에 진학

---

48) 복본위제, 즉 두 가지 이상의 금속을 본위 화폐로 삼는 제도를 지지하는 사람들.

하는 목적은 자기 자신에게서 벗어나 자로 잰 듯 정상적이고 상식적인 인간—누구와도 잘 어울리는 인간—이 되는 데 있었기 때문이다. 남다른 학생은 혹독한 벌을 받았다.

그렇다고 해서 대부분의 학생들은 나보다 운동경기에서 **뛰는** 것을 더 좋아했으리라고 섣불리 판단하면 오산이다. 클럽 활동을 빼먹는 것은 많은 학생들에게 분명히 신나는 일이었다. 클럽 활동을 빼먹으려면 담당 선생님의 서명이 필요했는데, 그 단순 소박한 서명은 위조하기가 쉬웠다. 재주 있는 모사꾼은(나는 그런 모사꾼 중에 한 명을 알고 있었다) 위조 서명 사업을 벌여 상당히 많은 용돈을 벌 수 있었다.

학생들이 운동경기에 대해 끊임없이 이야기하게 된 데에는 세 가지 요인이 있었다. 첫째 요인은 축구 리그전을 보러 가는 군중의 열광과 똑같은 종류의 순수한(실용적이지 않을지는 몰라도) 열광이었다. 직접 경기에서 뛰고 싶어하는 학생은 거의 없었어도, 경기를 구경하면서 콜이나 기숙사 팀의 승리를 대리 경험하고 싶어하는 학생은 많았다. 둘째로, 이 자연스러운 감정은 모든 왕족과 거의 모든 교사들의 전폭적인 지원을 받았다. 이런 문제에 미온적인 태도를 보이는 것은 용서받을 수 없는 죄였다. 따라서 열광의 감정이 있는 학생은 한껏 더 부풀려야 했고, 없는 학생은 억지로 꾸며 내야 했다. 크리켓 경기를 할 때면 하급 왕족들이 관중석을 순찰하면서 환호가 '해이해질' 때마다 적발하여 처벌했다. 네로

황제가 노래할 때마다 듣는 이들에게 미리 주의를 주었다는 이야기가 떠오르는 대목이다. 물론 왕족들이 즐기는 마음으로 오락 삼아 경기를 하는 데 그쳤다면 아마 왕족 계급 전체가 붕괴했을 것이다. 그들은 관객이 있어야 했고, 각광을 받아야 했다. 여기에서 셋째 요인이 등장한다. 아직 왕족은 되지 못했지만 운동에 재능이 있는 친구들에게 운동경기는 본질적으로 '출세 수단moyen de parvenir'이었다. 클럽 활동은 나에게도 오락이 되지 못했지만 그들에게도 전혀 오락이 되지 못했다. 그들은 테니스 클럽에 나가는 기분으로 운동장에 나간 것이 아니라 무대공포증에 걸린 소녀들이 오디션을 보러 나가듯이 운동장에 나갔다. 그들은 긴장과 초조, 눈부신 희망과 메스꺼운 공포에 시달렸고, 신분 상승의 사다리 첫 단에 발을 걸칠 수 있다는 통지를 받을 때까지 마음의 평화를 누리지 못했다. 그러나 그런 통지를 받아도 평화는 누릴 수 없었다. 계속 전진하지 않으면 곧 뒤처지기 때문이었다.

내가 학교에 다니던 그 당시, 조직적이고 강제적인 운동경기는 학교생활에서 놀이라는 요소를 거의 다 빼앗아 가 버렸다. 문자 그대로의 놀이 시간은 전혀 없었다. 경쟁은 너무 치열했고, 상급은 너무 번쩍거렸으며, '실패의 지옥'은 너무 가혹했다.

'놀' 수 있었던(운동경기를 하는 것이 아니라) 유일한 학생은 아일랜드 출신의 귀족 한 명뿐이었다. 그러나 그는 모든 규칙에서 예외 취급을 받은 특별한 경우였다. 귀족이라는 신분 때문이 아니라 길들일 수 없는 아일랜드인이자 천성이 무정부적인 친구여서 어떤 사회도 그에게 족쇄를 채울 수 없었기 때문이다. 그는 첫 학기부터 파이프를 입에 물었다. 밤이면 인근 도시로 수상쩍은 원정을 떠나기도 했다. 내가 알기로는 여자를 찾아간 것이 아니라 별 악의 없는 싸움질이나 저속한 삶, 모험을 찾아간 것이었다. 그는 언제나 권총을 차고 다녔다. 내가 그 점을 잘 기억하는 것은, 그가 한 발만 장전한 채 갑자기 공부방으로 뛰어들어와 장전되지 않은 탄창 쪽만 발사하는(이것이 정확한 표현인지는 모르겠지만) 습관이 있었기 때문이다. 우리의 생명은 그가 발사 횟수를 얼마나 정확히 세느냐에 달려 있었다. 그때나 지금이나 나는 이런 짓이(하급생 부려먹기와는 달리) 지각 있는 학생이라면 누구나 거부하지 못할 종류의 행동이었다고 생각한다. 그 행동은 교사와 왕족 모두에 대한 도전으로서, 쓸모라고는 하나도 없는 짓이었고 악의도 없는 짓이었다. 나는 그 총잡이 친구가 좋았다. 그런데 그도 프랑스에서 죽었다. 그 친구가 왕족이 되었던 것 같지는 않다. 설사 왕족이 되었다 해도 그는 전혀 신경 쓰지 않았을 것이다. 그는 화려한 각광이나 사회적 성공에 개의치 않는 친구였다. 그는 그런 것에 눈길조차 주지 않고 콜을 거쳐 갔다.

폽시 Popsy─누군가의 하녀였던 예쁘장한 빨강머리 아가씨─도 '놀이'의 한 요소로 소개할 수 있을 것 같다. 폽시가 잡혀서 우리 기숙사로 끌려왔을 때(카운트가 주동자였던 것으로 기억한다), 온통 킬킬거리고 꺅꺅 소리를 지르느라 난리였다. 그애는 너무도 상식적인 처녀아이이어서 왕족에게 '정절'을 바치는 짓 따위는 하지 않았다. 그러나 시간과 장소만 잘 맞추면 그애를 꼬셔서 모종의 해부학 수업을 해 줄 수 있다는 소문이 나돌았다. 물론 거짓말이었을 수도 있다.

교사들 이야기는 거의 하지 않았다. 사랑과 존경을 한몸에 받았던 선생님 한 분은 다음 장에 등장할 것이다. 그러나 다른 교사들에 대해서는 말할 것이 거의 없다. 대부분의 교사들이 학교생활에서 얼마나 미미한 존재인가를 부모들에게(더구나 교장 선생님들에게) 납득시키기란 어려운 일이다. 좋은 일이든 나쁜 일이든 학생에게 일어나는 일에 교사들이 개입하는 경우는 거의 없을 뿐 아니라 어떤 일이 일어났다는 사실조차 모르는 경우가 허다하다. 우리 기숙사 선생님은 올곧은 사람이었음이 틀림없다. 우리를 아주 잘 먹여 주었으니 말이다. 그 외에도 그는 학생들을 아주 신사적으로 대해 주었으며 캐묻는 짓 따위는 하지 않았다. 밤에 가끔씩 기숙사를 순찰했지만, 언제나 장화를 신고 쿵쿵 소리를 내고 다녔고 문 앞에서는 잔기침을 했다. 그는 첩자 노릇도 하지 않았고 흥을 깨뜨리지도 않았으며 정직했다. 우리는 그와 공생했다.

나는 몸과 마음이 지쳐 가면서 와이번을 증오하게 되었다. 그런데 그 증오의 진짜 해악은 깨닫지 못했다. 나는 점점 더 현학적인 인간이 되어 갔다. 즉 지적으로 아는 척하는 사람 내지는 교양인(나쁜 의미에서) 행세를 하게 된 것이다. 그러나 이 주제는 다음 장에서 다루기로 하자. 이 장을 마무리하면서 다시 한 번 내가 지쳤다는(이것이야말로 와이번이 남긴 전체적인 인상이었다) 말을 반복해야겠다. 자는 것만이 최상의 방책이었다. 누워 있는 것, 사람들의 소리에서 벗어나는 것, 더 이상 가장하지도, 얼굴을 찌푸리지도, 회피하지도, 살금살금 다니지도 않는 것, 그것만이 최고의 소원이었다. 아침이 오지 않을 수만 있다면, 영원히 잠만 잘 수 있다면 얼마나 좋을까!

7

빛과 그림자

최악의 상황인 듯 보여도 모종의 위안이 따르는 법.
골드스미스 William Goldsmith, 《웨이크필드의 목사 *The Vicar of Wakefield*》

독자들이 "도덕적이고 종교적인 작가로 행세하는 사람이 자기 모교를 불순한 연애행각의 소굴인 양 묘사하는 내용으로 한 장章 전체를 도배해 놓고서도, 그때 자행된 죄가 얼마나 사악한 것인지에 대해서는 한마디도 하지 않는다"라고 말함직하다. 그러나 거기에는 두 가지 이유가 있다. 한 가지 이유는 이 장이 끝나기 전에 밝히겠다. 또 한 가지 이유는, 이미 말했듯이 지금 문제가 되고 있는 이 죄는 내가 전혀 유혹을 느끼지 않는 두 가지 죄 중 하나(다른 하나는 도박이다)라는 데 있다. 나는 싸워 본 적이 없는 적敵에게 헛된 공격을 퍼부을 생각이 없다("그렇다면 당신이 그토록 많이 썼던 악덕들은 다 저질러 봤다는 얘기인데……." 그렇다. 그것들은 다 내가 저질러 본 악덕들이고, 그러니 딱한 노릇이다. 그러나 지금 우리의 목적은 이 문제를 논하는 데 있지 않다).

이제부터 내가 어떻게 와이번에서 현학적인 교양인이 되었는지에 대해 말하려 한다. 처음 입학했을 때는 내가 꽤 괜찮은 책들을 읽고 바그너를 좋아하며 신화에 심취되어 있다고 해서, 잡지만 읽고 랙 타임(그 당시 유행했던 재즈 음악)만 듣는 학생들에 비해 우월하다는 생각 따위는 하지 않았다. 내가 철저하게 무지했던 나머지, 그런 종류의 자만심을 품으려야 품을 수 없었다는 점을 밝히면 이 말이 좀 믿어질 것이다.

이언 헤이Ian Hay는 자신이 사립학교에 다니던 시절, 마치 몰래 담배 피우는 아이들 같은 기분으로 'G. B. S.와 G. K. C.'[49]에 대해 이야기를 나누었던 소수의 학생들 이야기를 어느 책에선가 묘사한 바 있다. 이 두 부류의 학생들은 금지된 열매를 따 먹고 싶다는 갈망을 품고 있다는 점이나 어른이 되고 싶은 욕망을 품고 있다는 점에서 똑같다. 그가 묘사하고 있는 학생들은 첼시나 옥스퍼드, 아니면 케임브리지 출신으로 당대의 문학에 대해 들은 바가 있었던 친구들인 것 같다. 그러나 나는 입장이 전혀 달랐다. 예를 들어 와이번에 들어갈 당시 쇼를 열심히 읽기는 했지만, 쇼를 읽는 것이 자랑스러운 일이라고는 꿈에도 생각지 못했다. 쇼의 작품

---

49) 버나드 쇼George Bernard Show와 체스터턴 G. K. Chesterton.

은 다른 작가들의 작품처럼 아버지의 서가에 꽂혀 있었다. 나는 쇼가 《극평 *Dramatic Opinions*》에서 바그너에 대해 많은 부분 언급하고 있었기 때문에 그의 책을 읽기 시작했다. 바그너의 이름 그 자체가 미끼가 되던 시절이었다. 그러면서 우리 집에 있던 쇼의 다른 작품들도 대부분 읽게 되었다. 그러나 그가 문학계에서 어떤 명성을 얻고 있는지는 알지도 못했고 알고 싶지도 않았다. 나는 이른바 '문학계' 라는 것이 있는 줄도 몰랐다. 우리 아버지는 쇼가 '돌팔이 약장수' 같다고 하면서, 그래도 《존 불의 다른 섬 *John Bull's Other Island*》에는 좀 재미있는 부분들이 있다고 하셨다. 다른 작가의 책들을 읽을 때에도 마찬가지였다. 고맙게도 아무도 내 책읽기를 놀랍게 여기지도, 권장하지도 않았다(이유는 모르겠지만 우리 아버지는 윌리엄 모리스William Morris[50]를 항상 '싸구려 환쟁이' 라고 불렀다).

샤르트르 시절에는 라틴어를 잘한다는 데 우쭐해했을 수도—사실은 확실히 우쭐해했다—있다. 라틴어를 잘한다는 것은 칭찬받을 만한 일이었기 때문이다. 그러나 '영문학' 은 다행히도 공식적인 교과목에서 빠져 있었고, 따라서 나는 그 부분에서 우쭐해할 기회를 얻지 못했다. 나는 영어로 된 소설이나 시, 비평을 읽을 때 반드시 처음 몇 쪽을 읽어 본 후에 그 취향이 마음에 들면 계속 읽어 나

50) 영국의 시인이자 공예가. 중세를 예찬했고 문학적으로는 유미주의적 경향을 취했으며, 19세기 문명에 비판적인 태도를 보였다.

갔다. 나는 어른이고 아이고 간에 내가 읽는 책들에는 아무 관심도 없다는 사실을 잘 알고 있었다. 아버지와 공유할 수 있는 취향은 거의 없었고, 형과 공유할 수 있는 취향도 많지 않았다. 그 외의 사람들과는 접촉점이 없었기 때문에, 나는 이런 사실을 일종의 자연법칙처럼 당연하게 받아들였다. 그때 이 점에 대해 좀더 심사숙고했다면, 우월감보다는 열등감에 가까운 감정을 느꼈을 것이다. 최신 유행 소설은 내가 읽는 책들보다 확실히 더 성인답고 정상적이고 세련된 취향을 보여 주고 있었으니 말이다. 사람은 자기가 깊고도 은밀하게 즐기는 것에 대해 일종의 부끄러움 내지는 수줍음을 느끼는 법이다. 콜에 입학했을 때 나는 내 문학적 취향을 자랑할 일이라기보다는 무언가 변명이 필요한 일로 생각하고 있었다.

그러나 이러한 순진함은 그리 오래가지 못했다. 나는 담임 선생님에게 문학의 광휘에 대해 배우면서 약간씩 동요되기 시작했다. 남들도 나처럼 문학에서 '엄청난 천상의 행복'을 맛본 적이 있으며 그 아름다움에 취해 본 적이 있다는 위험한 비밀을 드디어 알게 된 것이다. 우리 학년의 '책벌레' 중에도 옥스퍼드의 드래곤 스쿨(십대였던 나오미 미치슨 Naomi Mitchison이 그때 막 이곳에서 첫 희곡을 발표했다)에서 온 신입생이 두 명 있었는데, 나는 그들에게서 내가 전에 꿈도 꾸어 보지 못한 세계, 와이번에서 운동경기와 연애가 용인되고 있듯이 시가 이를테면 공식적인 것으로 용인되는 세계가 있다는 인상을 어렴풋이 받았다. 아니, 그곳은 이런 취향이 거의 칭찬거리로까지 인정받는 세계였다. 나는 마치 지그프리트가 자신이 미메의 친자식이 아니라는 사실을 처음 알게 되었을 때와 같은 감정을 느꼈다. '나의' 취향이었던 것이 이제는 확실히 '우리의' 취향이 되었다(물론 내가 '우리의' 취향을 가진 그 '우리'를 만날 수 있다는 전제가 필요했지만 말이다). 일단 '우리의' 취향이 되고 나면, 그 다음에는—위험한 전이 과정을 거쳐— '좋은' 취향 내지는 '옳은 취향'이 될 수도 있었다. 그러한 전이 과정은 일종의 '타락'과 연루되게 마련이다. 좋은 취향이 '좋은' 것임을 아는 순간, 그 좋은 점의 일부는 사라져 버리기 때문이다. 그러나 그렇다고 해서 모든 사람이 자기 취향을 공유하지 않는 '속물들'을 무시하는 단계로 한 걸음 더 추락하는 것은 아니다. 그러나 불행히도 나는 그 단계로 추락했다.

와이번에서 점점 더 비참해지기는 했지만, 그래도 그때까지는 나 자신의 비참한 처지를 어느 정도는 부끄럽게 여기고 있었고, 여전히 올림포스의 신들(왕족들)을 찬미할 준비를 하고 있었으며(그런 기회가 주어지기만 한다면), 여전히 약간은 위압감을 느끼고 있었고, 기분이 나빴다기보다는 겁에 질려 있었다. 알다시피 나에게는 와이번의 정신에 대항할 만한 입지도, 힘을 합쳐 싸울 내 편도 없었다. 저쪽은 그야말로 세계 그 자체인데 비해, 이쪽은 달랑 '나' 혼자뿐이었다. 그런데 희미하게나마 '나'가 '우리'가 되는 순간—그리고 와이번이 세계 **그 자체**가 아니라 여러 세계 중에 **하나**

라는 것을 알게 된 순간—모든 것이 바뀌었다. 적어도 생각 속에서는 보복이 가능해진 것이다.

나는 정확히 이러한 전이가 일어난 순간이 언제였는지 기억한다. 블럭 Blugg 인지 글럽 Glubb 인지 하는 감독학생이 앞에 서서 내 얼굴에 대고 요란한 트림을 내뱉으면서 무슨 명령을 내리고 있었다. 그는 나를 모욕하려고 트림한 것이 아니었다. 짐승을 '모욕' 할 수 없듯이 종으로 부리는 하급생을 모욕할 수는 없는 일이다. 벌브 Bulb 가 내 반응에 대해 한 번이라도 생각해 보았다면, 내가 자기 트림을 우습게 생각하리라는 사실을 알아챘을 것이다. 내가 우습게 생각하는 데서 나아가 완전히 현학적인 교양인의 단계로까지 나아가게 된 것은 그 얼굴—한껏 부푼 두 뺨, 축 처져 침으로 번질거리는 두툼한 아랫입술, 나른해 보이기도 하고 교활해 보이기도 하는 촌뜨기의 얼굴—때문이었다.

'촌놈!'

나는 생각했다.

'아둔한 놈! 멍청이에 형편없는 광대 녀석! 모든 권력과 특혜를 다 준다 해도 저런 인간은 되지 않을 테다.'

그 순간, 나는 현학적인 교양인이 되어 버렸다.

사립학교 제도가 스스로 방지하거나 고칠 수 있다고 장담했던 바로 그것을 이런 식으로 양산하고 있었다는 점은 흥미로운 사실이다. 독자들(이런 전통에 몸담은 적이 없는 독자들)은, 사립학교 제도가 아이가 좀더 어릴 때 '비상식적인 것을 타파' 하고 '자기 자리에서 맡은 바 소임을 다하게' 하기 위해 고안되었다는 사실을 알아야 한다. 한번은 형이 이렇게 말했다.

"하급생 때 상급생에게 시달려 보지 않은 사람은 고생이 뭔지 모르는 역겨운 놈이 될 거야."

앞서 말했듯이 내가 끊임없는 부려먹기에 지쳤다고 고백한 것을 그토록 부끄러워했던 이유가 여기에 있다. 누가 지쳤다고 말하면 사립학교 제도의 수호자들이 모조리 달려들어 진단을 내리는데, 그 진단이라는 것이 한결같이 똑같다.

"아하!"

그들은 외친다.

"바로 **그게** 문제야! 너무 잘나서 상급생들 장화도 못 닦겠다 이거지? 바로 그래서 너는 종살이를 좀더 당해야 하는 거야. 너처럼 현학적인 인간을 고쳐 주기 위해 이런 제도가 존재하는 거라구."

그들은 '너무 잘나서 그런 짓은 못한다' 는 이유 외에 하급생의 종살이 운명에 불만을 갖게 만드는 요인이 또 있을 수 있다는 생각을 용납하지 못한다. 그러나 같은 상황을 어른들의 생활에 적용해 보면 이런 주장의 논리가 과연 어떤 것인지 알 수 있을 것이다.

"이웃에 사는 중요인사가 당신이 직장에 나가지 않는 시간에는 언제든지 불러다가 일을 시킬 수 있는 절대권력을 가지고 있다면, 그래서 어느 여름날 저녁 직장에서 파김치가 되어 돌아온 데다가 다음 날 준비해야 할 일까지 있는데도 골프장에 끌고 가서 캄캄해질 때까지 캐디로 부려먹는다면, 급기야 빨래거리까지 가방 하나 가득 담아 주면서 고마워하는 기색도 없이 다음 날 아침 식전까지 빨아서 손질해 오라고 한다면, 더러운 속옷까지 바구니 하나 가득 채워 주면서 당신의 아내에게 빨아서 수선해 오라고 한다면, 그런데 그런 체제하에서 당신이 항상 완벽한 행복과 만족을 누리지 못한다면, 그것은 오로지 당신의 허영심 때문이 아니겠어? 대체 그것 말고 무슨 원인이 또 있을 수 있단 말이야?"

하급생이 저지르는 모든 위반행위는 당연히 '건방진 짓' 내지는 '잘난 척하는 짓'으로 통하게 되어 있다. 비참하게 느끼는 것, 심지어 열광적으로 환호하지 않는 것조차 위반행위가 된다.

와이번의 위계질서를 세운 자들은 일종의 심각한 위기의식을 갖고 있었던 것이 분명하다. 가만히 내버려 두면 학교 대표 럭비 선수나 권투 선수로 뛰고 있는 열아홉 살짜리 학생들이 열세 살짜리 하급생들에게 전부 무릎을 꿇을 것이 자명해 보였나 보다. 알다시피 그것은 충격적인 광경이 될 것이다. 그래서 약한 자들로부터 강한 자들을 보호할 아주 정교한 기제, 이제 갓 입학해서 자기네들끼리도 잘 모를 뿐 아니라 기존 구성원들도 잘 모르는 한 무리의 신출내기에 대항할 고참들의 긴밀한 자치단체, 맹렬히 포효하는 양떼들 앞에 떨고 있는 불쌍한 사자들의 단체를 고안해 낸 것이리라.

물론 그들의 생각에도 옳은 구석이 없는 것은 아니다. 어린 소년들에게는 건방진 구석이 있을 수 있다. 열세 살 난 프랑스 소년과 반 시간만 함께 있어 보면, 대부분의 어른들은 어쨌든 좀 휘어잡을 필요가 있다는 생각을 하게 된다. 그러나 그보다 큰 소년들은 교사들이 굳이 뒤를 떠밀어 주고 어깨를 두드려 주고 격려해 주지 않아도 자기 입지를 지킬 수 있다는 것이 내 생각이다. 교사들은 양 떼들의 '비상식'을 제거하는 데 그치지 않고, 사자들을 늘 상 구슬리고 다독거려서 적어도 양 떼들에게서 제거한 분량 만큼의 '비상식'을 그들에게 주입했다. 권력과 특혜, 그들의 경기에 환호하는 관객까지 대 주면서 말이다. 그런 지원이 없어도 소년들은 본성상 이런 방향으로 나아가는 데 필요한 모든 행동, 아니 그 이상의 행동들을 하지 않는가?

이런 식의 구상構想을 뭐라고 합리화하든지 간에 나는 그 목적이 성취되지 못했다고 주장하는 바이다. 지난 30여 년 동안 영국에는 신랄하고 호전적이며 회의적인 데다가 폭로하기 좋아하는 냉소적인 **지식층**이 득시글거렸다. 그들 중 대다수가 사립학교 출신이고, 내 생각에 그 중에 학교를 좋아했던 사람은 거의 없다. 물론 사립학교 옹호자들은 이런 현학적인 인간들도 제도로써 교정하는 데 실패한 사례에 속한다고 말할 것이다. 이런 인간들은 좀 더 충분히 채이고 욕먹고 종살이하고 매맞고 모욕을 당해야 한다는 것이 그들의 생각이다. 그러나 사실 이런 인간들 또한 사립학교 제도의 산물이 아닌가? 나처럼 학교에 처음 들어갔을 때는 이런 인간이 아니었는데, 첫 해에 그렇게 바뀌어 버렸을 수도 있지 않은가? 사실 그것은 아주 자연스러운 결과일지도 모른다. 억압이 정신을 영구적으로 완전히 꺾지 못할 때, 바로 그 자리에 복수심 어린 자존심과 경멸이 고개를 쳐드는 것은 자연스러운 경향이 아니겠는가? 우리는 수갑에 묶여 혹사당할 때, 두 배나 강한 자존심으로 앙갚음을 한다. 지금 막 해방된 노예보다 더 오만한 인간은 없다.

물론 나는 오직 중립적인 독자들을 향해 말하고 있는 것이다. 전심전력을 다해 제도를 옹호하는 사람들에게는 반론의 여지가 없다. 이미 살펴보았듯이 그들은 보통 사람들이 이해하지 못할 경구와 논리를 가지고 있다. 심지어 그들은 모든 학생("몇몇 정신 썩은 것들을 제외한" 모든 학생)이 운동경기를 좋아한다는 이유로 강제적인 운동경기를 옹호한다고 들었다. 강제할 필요가 없기 때문에 강제한다는 논리인 것이다(군목들이 이와 유사한 논리로 '교회 행진 Church Parades'[51]이라는 사악한 제도를 옹호했다는 소식을 듣지 않았다면 얼마나 좋았을까).

그러나 내가 볼 때 사립학교 생활의 본질적인 해악은 특권을 부여받은 왕족들의 오만함이나 하급생들의 고생에 있지 않다. 이런 것들은 좀더 설득력 있는 그 무엇, 학창 시절에 가장 행복했고 가

---

51) 군대 일과의 하나로서 교회에 출석하는 것.

장 잘나갔던 학생들에게 결국은 가장 큰 해를 입히는 그 무엇의 징후일 뿐이다. 정신적인 측면에서 말한다면, 사회적인 투쟁이 거의 전적으로 학교생활을 좌우하고 있었다는 것이야말로 치명적인 해악이었다. 정상을 차지하는 것, 정상에 오르고 도달하는 것, 그리고 정상을 지키는 것이 학생들이 전심전력해야 할 최우선 과제였다. 물론 이것은 어른들의 삶에서도 최우선 과제일 때가 많다. 그러나 이런 충동에 이토록 전적으로 굴복하는 어른 사회는 본 적이 없다. 세상에서 그렇듯이 학교에서도 바로 이런 충동 때문에 온갖 종류의 야비한 태도, 즉 계급이 높은 사람에게 아부하고, 인맥을 형성하고자 노력하며, 신분 상승에 도움이 안 될 것 같은 친구는 잽싸게 저버리고, 인기 없는 학생은 합심해서 따돌리며, 거의 모든 행동 뒤에 또 다른 동기를 감추는 식의 태도가 나오는 것이다.

돌이켜보면 와이번은 그 어떤 사회보다 자연스럽게 행동하지 못하는 사회였고, 이런 의미에서 가장 소년답지 못한 사회였다. 몇몇 학생들은 사회적 상승이라는 큰 목적을 위해 모든 행동을 계산하며 살았다고 해도 과언이 아니다. 그들은 이 목적을 위해 경기를 하고 옷을 입고 친구를 사귀고 오락을 하고 나쁜 짓을 했다.

이런 이유 때문에 나는 남색을 콜의 악덕 가운데 첫자리에 올려놓을 수가 없다. 이런 문제에는 위선이 섞여 들 여지가 많다. 사람들은 그 어떤 죄보다 남색이 더 참을 수 없는 죄인 양 말하곤 한다.

왜 그런가? 우리 자신은 그런 악을 저지르지 않기 때문에 더 심하게 혐오하는 것인가? 시간屍姦을 혐오하듯이? 나는 이런 태도와 도덕적 판단 사이에는 거의 아무런 상관이 없다고 생각한다. 그렇다면 남색이 지속적인 성도착 증세로 이어지기 때문인가? 그러나 정말 남색이 성도착 증세로 이어진다는 증거는 거의 없다. 왕족들이 여자를 구할 수만 있었다면 남자보다는 여자 쪽을 택했을 것이다. 그리고 실제로 여자를 얻을 수 있는 나이가 된 후부터는 여자와 연애했을 것이다. 그렇다면 기독교적인 근거에서 남색이 더 큰 죄라는 것인가? 그러나 이 문제를 놓고 야단법석을 떠는 사람들 중에 그리스도인이 몇 명이나 되는가? 그리고 어떤 그리스도인이 와이번처럼 세속적이고 잔인한 사회에 살면서 이런 육체적인 죄를 특히 더 정죄할 죄로 꼽겠는가? 잔인함은 육욕보다 더한 악이며, '세상'은 적어도 '육체'만큼 위험하다.

내가 볼 때 이 모든 소동의 진짜 이유는 기독교적인 데 있지도 않고 윤리적인 데 있지도 않다. 우리가 이 악을 공격하는 것은 그것이 가장 악한 일이기 때문이 아니라 어른의 기준에서 볼 때 가장 불명예스럽고 입에 올리기 힘든 일인 동시에 우연히 영국 법에도 범죄로 규정되어 있는 일이기 때문이다.[52] '세상'은 우리를 지옥으로 이끈다. 그러나 남색은 우리를 감옥에 보낼 뿐 아니라 추

---

52) 현재 영국법은 동성애를 처벌하지 않는다.

문을 일으키며 직장까지 빼앗아 간다. 공정히 말해 '세상'을 따라 갔다고 해서 그렇게 되는 경우는 드물다.

와이번 같은 학교를 다녔던 사람으로서 감히 진실을 말한다면, 남색 그 자체는 큰 악일지 몰라도 적어도 그때 그곳에서는 그나마 선한 것들로 나아가는 유일한 발판 내지는 틈새의 역할을 했다. 그것은 사회적 투쟁의 반대편에서 균형을 잡아 주는 유일한 평형 추, 경쟁적인 야심으로 불타는 사막에 단 하나 존재하는 오아시스 (풀이라고는 잡초뿐이고 물기라고는 악취 나는 물이 전부이긴 했어도)였 다. 왕족들은 자연스럽지 못한 연애 관계 속에서만, 오직 그 관계 속에서만 조금이나마 자신을 잊을 수 있었고, 몇 시간이나마 스스 로 '이곳의 지존 중 한 명'이라는 사실을 잊을 수 있었다. 이런 관 점에서 보면 이 일이 그리 흉해 보이지만은 않을 것이다. 변태적 인 연애는 계산되지 않은 자연스러운 충동이 흘러나올 수 있는 거 의 유일한 틈새였던 것이다. 결국 플라톤이 옳았다. 에로스 Eros[53] 는 넘어져서 흙탕물을 뒤집어쓰고 일그러지며 더러워졌음에도 불 구하고, 여전히 신성의 흔적을 지니고 있었던 것이다.

그건 그렇고, 사회의 모든 병폐를 경제학적으로 설명하려는 사 람들에게 와이번은 어떤 대답을 들려주는가! 와이번에서 돈은 계 급과 아무 상관이 없었다. 해진 코트를 입고 있다고 해서 천민이

---

53) 육체적인 사랑을 상징하는 로마의 신.

되는 것도 아니었고(감사하게도), 용돈이 두둑하다고 해서 왕족이 되는 것도 아니었다. 따라서 어떤 이론가들의 말이 맞다면 이 사회는 부르주아의 천박함이나 부정에서 완전히 자유로웠어야 한다. 그러나 와이번처럼 경쟁이 치열하고 속물적이며 아부가 판을 치는 집단, 지배 계급은 너무나 이기적이고 계급의식에 물들어 있는 한편 프롤레타리아는 아첨에만 능하고 결속력이라고는 없으며 공동의 명예에 대한 의식 또한 없는 집단은 본 적이 없다. 그러나 그토록 명백하게 **선험적인** 진실을 말하기 위해 굳이 이런 경험까지 들먹일 필요가 없을지도 모르겠다. 아리스토텔레스 Aristoteles 의 말처럼 인간은 단지 잘살려고 독재자가 되는 것이 아니다. 지배 계급이 다른 권력의 원천을 가지고 있다면 굳이 돈에 연연할 필요가 뭐가 있겠는가? 원하는 것은 아부하고 싶어 안달하는 사람들이 다 갖다 바치는데 말이다. 그렇게 못 얻는 것은 힘으로 빼앗으면 그만이다.

와이번에서 위선적 탈을 쓰지 않은 복된 존재가 둘 있었다. 하나는 '스뮤기'라는 별명의 담임 선생님이었다. 원래 철자는 'Smugy'[54]지만, 발음을 똑바로 알리기 위해—첫 음절의 운율이 '퓨그 Fugue'와 정확히 맞아떨어진다—여기에서는 'Smewgy'로 표기했다.

---

54) 이렇게 쓰면 보통 '스머기' 혹은 '스머지'로 읽히게 된다.

올디의 학교를 제외하면 나는 계속해서 선생님 운이 좋았다. 그러나 스뮤기 선생님은 말 그대로 "기대 이상, 상상 이상"이었다. 선생님은 회색 머리카락에 커다란 안경을 낀 데다 입이 커서 전체적으로 개구리 같은 인상을 주었으나 목소리는 개구리와 딴판이었다. 선생님은 능변이었다. 선생님이 읊는 시구마다 입술 위에서 음악으로 바뀌어, 말 같기도 하고 노래 같기도 한 무언가가 되었다. 이것은 시를 읽기에 유일하게 좋은 방식은 아니지만, 학생들을 매혹시키기에는 충분한 방식이다. 더 극적으로, 덜 리듬을 타면서 읽는 방식은 나중에 배워도 된다. 선생님은 처음으로 내게 제대로 된 시의 관능성, 즉 혼자 어떻게 음미하며 읽어야 하는지를 가르쳐 준 분이다. 선생님은 밀턴의 시 〈왕좌, 지배력, 왕권, 덕목, 권능 *Thrones, Dominations, Princedoms, Virtues, Powers*〉을 이야기하면서 "그 시구들을 읽고 일주일 내내 행복했네"라고 말했다. 나는 이런 식의 말을 전에 들어 본 적이 없었다. 선생으로서 이처럼 완벽하게 예의를 갖추어 말하는 경우도 경험하지 못했다. 그의 태도는 상냥함과는 상관이 없었다. 스뮤기 선생님은 아주 엄격했다고 할 수 있었지만, 그 엄격함은 재판관의 엄격함, 비아냥거리지 않고 전후를 잘 판단해서 무게 있게 행사하는 엄격함이었다.

그는 평생 어떤 식으로도
악한 말을 입에 담지 않았노라.

선생님은 통솔하기 힘든 반을 맡았다. 우리 반 학생들의 일부는 나처럼 장학금을 받고 온 어린 신입생들이었으며, 일부는 학업에 뒤처져 헤매다가 이제야 수업을 듣는 노련한 학생들이었기 때문이다. 선생님은 그 자신이 먼저 훌륭한 행실을 보임으로써 우리를 결속시켰다. 선생님은 언제나 우리를 '신사'라고 불러서, 신사답지 못하게 행동할 가능성을 처음부터 봉쇄해 버렸다. 적어도 선생님의 반에서는 하급생과 왕족의 구분이 맥을 추지 못했다.

더운 여름날, 선생님은 웃옷을 벗어도 좋다고 허락하면서 자신도 가운을 벗어도 되겠느냐고 양해를 구했다. 또 한번은 내 성적이 나쁘다고 교장 선생님에게 보내어 경고와 벌점을 받게 한 적이 있었다. 교장 선생님은 스뮤기 선생님의 보고서를 잘못 이해하여, 내 행실에 문제가 있는 것으로 오해했다. 나중에 교장 선생님이 어떻게 나를 야단쳤는지 전해 들은 선생님은 즉시 잘못을 시정했고, 나를 한쪽으로 불러 말했다.

"엉뚱한 오해가 있었군. 나는 자네의 행실을 문제 삼은 적이 없네. 자네가 다음 주에 그리스어 문법을 좀더 잘하지 못한다면 회초리를 들겠지만, 그것은 자네의 행실이나 내 행실과는 아무 상관이 없는 일일세."

매를 친다고 해서 신사들끼리 말투까지 바꾸어 이야기해야 한다고 생각하는 것은(결투를 앞둔 신사들이 말투를 바꾸어 이야기해야 한다고 생각하는 것 이상으로) 우스운 일이었다. 선생님의 처신은 완벽했다. 선생님은 친밀감을 표하지도, 적대감을 표하지도, 실없는 농담을 하지도 않았다. 그저 서로 존경하면서 예절을 지켰을 뿐이다. "'어무지어 amousia'로 살지는 말자"는 것이 선생님이 즐겨 말하는 좌우명의 하나였다. 여기에서 '어무지어'는 뮤즈들이 없는 상태를 가리키는 표현이다. 스펜서 Edmund Spenser가 그랬듯이 스뮤기 선생님도 정중함이란 시詩의 여신들에게서 비롯되는 것임을 알고 있었던 것이다.

이렇다 보니 설사 선생님에게 다른 것을 배우지 않는다 해도, 단지 선생님의 반에 속해 있는 것만으로도 어느 정도 고상해질 수 있었다. 선생님은 진부한 야망과 싸구려 광채로 번쩍이는 학교생활 한복판에 좀더 우아하고 인간적이며 폭넓고 근사한 것들을 일깨우는 영원한 상징으로 서 있었다. 그러나 좁은 의미에서, 그의 가르침만 놓고 보아도 좋았다. 선생님은 시를 읊을 줄도 알았지만 분석할 줄도 알았다. 관용구나 난해한 문장도 스뮤기 선생님이 설명해 주면 대낮처럼 환하게 이해가 되었다. 학자가 정확성을 기하는 것은 단지 현학적인 습성이 아닐 뿐 아니라 독단적으로 선악을 가려내는 훈련은 더더욱 아니며, 오히려 '조잡하고 촌스러운 성향'에서 벗어날 수 있는 꼼꼼함이요 섬세함이라는 것을 선생님은 깨닫게 해 주었다. 나는 시에서 구문構文의 요점을 놓치면 미학의 요점도 함께 놓치게 된다는 사실을 알게 되었다.

그 당시에 공식적으로 고전학을 공부하는 학생은 고전학 외에 다른 과목은 거의 공부하지 않았다. 나는 그것이 현명한 처사라고 생각한다. 오늘날 교육에 기여할 수 있는 가장 큰 일은 과목 수를 줄이는 것이다. 스무 살 이전에는 아주 적은 몇 가지밖에 할 시간이 없다. 어린 소년에게 열두어 과목을 어중간하게 잘하기를 요구하는 것은 아이의 수준을 무너뜨리는 짓이며, 어쩌면 아이의 평생을 무너뜨리는 짓이 될 수도 있다. 스뮤기 선생님은 라틴어와 그리스어를 가르쳤지만, 우리는 다른 것들도 부수적으로 배울 수 있었다.

선생님에게 배운 것들 중에 내가 가장 좋아한 작품들은 호라티우스 Quintus Horatius Flaccus 의 《송가 Odes》와 베르길리우스의 《아이네이스 Aeneid》 제4권, 에우리피데스 Euripides 의 《바커스의 시녀들 Bacchae》이었다. 전에도 어떤 의미에서는 고전 작품들을 '좋아했지만', 그때까지만 해도 그것은 사람들이 기술을 하나 터득했을 때 느끼는 것과 같은 쾌감에 불과했다. 그런데 이제는 고전을 시로서 음미하게 되었다.

에우리피데스가 묘사한 디오니소스[55]는 그 직전에 처음 읽고 크게 흥분했던 스티븐스 James Stephens 의 작품 《황금 항아리 The Crock of Gold》의 전반적인 분위기와 긴밀히 연결되는 것 같았다. 거기에는 북방성과는 아주 다른 무언가가 있었다. 판과 디오니소

---

55) 그리스 신화에 나오는 술의 신으로서, 로마 신화에서는 바커스로 일컬어진다.

스에게는 오딘이나 프레이[56]의 안으로 파고드는 듯한 차가운 호소력이 없었다. 새로운 특질이 내 상상력 안으로 들어왔다. 지중해적이고 화산 같은 무언가, 떠들썩한 주신제酒神祭의 북소리가 들어온 것이다. 주신제라고 해서 그렇게 관능적인 것은 아니었다. 그것은 아마도 사립학교의 정통성과 관습을 점점 증오하게 되면서 그것들을 부수어 산산조각 내고 싶어했던 나의 욕망과 무의식 중에 연결되어 있었을 것이다.

또 한 가지, 콜에서 가면을 쓰지 않고 있던 축복은 학교 도서관인 '거니 The Gurney'였다. 그곳은 단순히 도서관이라는 점에서 축복이 아니라 성역聖域이라는 점에서 축복이었다. 흑인 노예가 영국 땅을 밟으면 자유의 몸이 되듯이, 아무리 비천한 하급생도 도서관에 들어서면 누구도 종으로 부릴 수 없었다. 물론 거기에 들어간다는 것은 쉬운 일이 아니었다. 겨울 학기에 클럽 명단에 오르지 않은 학생은 달리기를 하러 나가야 했다. 여름에는 운이 좋을 때에만 오후에 성역으로 들어갈 수 있었다. 클럽 명단에 오른 사람은 도서관에 갈 수 없었다. 그 외에도 강제로 관람해야 하는 기숙사 대항 경기나 콜 대항 경기가 있으면 갈 수 없었다. 이도 저도 아닌 경우 제일 걸리기 쉬운 것이 도서관 가는 길에 상급생에게 잡혀서 오후 내내 종살이를 하는 것이었다. 그러나 어쩌다

---

56) 판은 그리스 신화에 나오는 반인반수의 목신牧神이며, 오딘과 프레이는 북유럽 신화에 나오는 신이다.

이 모든 위험을 요리조리 피했을 때면, 책과 고요함, 여유, 저 멀리 공 치는 소리("오 **멀리서** 들려오는 북소리처럼 아름다운 음악이 있을까")[57], 열린 창문에서 윙윙대는 벌들, 그리고 자유를 누릴 수 있었다.

　나는 그곳에서 《고대 북유럽 시 전집 *Corpus Poeticum Boreale*》을 찾아 읽으면서, 각 쪽 끝에 붙은 번역문을 통해 원문의 의미를 되살리는, 소득은 없지만 즐거운 작업에 매달렸다. 밀턴과 예이츠 W. B. Yeats, 켈트 신화에 관련된 책도 발견했는데, 켈트 신화는 북유럽 신화에 버금가지는 못해도 미약하나마 동반자 역할을 해 주었다. 켈트 신화는 나에게 좋은 영향을 미쳤다. 두 가지 신화(아니, 그리스 신화도 사랑하기 시작했으니 세 가지다)를 즐기며 각기 다른 향취를 완전히 인식하는 것은 일종의 균형을 잡는 일로서, 포용성을 얻게 해 준다. 돌처럼 단단하고 불처럼 뜨거운 아스가르드의 장엄함, 크루아추안과 붉은 가지 기사단과 티르-난-옥[58]의 푸르른 잎 무성한, 그 아스라한 애욕의 세계 및 그보다 좀더 견고하고 좀더 오만한 올림포스의 햇빛 찬란한 아름다움 사이의 차이를 나는 예민하게 감지했다. 나는 쿠쿨린과 핀[59]에 대한 서사시를

---

57) 에드워드 피츠제럴드 Edward FitzGerald 의 시 〈오마르 하이얌의 루바이야트 *Rubáiyát of Omar Khayyám*〉에 나오는 구절.
58) 크루아추안과 붉은 가지 기사단은 얼스터 전설에 등장하는 전사들이며, 티르-난-옥은 요정들의 땅으로서 '젊음의 땅'이라는 뜻의 이상향이다.
59) 쿠쿨린은 붉은 가지 기사단의 으뜸가는 영웅이고, 핀은 아일랜드의 전설적인 용사이다.

영시 형태인 6보격과 14행시로 각각 지어 보려고 시도해 보았다 (아마도 방학 때였던 것 같다). 다행히 이 안이하고 천박한 운율이 내 귀를 못쓰게 만들기 전에 그 시도는 끝이 났다.

그러나 북방성은 여전히 나의 가장 큰 관심사였으며, 이 시기에 내가 유일하게 완성한 작품은 북유럽적인 주제와 그리스적인 형식을 갖춘 비극이었다. 그 작품의 제목은 《사슬에 묶인 로키 *Loki Bound*》[60]로서, 인문주의자라면 한번 탐내 볼 만한 고전적 형식을 따랐으며, 프롤로고스, 파라도스, 에페소디아, 스타시마, 엑소도스, 스티코미시아를 갖추었고 트로키 형식을 따르는 셉테나리[61]도 (물론) 운율에 맞게 한 문단 들어가 있었다. 나는 그 작업을 더할 나위없이 즐기면서 했다. 그 내용은 의미심장하다. 주인공 로키는 그저 악한 것이 아니다. 그가 오딘과 맞서게 된 것은 "세계를 창조하는 것은 잔인무도한 짓"이라는 자신의 경고에도 불구하고 오딘이 세상을 창조해 버렸기 때문이었다. 왜 피조물들은 자신들이 동의하지도 않았는데 존재해야 하는 버거운 짐을 져야 하는가? 내 극에서 주로 대조된 것은 로키의 슬픈 지혜와 토르의 무자비한 정통성이었다. 오딘은 부분적으로 로키에게 공감했다. 적어도 그는 로키의 의도를 짐작할 수 있었고, 우주의 정치판이 그들을 갈라

---

60) 영국 낭만파 시인 셸리의 《사슬에서 풀려난 프로메테우스 *Prometheus Unbound*》를 연상시키는 제목이다. 로키는 북유럽 신화에 등장하는 악한 신으로서 발데르를 죽이는 데 주된 역할을 했다.
61) 이상은 모두 시 형식을 일컫는 명칭들.

놓기 전까지는 그와 오랫동안 절친하게 지냈다. 토르야말로 진짜 악당으로서, 망치와 협박을 무기 삼아 오딘과 로키 사이를 이간질하는가 하면 로키가 우두머리 신들을 공경하지 않는다고 노상 불평을 늘어놓는다. 이에 대해 로키는 이렇게 응수한다.

나는 힘이 아니라 지혜를 존중하노라.

이제 와서 더 명확히 알게 된 바이지만, 사실 토르는 왕족을 상징했다. 로키는 나 자신을 투사한 인물이었다. 로키는 불운히도 스스로의 불행을 상쇄하려고 내가 동원하기 시작했던 현학적인 교양인의 우월감을 대변하고 있었다.

《사슬에 묶인 로키》에서 언급할 만한 또 다른 특징은 염세주의이다. 그 당시 나는 다른 무신론자나 반유신론자들처럼 모순의 소용돌이 속에서 살고 있었다. 나는 신이 존재하지 않는다고 주장했다. 그리고 신이 존재하지 않는다는 데 분개했다. 동시에 신이 세상을 창조했다는 사실에 똑같이 분개했다.

이러한 염세주의, 이 세상에 존재하지 않기를 바라는 갈망은 어디까지가 진정한 것일까? 나의 이러한 갈망은 그 거친 백작 친구가 권총을 겨눈 몇 초 사이에 싹 사라지고 말았다는 사실을 이쯤에서 고백해야겠다. 이 갈망은 체스터턴의 검증과 《마날리브 Manalive》의 검증을 거치면서, 전혀 진정한 것이 아님이 드러났다. 그러나 체스터턴의 논의에는 지금도 동의할 수 없다. 염세주의자라도 생명을 위협받는 처지에 놓이면 보통 사람들과 똑같이 행동한다는 말은 맞다. 염세주의자의 경우에도 '삶은 보존할 가치가 없다'는 그 자신의 판단보다는 삶을 보존하려는 충동이 더 강하기 때문이다. 그러나 그렇다고 해서 그의 판단이 진정하지 못하며, 더 나아가 잘못된 것이라는 점이 입증된다고 말할 수 있는가? 위스키 병이 앞에 있을 때 욕망이 이성을 누르는 바람에 술을 마셨다고 해서, '위스키는 해롭다'는 판단이 무효가 되지는 않는다. 일단 삶을 맛본 사람은 자기 보존의 충동에 매이지 않을 수 없다. 다시 말해서 삶이란 코카인처럼 습관성인 것이다. 그렇다면 무엇인가? 내가 여전히 '창조는 엄청나게 부당한 일'이라는 견해를 견지한다면, '인간에게 삶을 유지하려는 충동이 있다는 사실 때문에 창조는 더더욱 부당한 일'이라는 견해도 견지해야 한다. 삶이라는 독약을 억지로 마시는 것이 나쁜 일이라면, 그 약에 중독성이 있다고 해서 상황이 달라지지는 않을 것이다. 이런 논의는 염세주의에 대한 대응이 될 수 없다.

나는 그 당시 내 우주관에 따라 합리적으로 우주를 저주했다. 또한 이제 볼 때, 내 관점은 나의 치우친 기질과도 밀접한 관련이 있었다. 나는 언제나 적극적인 요구보다는 소극적인 요구가 강한 편이었다. 그래서 개인적인 인간관계에서 누가 나를 무시하는 것은 쉽게 용서하고 넘어가도, 내가 보기에 조금이라도 간섭하는 것 같으면 참지 못했다. 음식을 먹을 때에도 맛이 없는 것은 그냥 넘어가도, 내가 느끼기에 조금이라도 간이 과하거나 이상한 양념이 들어가면 참지 못했다. 살아갈 때도 단조로운 것은 얼마든지 잘 견뎌도, 조금이라도 권리를 침해하거나 방해하거나 소란을 떠는 것, 스코틀랜드 말로 '커퍼플kurfuffle'[62]은 참지 못했다. 나는 지금껏 살아오면서 재미난 것을 요구한 적이 없었다. 예나 지금이나 항상(감히 말하는 바이지만) 나를 방해하지 말아 줄 것만을 강력하게 요구했다. 이러한 소심한 기호嗜好가 확산되어, 불행해지는 편보다는 차라리 존재하지 않는 편을 바라는 염세주의 내지는 겁쟁이 기질이 형성된 것이다. 이를테면 존슨Samuel Johnson 박사가 그토록 강하게 느꼈던 바 실재하지 않게 되는 것에 대한 공포, 절멸絕滅에 대한 공포를 내 인생에서는 거의 느껴 본 적이 없는 것이 사실이다. 나는 1947년에야 처음으로 그 공포를 경험했다. 그러나 그때는 내가 다시 회심한 지 오랜 후였으며, 따라서 참으로 생명이라는 것이 무엇인지, 그것을 놓치면 무엇을 따라 잃게 되는지 깨닫기 시작한 때였다.

---

62) 무질서하고 혼란스럽고 흥분된 상태를 일컫는 말.

8
해방

운명의 여신은 언제나 자기 편한 때
위안을 주기도, 고통을 주기도 하는 법.
운명이 그 힘을 보여 주는 사람은
점점 더 많은 것을 얻으리라.
《펄 Pearl》

'기쁨'이 다시 찾아오면서 내 삶이 이중적이 되는 바람에 이 책을 써 나가기가 어려워졌다는 이야기를 몇 장章 전에 이미 한 바 있다. 나는 지금 막 와이번에 대해 쓴 글을 죽 읽으면서 이렇게 외친다.

"거짓말이야, 거짓말! 그때는 진정 황홀한 시기였어. 너무 행복해서 말로 표현이 안 되는 순간들, 신과 영웅들이 머릿속에서 종횡무진 돌아다니고, 사티로스가 춤을 추며, 디오니소스의 여사제들이 산 위에서 부르짖고, 브린힐트와 지글린데, 데어드르, 마이브와 헬렌[63]이 모두 내 곁에 있어 그 풍성함만으로도 가슴이 터질 것 같은 순간들로 가득했어."

이것은 사실이다. 기숙사에는 종살이하는 하급생들보다 레프리컨들[64]이 더 많았다. 나는 왕족들의 승리보다는 쿠쿨린의 승리를 더 많이 목격했다. 정말 보리지가 콜의 두목이었던가? 코나카르 막네사Conachar MacNessa가 두목 아니었던가? 세상은 또 어떠했던가? 낙원에서 살면서 불행하다고 말할 수 있는가? 그 햇빛은 얼마나 강렬하고 따가웠던가! 갓 자른 잔디, 이슬 젖은 이끼, 작은 콩꽃, 가을 숲, 장작 타는 냄새, 토탄, 소금물은 그 냄새만으로도 사람을 취하게 만들었다. 그 감각은 아릴 정도였다. 나는 갈망을 앓았다. 그러나 그렇게 앓는 것이 건강한 것보다 좋았다.

이 모든 이야기가 참이지만, 그렇다고 또 다른 각도의 이야기가 거짓말이라는 뜻은 아니다. 나는 두 가지 삶의 이야기를 펼쳐 나가고 있다. 이 두 삶은 기름과 식초처럼, 운하 옆으로 흐르는 강물처럼, 지킬 박사와 하이드처럼 서로 아무 관련이 없었다. 어느 쪽이든 한번 보라. 제각각 자기만이 참이라고 주장할 것이다. 외부의 삶을 회상하면, 내부의 삶은 한순간 반짝했다가 사라지는 섬광, 찌끼 같은 나날들 사이에 흩어져 떠 있다가 오래되고 익숙하며 지저분하고 희망 없는 권태 속으로 금세 가라앉아 버리는 싸구려 금 찌꺼기가 분명해 보인다. 또 내부의 삶을 회상하면, 앞서 두

---

63) 사티로스는 디오니소스를 따르는 반인반수이고, 브린힐트와 지글린데는 지그프리트 이야기에 나오는 인물들이며, 데어드르와 마이브는 얼스터 전설에 등장하는 여인들, 헬렌은 그리스 신화에 나오는 왕비다.
64) 아일랜드 민담에 자주 등장하는, 장난을 좋아하는 작은 요정들.

장에 걸쳐 이야기한 모든 것들은 단지 조악한 휘장으로서, 금방이라도 걷어치우면 그 안에 숨어 있던 낙원의 모습이 드러날 것처럼 보인다. 똑같은 이중성이 우리 집 이야기도 복잡하게 만들었는데, 지금부터는 그 이야기를 해야겠다.

형이 와이번을 졸업하고 내가 와이번에 입학하면서 우리 형제의 고전 시대는 막을 내렸다. 그리고 그다지 바람직하지 못한 시대가 이어졌는데, 그것은 이미 고전 시대 때부터 오랜 시간에 걸쳐 서서히 준비되고 발전되어 온 것이었다. 이미 말했듯이, 이 모든 것은 아버지가 아침 9시부터 저녁 6시까지 집을 비운다는 사실에서 비롯되었다. 우리 형제는 애초부터 아버지를 제외한 우리 둘만의 삶을 형성해 나갔다. 아버지는 아버지대로 보통 다른 아버지들이 현명하게 요구하는 수준을 훨씬 넘어 끝도 없는 신뢰를 요구하셨다.

내가 어릴 적에 이와 관련된 사건이 한 가지 있었는데, 그 사건은 아주 오랫동안 나에게 영향을 미쳤다. 올디의 학교에 다닐 때였다. 나는 그때 막 그리스도인답게 살려고 애쓰기 시작한 터라 스스로 지켜야 할 규칙들을 줄줄이 적어서 주머니에 넣고 다녔다. 방학 첫날, 온갖 종이로 가득 찬 주머니 때문에 외투가 불룩 튀어나온 것을 본 아버지가 그 쓰레기 더미를 전부 꺼내 샅샅이 조사하시기 시작했다. 모든 소년들이 그렇듯이, 나는 내 착한 결심들이 적힌 목록을 아버지에게 들키느니 차라리 죽고 싶었다. 나는 용케 아버지 손에서 그 종이들을 채 내어 불 속에 던져 버렸다. 우리 중 누가 잘못한 것인지 모르겠다. 하여튼 그 후 아버지가 돌아가실 때까지, 집에 가기 전에 꼭 주머니를 한 번 더 점검한 다음 비밀에 부치고 싶은 것은 따로 빼 두는 버릇이 생겼다.

이렇게 해서, 나는 숨겨야 할 만한 잘못을 실제로 저지르기 전부터 이미 숨기는 버릇을 키우게 되었다. 이제는 숨기고 싶은 게 너무 많아서 무엇을 숨기고 싶지 않은지 모를 정도지만 말이다. 아버지에게 와이번이나 샤르트르의 실상을 고한다는 것은 위험한 일이었으며(아버지가 교장 선생님에게 편지를 쓰실 수도 있었으므로), 더할 나위 없이 창피한 일이었다. 물론 아버지에게 그런 이야기를 한다는 것 자체가 아예 불가능한 일이기도 했다. 이쯤에서 아버지의 이상한 성격 한 가지를 짚고 넘어가야겠다.

"우리 아버지는" 하고 서두를 꺼내면 독자들은 어쩔 수 없이 《트리스트럼 샌디 *Tristram Shandy*》[65]를 연상할 것이다. 다시 생각해 보니 독자들이 그렇게 연상하는 것도 괜찮을 것 같다. 내 문제는 샌디 식의 기질을 알아야 이해할 수 있는 것이기 때문이다. 내가 묘사해야 하는 것은 스턴 같은 작가의 머리 속에나 떠오를 법한 이상하고도 변덕스러운 어떤 것이다. 내가 이것을 제대로 묘사할 수만 있다면, 기쁘게도 여러분이 트리스트럼을 좋아하는 것

---

65) 영국 작가 로렌스 스턴 Laurence Sterne 의 희극적인 소설로서, 샌디의 부모가 그를 잉태하는 묘사로 소설이 시작된다.

만큼 아버지를 좋아하게 만들 수도 있을 것이다.

이제 본론을 시작해 보자. 우리 아버지가 어리석은 분이 아니라는 사실은 이미 파악했을 것이다. 사실 아버지에게는 천재적인 성향까지 약간 있었다. 동시에 아버지는 그 누구보다 논점을 혼동하는 재주 내지는 사실을 잘못 이해하는 재주—특히 8월 오후에 이른 저녁을 배불리 잡수신 후 창문을 다 닫아 놓고 팔걸이 의자에 앉아 계신 경우에—를 가지고 있었다. 따라서 아버지의 머리에 우리의 학교생활에 대한 진실을 넣어 드린다는 것은 전혀 불가능한 일이었다. 그럼에도 불구하고 아버지는 계속해서 물어보셨지만 말이다.

사람이 의사소통을 할 때 맨 처음 부닥치는 가장 단순한 장벽은, 열심히 물어 놓고서는 대답을 '기다리지' 않거나 대답을 듣는 순간 금방 잊어버리는 것이다. 아버지는 매주 똑같이 어떤 사실들에 대해 물어보셨고 우리는 적당히 계산해서 대답하곤 했는데, 그때마다 아버지는 완전히 새로운 이야기를 듣는 것처럼 반응하셨다. 그러나 이것은 가장 단순한 장벽에 불과했다. 아버지는 이야기를 마음에 담아 두시는 경우가 훨씬 더 많았다. 그러나 상대방이 말한 내용과 딴판으로 기억하시는 것이 문제였다. 아버지의 마음은 유머와 감상과 의분義憤으로 늘 부글거리고 있었기 때문에 말을 이해하기도 전에, 아니 채 다 듣기도 전에, 어떤 우연한 단서를 빌미로 상상력을 작동시켜 자신만의 새로운 이야기를 만들어

낸 후 상대방이 바로 그 이야기를 했다고 믿어 버리셨다. 아버지는 거의 항상 이름을 잘못 알아들었고(아버지에게는 그 이름이 다 그 이름 같은 모양이었다), 그 덕분에 아버지가 만들어 낸 '공인본문 textus receptus'은 거의 알아듣기 힘든 경우가 많았다. 예컨대 처치우드라는 친구가 들쥐를 잡아서 애완동물 삼아 키웠다는 이야기를 하면, 아버지는 1년 후나 10년 후쯤 이렇게 물으신다.

"쥐를 굉장히 무서워한다는 그 가엾은 칙위드라는 애는 어떻게 되었냐?"

이렇게 아버지식으로 이야기가 한번 바뀌고 나면 절대 바로잡을 수 없었고, 혹시라도 바로잡으려 하면 미덥지 못하다는 듯이 "흠! 너는 **전에** 그렇게 얘기하지 않았어"라고 말씀하셨다.

물론 가끔은 상대방이 말한 사실을 있는 그대로 받아들이시는 경우도 있었다. 그러나 여전히 진실은 어디 가고 없었다. 해석되지 않는 사실이 무슨 소용이 있는가? 분명한 동기로 표현되거나 행해지는 일은 없다는 것이 아버지가 당연시하는(이론상으로는) 원칙이었다. 그래서 현실에서는 가장 점잖고 충동적인 사람이며 어떤 악당이나 사기꾼에게도 쉽게 걸려드는 분이면서도, 일단 이마를 찌푸리고 생전 본 적도 없는 사람들의 행동거지를 분석하거나 이른바 '행간을 읽는' 미로 같은 작업을 벌일 때면 진짜 마키아벨리 Niccolò Machiavelli가 되어 버리셨다. 일단 이 작업이 시작되면 아버지가 넓은 세상 어느 지점에 착륙하실지 아무도 짐작할 수 없었다. 아버지는 어디에 착륙하시든 항상 확고한 신념을 가지고 있었다. 아버지는 "이제 완전히 알았어", "완벽하게 이해가 되는군", "백주대낮처럼 명백해"라고 말씀하시곤 했다. 일단 그렇게 결론을 내리고 나면 엄청난 갈등이나 모욕, 비밀스러운 슬픔, 혹은 엄청나게 복잡한 음모 등, 말도 안 되고 가능하지도 않은 일들을 죽는 날까지 철석같이 믿으신다는 사실을 우리는 알게 되었다. 우리가 이의를 제기하면, 아버지는 다정한 웃음을 터뜨리며 우리가 순진하고 잘 속아넘어가는 데다가 전반적으로 인생을 잘 모르는 탓이라고 하셨다.

아버지는 이런 혼동을 일으키는 것 외에도, 바로 눈앞의 상황도 잘 파악하지 못해서 엉뚱한 소리를 하시는 경우가 있었다.

"'셰익스피어'라고 쓸 때 끝에 'e'가 들어가나?"

형이 물었다.

"그럴걸."

내가 대답하는데 아버지가 끼어드셨다.

"셰익스피어가 이탈리아 식 필법筆法을 **한 번이라도** 쓴 적이 있는지 영 의심스럽단 말이야."

벨파스트에는 문에 그리스어 명문銘文이 새겨져 있고 특이한 종탑이 세워져 있는 교회가 있었다.

"저 교회 건물은 정말 눈에 잘 띄는 훌륭한 건물이야."

내가 말했다.

"어디서든 잘 보이잖아. 케이브 힐 언덕 꼭대기에서도 보인다구."

그러자 아버지가 말씀하셨다.

"말도 안 되는 소리. 어떻게 서너 마일 떨어진 곳에서 그리스어 글자를 읽을 수 있단 말이냐?"

몇 년 뒤에 우리가 나눈 대화 한 토막은 이런 끊임없는 동문서답의 좋은 예로 기록해 둘 만하다. 형이 N사단 장교들의 저녁 식사 모임에 참석했던 일에 대해 이야기하고 있었다. "네 친구 콜린즈도 왔겠구나" 하고 아버지가 말씀하셨다.

> 형: 콜린즈? 아니오. 그 친구는 N사단 소속이 아니었어요.
> 아버지: (잠시 후에) 그 친구들이 콜린즈를 좋아하지 않았던 게로구나.
> 형: 무슨 소리인지 모르겠네. 지금 누구 말씀을 하시는 거예요?
> 아버지: 저녁 식사에 모인 친구들 말이야.
> 형: 아, 전혀 그렇지 않아요. 그건 좋아하고 말고의 문제가 아니었어요. 아버지, 그건 순전히 사단 행사였다구요. N사단 소속이 아니었던 사람을 초대할 수는 없잖아요.
> 아버지: (한참 있다가) 흠! 가엾은 콜린즈가 무척 마음이 상했겠는걸.

부모를 아무리 지극히 공경한다 해도 도저히 참을 수 없는 상황이 있는 법이다.

나는 함⁶⁶⁾과 같은 죄는 저지르고 싶지 않다. 또 객관적인 기록을 하는 입장에서, 복잡한 인물을 거짓되이 단순화하고 싶지도 않다. 집에서 팔걸이 의자에 앉아 계시던 아버지는 모든 것을 오해하기로 작심한 듯 어떤 말도 제대로 알아듣지 못하는 사람처럼 보일 때가 가끔 있었지만 법정에서는 만만치 않은 능력을 과시하셨고, 내가 추측하기로는 사무실에서도 능률적으로 일을 처리하셨던 것 같다. 아버지는 재담가였고, 때로는 재치 만점이기조차 했다. 아버지가 돌아가시게 되었을 때, 예쁜 간호사가 아버지를 만만히 보고 이렇게 말했다.

"정말 비관적인 할아버지시네! 꼭 우리 아버지 같아."

환자가 대꾸했다.

"자네 같은 딸이 **여럿이어서** 그렇게 됐나 부지."

상황이 이렇다 보니 아버지가 집에 계신 시간은 우리 형제에게 혼란스러운 시간이 아닐 수 없었다. 아까 얘기했던 것 같은 대화로 저녁 시간을 보내고 나면 머리가 마치 팽이처럼 빙빙 도는 것 같았다. 아버지가 계시면 금지된 장난거리는 물론이고 순진무구한 놀이까지 끝장이 났다. 사람이 자기 집에 있는데 다른 이들에게 침입자로 느껴진다는 것은 괴로운 일—아니, 불쾌하기 짝이 없

---

66) 노아의 작은아들. 노아가 술에 취해 벌거벗고 잠들었을 때, 그 하체를 보고 아버지의 실수를 동생들에게 이야기했다. 창세기 9장 20-27절 참조.

는 일—이다. 하지만 존슨 박사의 말처럼 "느낌은 느낌이다." 나는 그것이 아버지 잘못이었다기보다는 대부분 우리 잘못이었다고 생각한다. 어쨌든 아버지와 함께 있는 것이 점점 더 답답하게 여겨졌던 것은 분명하다.

아버지의 가장 좋은 장점 중 하나가 상황을 더 악화시켰다. 나는 전에 아버지가 전혀 위세를 부리지 않으셨다고 말한 적이 있다. 아버지는 일장연설을 할 때를 제외하고는 늘 우리를 동등하게 대해 주셨다. 이론적으로만 보면 우리는 아버지와 두 아들이라기보다는 세 형제처럼 살았다. 그러나 어디까지나 이론적으로만 그랬다. 실제로는 그렇지도 않았고 그럴 수도 없었다. 사실 그래서는 안 되는 일이기도 했다. 사람을 제압하는 성격에다가 아이들과 공통되는 습관이라고는 하나도 없는 중년 남자와 아이들 사이에는 그런 관계가 성립될 수 없다. 그런데도 그런 관계가 성립되는 양 가장하다 보면 결국 아이들에게 이상한 압박감을 주게 되기 마련이다. 체스터턴은 이런 인위적인 평등 관계의 허점을 이렇게 지적한 바 있다. "만약 아이가 고모나 이모들과 친구가 된다면, 조만간 고모나 이모들 외에 다른 친구들은 필요 없어지지 않겠는가?"

물론 우리에게는 그런 것이 문제되지 않았다. 우리는 다른 친구를 원치 않았기 때문이다. 그 대신 우리는 자유, 집 안을 마음대로 돌아다닐 수 있는 자유만이라도 얻기를 원했다. 서로 형제처럼 지낸다는 아버지의 이론은, 사실상 아버지가 집에 계시면 셋이 한 사슬에 묶인 것처럼 꼭 붙어 지내야 한다는 것을 의미했다. 그러면 우리 형제가 세워 놓은 습관들은 전부 무효가 될 수밖에 없었다. 아버지가 반나절 정도 쉬려고 갑자기 한낮에 퇴근하셨는데, 마침 여름이어서 정원 의자에 앉아 책을 읽고 있는 우리 형제의 모습을 보셨다고 하자. 격식을 따지는 엄격한 부모라면 아이들은 그대로 내버려 둔 채 어른의 일에 몰두할 것이다. 그러나 우리 아버지는 그렇지 않았다.

'정원에 앉아 있다? 멋진 생각이군. 그런데 우리 셋이 함께 앉아서 일광욕을 하면 어떨까?'

그리하여 아버지가 '가벼운 봄 외투'로 갈아입으시면, 우리는 아버지 쪽으로 가서 함께 앉아 있어야만 했다(아버지의 외투가 몇 벌이나 되었는지 모르겠다. 나는 지금도 아버지 외투 두 벌을 입는다). 그렇게 외투를 입고 그늘도 없는 자리, 한낮의 뙤약볕이 살갗을 익히는 자리에 몇 분씩 앉아 있다 보면 땀이 나는 것이 당연했다. "너희는 어떤지 모르겠다만" 하고 아버지는 말씀을 꺼내시곤 했다.

"여기는 **너무** 더운 것 같구나. 집 안으로 옮길까?"

그 말은 서재로 가자는 것인데, 아버지는 서재 창문을 아주 조금 여는 것도 마지못해 승낙하시곤 했다. '승낙'이라고 말은 했지만, 그렇다고 아버지가 권위를 행사하셨던 것은 아니다. 이론적으로는 모든 것이 대중의 '의지'에 따라 결정되었다. 아버지가 즐겨 인용하시던 말은 "여기는 자유의사당일세, 제군들, 자유의사당이야'라는 것이었다.

"점심은 언제 먹으면 좋을까?"

그러나 보통 때 같았으면 1시에 먹었을 점심 식사는 아버지의
오랜 습관에 따라 이미 2시 내지는 2시 반으로 늦추어져 버렸다는
것을 우리는 너무나 잘 알고 있었다. 그리고 우리가 좋아하는 차
가운 고기는 사라지고, 아버지가 늘상 기꺼이 드시던 유일한 음
식—끓이든지 뭉근히 익히든지 굽든지, 기타 등등의 방식으로 조리
한 뜨거운 고기—으로 대치되리라는 것과, 그 음식을 남향의 식당
에서 오후 2시와 3시 사이에 먹게 되리라는 것을 잘 알고 있었다.
그 반나절 동안은 앉아 있든 걸어다니든 서로 떨어져 지낼 수가
없었다. 그리고 동문서답식 내용에 아버지가 정해 놓은 논조(이것
은 불가피한 일이었다)의 연설(독자들도 이것을 '대화'라고 부를 수는
없다는 사실을 알아챘을 것이다)이, 잠자리에 들 때까지 쉼 없이 계속
되었다.

그토록 아들들과 친하게 지내고자 했던 외로운 아버지를 비난
한다면 나는 개만도 못한 인간일 것이다. 물론 아버지의 말씀에
형편없이 부실하게 대답했던 일이 지금까지도 내 양심을 무겁게
누르고 있기는 하다. 그러나 "느낌은 느낌이다". 그건 끔찍하게 지
겨운 일이었다. 그리고 이 끝없는 대화—내게는 너무 어른스럽고
일화 위주이며 지나치게 우스꽝스러운 대화—에 끼어들게 되면서,
나는 점점 더 나의 태도가 인위적이 되어 간다는 사실을 의식하게

되었다. 사실 아버지가 말씀하시는 일화들, 업무 이야기, 머해피 이야기 Mahaffy stories(그 중 많은 이야기가 옥스퍼드의 자우엣 Benjamin Jowett[67]에 관한 것이었다), 교묘한 사기꾼 이야기, 사회적인 실책들, 법정에서 '주정뱅이들'이 벌이는 짓들에 대한 이야기 등은 그 나름대로 훌륭한 것이었다. 그러나 나는 그런 이야기들을 들을 때 연기演技로 반응했다. 익살과 별스러운 짓, 황당한 유머가 내가 채택한 노선이었다. 나는 연기를 해야만 했다. 아버지의 상냥함과 나의 은밀한 불순종의 태도가 합쳐져서 나를 위선으로 몰아갔다. 아버지가 계실 때 나는 '나'가 될 수 없었다. 하나님께서 나를 용서해 주시기를. 나에게는 아버지가 출근하시는 월요일 아침이야말로 일주일 중에 가장 즐거운 순간이었다.

이것이 내 인생의 고전 시대 때 전개되었던 상황이다. 그런데 이제 내가 와이번에 가고 형이 샌드허스트 육군 사관학교 입학 준비를 위해 개인교습을 받으러 가게 되면서 변화가 생기게 되었다. 형은 내가 와이번을 싫어하는 만큼 와이번을 좋아했다. 거기에는 여러 가지 이유가 있었다. 형은 나보다 적응을 잘하는 체질이었고, 얼굴도 나처럼 일없이 한 대 얻어맞게 생기지 않았으며, 무엇보다 나처럼 행복한 예비학교에서 와이번으로 옮겨 간 것이 아니라 올디의 학교에서 곧장 와이번으로 진학했다. 올디의 학교를 거

---

67) 영국의 고전학자이자 19세기의 위대한 교육자. 플라톤의 작품 번역으로 명성을 날렸으며, 옥스퍼드 대학 베일리얼 칼리지 학장으로 큰 영향력을 끼쳤다.

치고 나면 영국 안의 어떤 학교라도 지상낙원으로 느껴지게 마련이다. 실제로 형은 와이번에서 보낸 초창기 편지들 중 한 통에서, 그곳에서는 식사 시간에 원하는 만큼 많이(또는 원하는 만큼 적게) 먹을 수 있다는 놀라운 사실을 전해 주었다. 벨젠의 학교에서 바로 옮겨 간 학생이라면, 그 사실 하나만으로도 거의 모든 것을 용납할 수 있었을 것이다. 그러나 내가 와이번에 갈 무렵에는 제대로 급식을 받는 일에 이미 익숙해진 상태였다. 그리고 끔찍한 상황이 벌어졌다. 형은 아마 내가 와이번에 보인 반응 앞에 처음으로 큰 실망을 느꼈을 것이다. 형은 와이번을 너무나 좋아했기 때문에, 나와 함께 와이번 시절을 누릴 날을 고대하고 있었다. 복센 왕국에서 느꼈던 동질감 idem sentire 이 와이번에서도 유지되리라고 믿었던 것이다. 그러나 형이 내게서 들은 것은 자신이 숭배하는 신들을 모독하는 말이었다. 그리고 와이번에서 들려온 소식은 형의 동생이 콜의 천민으로 전락해 가는 듯하다는 것이었다. 오래전부터 우리를 묶어 주었던 유대감은 뒤틀려서 거의 끊어지기에 이르렀다.

더구나 아버지와 형의 관계가 더없이 악화됨으로써 상황이 더 복잡해졌다. 여기에도 와이번이 관련되어 있었다. 형의 성적이 점점 더 나빠졌다. 게다가 형을 개인적으로 가르치던 선생님은 형이 학교에서 배운 바가 거의 없는 것 같다고 말했다. 그것으로 끝이 아니었다. 아버지가 소장하고 계시던 《랭카스터의 전통 The Lanchester

Tradition》이라는 책에 형이 함부로 밑줄을 죽죽 그어 놓는 바람에, 형이 무슨 생각을 하고 있는지가 고스란히 들통나 버렸다. 형이 밑줄을 그어 놓은 구절들은 개혁적인 교장이 그 학교 왕족들을 고치려고 하다가 그들과 충돌하는 부분으로서, 빤질거리면서 건방을 떨거나 세련된 척 건성으로 건들거리는 태도를 묘사하고 있었다. 그 모습은 그 즈음 아버지가 형에게서 관찰해 낸 모습이기도 했다. 아버지가 볼 때 형은 경박하고 열의라고는 찾아볼 수 없으며 어릴 적에 보여 주었던 지적 흥미는 전부 잃어버린 채 진정한 가치에는 감동도 하지 않고 관심도 보이지 않으면서, 오로지 오토바이를 사 달라고 조르는 데에만 급급한 자식이었다.

물론 아버지가 원래 우리를 와이번으로 보낸 목적은 우리를 사립학교식 인간으로 바꾸려는 데 있었다. 그런데 그 결과는 아버지를 경악시켰다. 이것은 우리에게 익숙한 희비극으로서, 록하트 John Gibson Lockhart[68]의 작품에 잘 나타나 있다. 스콧은 아들을 경기병으로 만들기 위해 무진 애를 쓰지만 막상 아들이 경기병이 되어 나타나자, 귀족이 되어 보겠다던 환상을 때때로 잊은 채 시건방진 꼴을 참고 보지 못하는 에든버러의 중후한 변호사의 태도를 견지한다. 우리 집도 그랬다. 발음을 일부러 틀리게 하는 것은 아버지가 가장 애용하던 수사적 무기였다. 아버지는 와이번의 첫

---

68) 스코틀랜드의 비평가, 소설가, 전기작가. 대표작으로 《월터 스콧 경의 생애 *Life of Walter Scott*》가 있다.

음절을 늘 틀리게 발음하셨다. "젠체하는 위번 녀석들"이라고 으르렁거리듯 말씀하시던 아버지의 목소리가 지금도 귓가에 쟁쟁하다. 형의 어조가 도회적으로 맥없어지고 나른해지면 나른해질수록, 아버지의 목소리는 아일랜드 식으로 점점 더 활력이 넘치고 풍성해졌다. 아버지가 어린 시절에 코크와 더블린에서 쓰던 특이한 억양이 최근에 익힌 벨파스트의 억양 사이로 비어져 나왔다.

이 딱한 논쟁이 벌어지는 동안 나는 아주 불운한 입장에 처해 있었다. 아버지 편을 들어 형을 공격한다는 것은 나답지 않은 행동이었다. 나는 가정의 역학 관계에 대한 내 철학과 상관없이 누군가의 편을 들어야 하는 상황에 놓였다. 그것은 불쾌하기 짝이 없는 일이었다.

그러나 이렇게 '언짢은'(아버지가 가장 잘 쓰시던 말이다) 상황 가운데, 지금도 그렇게 생각하고 있는 바, 자연스러운 기준으로만 보아도 내 인생에 가장 큰 행운이라고 할 만한 일이 벌어졌다. 개인적으로 형을 가르쳐 주었던 선생님(써리라는 곳에 있었다)은 아버지가 가장 오래 알고 지내던 분들 중 하나로서 아버지가 어릴 때 다녔던 러간 학교의 교장 선생님이었다. 그는 깜짝 놀랄 정도로 빠른 시간 내에 형의 망가진 교육 상태를 재정비하고 확장하여 샌드허스트에 입학시켰을 뿐 아니라, 몇 안 되는 생도 장학금 후보생이 될 정도의 수준으로까지 끌어올렸다.

아버지가 형의 향상된 모습을 제대로 평가해 주셨던 것 같지는 않다. 그때는 두 사람의 관계가 한없이 멀어져 있을 때였고, 다시 친구가 되었을 때에는 이 일이 이미 지나간 이야기가 되어 버린 후였다. 그러나 아버지는 그 선생님의 놀라운 능력을 확실히 알게 되었다. 동시에 아버지는 거의 나만큼이나 와이번이라면 질색을 하셨다. 더욱이 나는 편지나 직접적인 호소를 통해 나를 좀 데려가 달라고 끊임없이 하소연해 오던 터였다. 이 모든 요인들로 인해 마침내 아버지는 결정을 내리셨다. 결국 아이가 원하는 바대로 해 주는 것이 최선이 아닐까? 학교를 완전히 집어치우게 한 다음 이 아이 역시 써리로 보내어 커크패트릭 W. T. Kirkpatrick 씨 밑에서 대학 진학 준비를 시키는 것이? 아버지가 이 계획을 세울 때 회의와 망설임이 아주 없었던 것은 아니었다. 아버지는 할 수 있는 한 내 앞에 닥칠 위험요소를 다 생각해 보셨다. 고독의 위험, 대단한 학교에서 부산스럽게 생활하다가 갑자기 환경이 바뀔 때 닥칠 상황(내가 생각만큼 그 변화를 좋아하지 않을지도 모르므로), 늙은 노부부와 살게 될 때 찾아올지도 모르는 맥빠지는 느낌 등. 이 아이가 또래 친구 없이 과연 행복할 수 있을까?

나는 이런 질문들을 받을 때 아주 심각한 표정을 지으려고 애를 썼다. 그러나 그것은 모두 속임수였다. 마음속으로는 기뻐서 마구 웃고 있었다. 다른 아이들 없이 행복할 수 있겠느냐고? 치통이 없고 동상이 없고 신발 속에 돌멩이가 없으면 당연히 행복할 수밖에 없지 않은가? 그래서 결정이 내려졌다. 아마 다른 장점이 없었다

해도 '다시는, 앞으로 다시는 운동경기를 안 해도 된다'는 생각만으로도 나는 황홀해했을 것이다. 그때 내 느낌이 어떠했는지 알고 싶다면, 어느 날 아침 일어나 보니 세금이나 헤어지고 싶었던 애인이 어딘가로 사라져 버렸다고 상상해 보라.

내가 방망이와 공으로 치고 던지는 일을 죽도록 싫어한 것은 불운이었다는 인상을 독자들에게 주지 못했다면, 누구든지 그런 인상을 받지 않도록 부추겼다면 유감스러운 일이다. 나 또한 여느 교장 선생님들의 주장처럼 운동경기에 도덕적일 뿐 아니라 거의 신비스러운 미덕이 들어 있다고 생각하기 때문은 아니다. 내가 볼 때 운동경기는 긍정적인 느낌들을 불러일으키는 것만큼이나 자주 야심과 질투와 쓰디쓴 파벌의식을 조장한다. 그럼에도 불구하고 운동경기를 좋아하지 않는 것은 불운이다. 왜냐하면 다른 방법으로는 가까이 다가가기 힘든 뛰어난 사람들과 사귈 기회가 차단되기 때문이다. 그러나 그것은 불운이지 악덕은 아니다. 그것은 자기 의지로 되는 일이 아니기 때문이다. 나는 운동경기를 좋아해 보려고 애를 썼지만 잘 되지 않았다. 운동을 하고 싶어하는 충동은 애당초 내 체질에 들어 있지 않았다. 속담에서 이야기하듯이, 나에게 운동경기를 하라는 것은 당나귀에게 하프를 연주하라는 주문이나 다름없었다.

많은 작가들이 지적한 바대로, 행운은 거의 항상 더 큰 행운을 몰고 오고 악운은 더 큰 악운을 몰고 온다는 것은 기묘한 진리이다. 아버지가 나를 커크패트릭 씨에게 보내기로 결심한 때와 비슷한 무렵, 또 다른 행운이 나를 찾아왔다. 우리 동네에 살던 아이가 우리 형제와 친구가 되고 싶어했지만 실패했다는 이야기를 이미 한 적이 있다. 그 아이의 이름은 아서 Joseph Arthur Greeves 였고 정확히 내 형 또래였다. 아서와 나는 캠벨 칼리지에 같이 다녔지만 한 번도 만난 적은 없었다.

와이번의 마지막 학기가 시작되기 직전이었던 것으로 기억한다. 아서가 아파서 누워 있다가 이제 회복 중인데 한번 와 주면 좋겠다는 전갈이 왔다. 왜 그 초대를 받아들였는지 모르겠지만, 하여튼 무슨 이유에서인지 나는 아서를 보러 갔다.

아서는 침대에 앉아 있었다. 침대 옆 탁자 위에는《북유럽인의 신화》가 놓여 있었다.

"너 저 책 좋아하니?"

내가 말했다.

"너도 저 책 좋아하니?"

아서가 말했다.

그 다음 순간 우리는 그 책을 함께 잡고 머리를 맞댄 채 여기저기 가리키고 인용하고 이야기를 나누었는데—얼마 후에는 거의 소리를 지르다시피 했다—, 서로 질문을 퍼부은 끝에 알게 된 사실은 우리 둘 다 똑같은 것을 좋아할 뿐 아니라 똑같은 부분을 똑같은 방식으로 좋아한다는 것이었다. 우리 둘 다 '기쁨'에 찔리는 아픔을 알고 있었고, 둘 다 북방에서 그 화살을 맞았다.

많은 사람들이 첫 친구를 만나는 경험을 하는데, 그 경험은 경이 그 자체이다. 첫사랑만큼이나 엄청난 경이(소설가들에게는 미안한 소리지만), 아니 그보다 더 엄청난 경이이다. 나는 도대체 이런 친구가 있을 수 있다는 생각조차 해 본 적이 없었기 때문에, 마치 잉글랜드 왕이 되기를 바라지 않는 것처럼 아예 이런 친구 찾기를 바라지 않았다. 만약 아서가 복센 왕국과 똑같은 나라를 독자적으로 창조해 낸 적이 있다 하더라도 이보다 더 놀라지는 않았을 것이다. 평생에 자신과 정말 비슷한 사람들이 존재한다는 것을 발견하는 것보다 더 놀라운 일은 없는 것 같다.

와이번에서 보낸 마지막 몇 주 동안, 심상찮은 기사들이 신문에 실리기 시작했다. 때는 바야흐로 1914년 여름이었다. 내가 친구와 함께 〈영국은 전쟁을 피할 수 있을 것인가?〉라는 제목의 칼럼을 붙들고 씨름했던 기억이 난다.

"피한다고?"

친구가 말했다.

"내 생각에는 오히려 참전할 가능성이 없어 보이는데."

그 학기의 마지막 시간들은 내 기억 속에 약간 종말론적인 분위기로 채색되어 있는데, 기억이라 왜곡되어 있을지도 모르겠다. 아니면 내가 곧 떠난다는 사실과, 혐오하던 모든 것들도 이제는 마지막이라는 사실을 알았기 때문에 종말론적으로 보였는지도 모르겠다. 그러나 단순히 그것들을 혐오한 것은(그 순간만큼은) 아니었다. 평범한 의자 하나도 '다시는 보지 못한다'고 생각하면 '색다르고' 기괴한 느낌을 주는 법이다.

방학을 맞은 뒤 얼마 되지 않아 영국은 전쟁을 선포했다. 샌드허스트에서 휴가차 나와 있던 형은 다시 소집되어 들어갔다. 몇 주 후, 나는 써리의 그레이트 부컴에 있는 커크패트릭 씨 집으로 가게 되었다.

9
위대한 노크 선생님

종종 천성이 정말 허황된 사람들이 있는데,
분별력 있는 작가라면 그런 이들을 무대에 세우는 모험을 하지 않는다.
체스터필드 경 Lord Chesterfield, 《아들에게 보내는 편지 Letters to His Son》

9월 어느 날, 나는 리버풀로 건너가 런던에 도착한 후 워털루 역에서 기차를 타고 그레이트 부컴으로 내려갔다. 써리가 '교외'라고 들었던 나는 차창 밖으로 쏜살같이 스쳐 지나가는 풍경에 놀라지 않을 수 없었다. 작고 가파른 구릉 지대와 물이 흐르는 계곡, 와이번과 아일랜드의 기준에서 보면 숲이라고 불러도 될 만큼 우거진 나무들의 군락이 펼쳐졌다. 곳곳에 고사리가 자라고 있었다. 온 세상이 붉은색과 적갈색, 노란 빛 도는 푸른색으로 가득했다. 점점이 흩어져 있는 교외의 주택들(지금보다 훨씬 드문드문 있었다)까지 나를 즐겁게 했다. 나무들로 둘러싸인 그 집들은 목재와 붉은 타일로 지어져 있어서, 벽토만 발라 놓은 벨파스트 교외의 흥한 건물들과 전혀 달라 보였다. 자갈길과 철 대문, 월계수와 칠레 소나무의 행렬이 끝도 없이 늘어서 있을 것으로 기대했던 곳에는 작은 쪽문이 나 있었고, 그 문에서 언덕으로 이어지는 오솔길이 과실수와 자작나무 사이로 구불구불 이어져 있었다. 나보다 더 까다로운 취향을 가진 사람이라면 이런 집들을 우습게 평가할지도 모르겠다. 그러나 내 눈에는 이 집들과 정원에 '행복'을 담아 내고자 했던 사람들의 의도가 멋지게 성공한 것으로 보였다. 나는 그 정경을 보면서 내가 한 번도 맛보지 못했던 것, 즉 무르익을 대로 무르익은 가정적 분위기에 대한 갈망에 사로잡혔다. 그 정경을 보고 있자니 차를 마시고 싶다는 생각이 들었다.

나는 부컴에서 새 선생님을 만났다. 사람들이 '커크 Kirk'나 '노크 Knock'라고 불렀던, 아버지와 형과 나는 공히 '위대한 노크 선생님'이라고 불렀던 분을 말이다. 우리는 내내 그 선생님 이야기를 들으면서 자랐기 때문에, 앞으로 닥칠 상황에 대해 확실히 감을 잡고 있었다. 나는 끝도 없이 퍼부어질 미적지근한 감상感傷의 소낙비를 맞을 각오가 되어 있었다. 학교 탈출이라는 가없는 축복을 얻는 대가로 그 정도 대가는 지불할 생각을 했던 것이다. 물론 좀 부담스러운 대가이기는 했다. 아버지가 해 주신 이야기 중에 특히 당혹스러운 예감을 불러일으키는 이야기가 있었다. 아버지가 즐겨 하셨던 그 이야기는, 당신이 러간에서 어떤 어려움을 겪게 되었을 때 그 다정한 '노크 선생님'이 "말없이, 자연스럽게"

끌어안고, 선생님의 그 다정한 구레나룻으로 아버지의 어린 뺨을 문지르며 위로의 말을 속삭여 주었다는 것이었다. 그런데 드디어 나는 부컴에 도착했고, 바로 그 감상주의의 대가大家가 나를 마중 나와 있었다.

선생님은 6피트가 넘는 키에 몹시 추레한 차림새(나는 '정원사 같다'고 생각했다)를 하고 있었으며, 말라서 뼈와 가죽뿐인데도 아주 강단이 있어 보였다. 선생님의 주름진 얼굴에 보이는 것이라고는 근육밖에 없었다. 콧수염에 구레나룻까지 길렀으면서도 턱은 깨끗이 면도를 해서 마치 프란츠 요제프 Franz Joseph[69] 같은 인상을 주었다. 그 구레나룻을 보는 순간 무척 신경이 쓰였던 이유를 독자들은 이해할 것이다. 불길한 예감으로 뺨이 벌써 따끔따끔했다. 지금 당장 수염을 비벼 댈까? 틀림없이 눈물을 흘리겠지. 더 나쁜 상황이 벌어질지도 모른다. 남자들끼리 끌어안거나 입맞추는 것을 참지 못하는 것은 내 평생의 약점 중 하나이다(이것은 남자답지 못한 약점이다. 아이네아스나 베오울프, 롤랑, 랜슬롯,[70] 존슨 박사, 넬슨 Horatio Nelson 제독 등은 이런 약점을 가지고 있지 않았다).

그러나 겉보기에 노老 선생님은 감정을 억누르고 있었다. 우리는 악수를 했고, 선생님은 마치 쇠집게처럼 잡은 손에 힘을 주었지만

---

69) 오스트리아의 황제이자 헝가리의 왕. 세르비아에 선전포고를 함으로써 제1차 세계대전을 촉발시켰다.
70) 각각 로마 신화, 고대 영국 전설, 고대 프랑스 서사시, 영국의 아서 왕 전설에 나오는 인물들이다.

아쉬운 듯 질질 끌지는 않았다. 잠시 후 우리는 역에서 빠져나왔다.

"지금 네가 걷고 있는 곳이 그레이트 부컴과 리틀 부컴을 가르는 중심 도로다."

커크 선생님이 말했다. 나는 선생님을 살짝 훔쳐보았다. 이렇게 지리에 관한 말로 서두를 꺼내는 것은 일종의 서투른 농담일까? 아니면 자기 감정을 숨기려는 시도일까? 그러나 선생님의 얼굴은 일말의 흔들림 없이 진지했다. 나는 저녁 파티에서 처음 익힌 후, 아버지와 이야기라는 것을 나누면서 더욱 그 필요를 절감하게 된 그 끔찍한 방식으로 '예의상의 대화'를 시작했다. 나는 써리의 '풍광'에 놀랐으며, 그 풍광은 내 생각보다 훨씬 더 '야생적'이라고 말했다.

"잠깐!"

커크 선생님이 갑자기 소리를 지르는 바람에 나는 놀라서 넘어질 뻔했다.

"지금 무슨 의미로 야생적이라고 말하는 것이며, 어떤 근거에서 그것을 예상치 못했다는 건가?"

나는 여전히 '예의상의 대화'를 이어가면서 잘 모르겠다고 대답했다. 그런데 하나하나 대답하는 것마다 박살이 나면서, 이 선생님이 진짜 내 생각을 알고 싶어한다는 사실을 마침내 깨닫기 시작했다. 선생님은 '예의상의 대화'를 하는 것도 아니었고, 농담을 하는 것도 아니었으며, 나를 괜히 찔러 보는 것도 아니었다. 선생님은 정말 내 생각을 알고 싶어했다. 나는 찔끔 놀라 진짜 대답을 찾으려 했다. 몇 차례 말을 주고받은 끝에, 내가 '야생적'이라는 말에 대해 명확하고 분명한 개념을 가지고 있지 않으며, 설사 그런 개념을 가지고 있었다 해도 터무니없이 엉뚱하게 사용했다는 점이 드러났다.

"이제 자네 말이 아무 의미 없는 것이었음을 알겠는가?"

'위대한 노크 선생님'이 결론을 내렸다. 나는 이제야 이 주제에 대한 이야기가 끝나나 보다 생각하면서, 약간 샐쭉한 척했다. 그러나 그것은 내 평생 가장 큰 착각이었다. 커크 선생님은 내 용어 사용을 분석함으로써, 내 명제 전체를 다루려 했던 것이다. 써리의 '식물지植物誌'와 지리학에 대해 그런 생각을 하게 된 근거(선생님은 '끈거'라고 발음했다)는 무엇인가? 지도인가, 사진인가, 책인가? 나는 아무 말도 할 수 없었다. 맙소사, 이른바 '내 생각'이라는 것에 무슨 '끈거'가 필요하다는 생각은 한 번도 해 본 적이 없었다. 커크 선생님이 다시 한 번 결론을 이끌어 냈다. 그렇게 결론을 내리는 선생님의 태도에는 감정이 전혀 섞여 있지 않았지만, 예의상으로라도 내 생각에 공감해 주는 척하는 시늉 또한 전혀 없었다.

"그렇다면 자네는 이 주제에 대해 어떤 의견도 피력할 권한이 없는 것 아닌가?"

우리가 처음 대면한 지 불과 3분 30초밖에 지나지 않았다. 그러나 이 첫 대화의 기조는 내가 부컴에서 보낸 기간 내내 한 점 흔들

림 없이 유지되었다. 아버지의 기억 중에 '다정한 노크 선생님'에
대한 기억만큼 해괴망측한 것이 없었다. 아버지가 항상 진실을 전
달하려 하셨다는 것도 알고 있고, 어떤 진실도 일단 아버지의 마
음을 거치고 나면 이상하게 변모된다는 사실 또한 알고 있기 때문
에 아버지가 일부러 우리를 속이려 하셨다고는 생각지 않는다. 그
러나 커크 선생님이 평생에 단 한 번이라도 학생을 데려다가 "말
없이, 자연스럽게" 구레나룻을 뺨에 비볐다고 믿느니, 가끔 가르
치는 방식을 다양화하기 위해 그 존경스러운 대머리를 "말없이,
자연스럽게" 땅바닥에 대고 물구나무를 섰다고 믿는 편이 더 쉬울
것이다.

만약 인간이 완전히 논리적인 실체가 될 수 있다면, 커크 선생
님이야말로 거기에 가장 근접한 분일 것이다. 아마 조금만 늦게
태어났으면 논리실증주의자[71]가 되었을 것이다. 진실을 발견하거
나 전달하는 것 외에 다른 목적을 위해 인간의 성대를 사용한다는
것은 선생님에게 있을 수 없는 일이었다. 별 생각 없이 쓴 말도 논
쟁의 불씨가 되었다.

나는 곧 선생님이 말문을 여는 세 가지 방식의 각기 다른 의미
를 알게 되었다. "잠깐!" 하고 크게 소리를 지르는 것은 더 이상 참

---

71) 논리실증주의, 혹은 논리경험주의는 1920년대 빈에서 처음으로 형성된 철학 학설로,
과학 지식만이 유일한 사실적 지식이며 모든 전통 형이상학적 학설은 무의미한 것으
로 거부해야 한다고 주장한 학파다.

아 줄 수 없는 장광설을 차단하기 위한 조처였다. 그런 장광설을 계속하는 것이 선생님의 인내심을 시험하기 때문이 아니라(선생님은 결코 그런 생각을 하지 않았다), 시간을 낭비하게 만들고 조언을 흐릿하게 만들기 때문이었다. 더 조용하고 다급하게 "실례!"(즉 '실례지만 잠깐만'이라는 뜻이다)라고 하는 것은 선생님이 다만 몇 마디를 덧붙임으로써 잘못을 수정하고 차이를 지적하려 한다는 뜻으로서, 그렇게 바로잡기만 하면 내 발언이 모순 없이 완성 단계에 도달할 수 있음을 암시했다. 가장 고무적인 말은 "듣고 있네"라는 말이었다. 이것은 내 발언이 의미 있는 것이므로 이제 반박의 단계만 거치면 된다는 뜻이었다. 즉 '오류'로 인정받을 수 있는 자격을 획득했다는 것이다. 반박(이 단계까지 도달했을 경우)은 항상 같은 수순을 밟았다. 이것을 읽었는가? 저것을 공부했는가? 통계상 증거가 있는가? 경험상 증거가 있는가? 이 과정 끝에 거의 피할 수 없이 도달하는 결론은 "그렇다면 자네는 그렇게 말할 권한이 없네"라는 것이었다.

이 같은 방식을 좋아하지 않는 학생들도 있겠지만, 내게는 마치 신선한 고기와 진한 맥주처럼 느껴졌다. 나는 부컴에서 지내는 동안 여유가 생길 때마다 '성숙한 대화' 나누는 일을 당연시하게 되었다. 독자들도 알다시피 이것은 내가 취미를 붙이지 못하던 일이었다. 내 경험상 '성숙한 대화'란 정치나 돈이나 죽음이나 소화 불량에 대한 대화를 의미했다. 나는 겨자를 먹을 줄 알게 되거나 신문을 읽게 되는 것처럼, 그런 대화에 대한 취미도 나이가 들면 절로 생길 줄 알았다(그러나 지금까지도 이 세 가지 모두에 취미를 붙이지 못하고 있다). 내가 바라는 딱 두 가지 종류의 대화는 거의 완전할 정도로 상상력 넘치는 대화나 거의 완전할 정도로 이성적인 대화였다. 형과 복셴에 대해 이야기하거나 아서와 발할라에 대해 이야기하는 경우는 전자에, 거시 삼촌과 천문학에 대해 이야기하는 경우는 후자에 속했다.

나는 과학의 어떤 분야에도 깊이 들어가 본 적이 없었다. 모든 과학으로 가는 길에는 언제나 수학이라는 사자가 웅크리고 있었기 때문이다. 수학이라고 해도 순수한 추론으로 해결할 수 있는 분야(단순 기하처럼)는 좋아했다. 그러나 계산이 시작되는 순간, 나는 구제불능이 되었다. 원리는 파악하고 있어도 답은 항상 틀렸다. 그러나 나는 과학자는 될 수 없었어도, 상상의 충동 못지 않은 과학적 충동을 가지고 있었고 추론하기를 좋아했다. 커크 선생님은 나의 이런 면을 자극했고 충족시켜 주었다. 나는 정말이지 무언가 중요한 주제에 대해서도 이야기를 나눌 수 있다는 사실을 알게 되었다. 내가 어떤 인간이냐가 아니라 내가 말하는 바가 무엇이냐에 대해 생각해 주는 사람이 있다는 것도 알았다. 이런 것에 동요되는 나 자신을 약간은 우습게 보면서 코웃음을 쳤던 것도 사실이다. 그러나 전반적으로 나는 선생님의 방식을 좋아했다. 나는 수없이 넉다운을 당한 뒤에야 방어법과 공격법 몇 가지를 터득하기 시작했고, 지적인 힘을 기르기 시작했다. 자화자찬 같지만, 결국 나는 만만치 않은 스파링 파트너가 되었다. 나의 모호함을 오랫동안 지적해 온 선생님이 이제는 너무 세밀하게 말한다고 주의를 주는 영광스러운 날이 마침내 도래했다.

커크 선생님이 단지 교육의 수단으로 무자비한 변증을 동원했다면 반발심을 가졌을지도 모르겠다. 그러나 선생님은 다른 식으로 이야기하는 방법을 아예 모르고 있었다. 남녀노소를 막론하고 선생님의 논박을 피할 수 있는 사람은 아무도 없었다. 자기 생각을 분명하게 교정받고 싶어하지 않는 사람들도 있을 수 있다는 점을 선생님은 늘 의아하게 생각했다. 한번은 아주 기품 있는 이웃이 주일 심방을 왔다가 단호한 어조로 이렇게 말했다.

"네, 네, 커크패트릭 씨, 세상에는 온갖 종류의 사람이 있는 법이지요. 당신은 자유당원이고 저는 보수당원입니다. 그러니 각기 다른 각도에서 사물을 바라보는 것이 당연하지요."

커크 선생님이 대답했다.

"그게 무슨 말이오? 자유당원들과 보수당원들이 탁자를 사이에 놓고 앉아 직사각형이라는 '사실'을 놓고 까꿍놀이라도 한단 말이오?"

만약 이때 경솔한 손님이 이 주제를 피할 요량으로 "물론 사람마다 견해가 다를 수도 있지만……"이라고 말한다면 커크 선생님은 두 손을 번쩍 들고 "천만에! 나는 어떤 주제에 관해서건 '견해'

라는 걸 가지고 있지 않다니까"라고 외칠 것이다.

　선생님이 가장 좋아했던 경구는 "인간은 손쉽게 계몽될 수 있는 데도 무지를 더 좋아한다"는 것이었다. 선생님은 가장 흔히 쓰는 비유도 꼬치꼬치 캐물어 그 뒤에 숨은 냉혹한 진실을 끌어내고야 말았다.

　"악마 같은 독일인의 극악무도함이……"

　"하지만 악마는 상상의 산물 아닌가?"

　"아, 그러면, 야수 같은 극악무도함이……"

　"하지만 야수는 그런 극악무도한 짓을 하지 않지!"

　"어어, 그러면 독일인들을 뭐라고 말해야 하나요?"

　"그저 **인간적**이라고 말해야 한다는 사실이 자명하지 않은가?"

　선생님은 러간의 교장으로 재임할 때 때때로 회의석상에서 참고 들어 주어야 했던 다른 교장들의 대화를 최고로 경멸했다.

　"그 사람들은 나에게 와서 묻곤 했지. '이러이러한 짓을 하는 학생에게 당신은 어떤 태도를 취합니까?' 맙소사! 내가 어떤 사람이나 사물에 대해 무슨 태도라는 것을 취한 적이 한 번이라도 있는 줄 아는 게지!"

　선생님이 무언가를 비꼬고 싶어할 때가 자주는 아니지만 드물게 있었다. 그럴 때 선생님의 목소리는 평소보다 더 장중해졌고, 오직 선생님을 아는 사람들만 콧구멍이 벌름거리는 것을 보고 그분의 의도를 알아채곤 했다. 선생님은 바로 그런 식으로 당신의 금언을 만들어 냈다. "베일리얼[72]의 석사야말로 우주에서 가장 중요한 존재 중 하나이다."

커크 선생님의 부인이 다소 힘겨운 생활을 했으리라는 점이 능히 짐작될 것이다. 부인이 막 브리지 카드 파티를 시작하려 하는 거실에, 착오로 커크 선생님이 앉아 있는 경우를 생각해 보라. 30분 뒤 부인은 불쾌한 표정이 역력한 얼굴로 거실을 떠나 버렸다. 그리고 우리의 위대한 노크 선생님은 일곱 명의 노부인들("그들의 분위기는 매우 험악하였도다") 한가운데 있는 작은 의자에 앉아 방금 한 말의 의미를 명확히 밝히라고 몇 시간이나 채근하고 있었다.

나는 선생님을 '거의 완전히 논리적인 사람'이라고 말한 바 있다. 그러나 아주 그런 것은 아니었다. 선생님은 한때 장로교인이었지만, 무신론자가 되어 버렸다. 선생님은 일요일에도 주중과 마찬가지로 정원을 돌보며 시간을 보냈다. 그러나 장로교인이었던 젊은 시절의 특이한 습성을 여전히 버리지 못했다. 일요일에는 언제나 평상시보다 약간 더 점잖은 옷을 갖추어 입고 정원 일을 했던 것이다. 얼스터 출신의 스코틀랜드 사람은 하나님을 믿지 않게 될 수는 있어도, 안식일에 평상복을 입을 수는 없는 모양이다.

선생님이 무신론자였다고 이야기하고 보니, 그가 유서 깊고 고상하며 건조한 19세기식 '합리주의자'였음을 황급히 덧붙이지 않

---

72) 옥스퍼드 대학 산하에 있는 칼리지 중에 하나.

을 수 없다. 무신론은 그때 이후 세속화되어 정치와 야합하면서 진흙탕에 뒹굴게 되었기 때문이다. 요즘 이름 모를 기증자가 내게 반기독교적 성향의 잡지를 보내 주고 있는데, 거기에는 내 안에 있는 '그리스도인'에게 상처를 입히려는 의도가 들어 있는 것이 분명하다. 그러나 실제로 그가 상처를 입히고 있는 존재는 전에 내 안에 있던 '무신론자'이다. 나의 오랜 친구들이자 커크 선생님의 오랜 친구였던(이것이 더 중요한 사실이다) 무신론자들이 이런 수준으로까지 추락했다는 것은 부끄러운 일이다. 그때는 달랐다. 맥케이브조차 인간적으로 글을 썼다. 내가 선생님을 알던 당시, 그의 무신론에 자양분이 되었던 것은 주로 인류학적이고 염세주의적인 사실들이었다. 선생님은 《황금 가지 *The Golden Bough*》와 쇼펜하우어 Arthur Schopenhauer에 정통했다.[73]

독자들은 나의 무신론과 염세주의가 부컴에 가기 전에 이미 완전히 형성되어 있었다는 사실을 기억할 것이다. 내가 부컴에서 얻은 것은 이미 선택한 입지를 방어하기 위한 새 탄약 정도에 불과

---

73) 《황금 가지》는 영국의 인류학자이자 민속학자인 프레이저 Sir James George Frazer 의 대표작으로서 원시 종교의 역사, 즉 주술 및 종교의 기원과 진화 과정에 대한 방대한 저작이다. 그는 이 책에서 고대의 인간신들은 그냥 죽은 것이 아니라 때로 그들의 신성함을 보전하려는 후계자들의 손에 살해당하기도 하고 '속죄양'이라는 특이한 종류의 반신半神들을 대신 죽이기도 했다는 것을 예증하면서, 죽었다가 다시 살아나는 신의 드라마는 기독교에만 있는 것이 아니라고 주장했다. 320쪽을 보면 반기독교적이라고 해야 할 이 책이 루이스에게는 오히려 반대되는 영향을 끼친 것을 볼 수 있다. 쇼펜하우어는 19세기 독일의 대표적인 염세주의 철학자.

했다. 그것도 선생님의 정신적 경향을 간접적으로 읽어 내거나, 선생님의 책들을 독자적으로 읽음으로써 얻은 것이었다. 선생님은 내 앞에서 종교를 공격한 적이 한 번도 없었다. 내가 무신론자라는 것은 내 삶을 밖에서 관찰해서는 추론해 낼 수 없는 종류의 사실이기는 했지만, 어쨌든 '사실'이었다.

내가 게스턴즈(노크 선생님의 집)에 도착한 것은 토요일이었는데, 선생님은 월요일부터 호메로스를 시작하겠다고 말했다. 나는 아티케 방언 외에 다른 방언은 한마디도 읽어 본 적이 없다고 말씀드리면서, 이렇게 말씀드리면 서사시의 언어에 대해 기초적인 수업을 한 후에 호메로스에 접근하겠지 생각했다. 그러나 선생님은 내가 "허!"라고밖에 표기할 수 없는, 대화 중에 자주 내는 소리만 낼 뿐이었다. 좀 불안하다는 생각이 들었다. 그래서 월요일 아침에 일어나면서 "이제부터 호메로스로군. 아이구!" 하고 혼잣말을 했다. '호메로스'라는 이름만으로도 내 영혼은 두려움에 짓눌렸다.

9시 정각, 내가 곧 익숙해질 2층 조그만 서재에 앉아 공부를 시작했다. 서재에는 소파 하나(선생님과 공부할 때 나란히 앉았던 자리)와 탁자 및 의자(나 혼자 공부할 때 썼던 자리), 책장, 가스 스토브가 있었고, 글래드스턴 Williams E. Gladstone[74]의 사진이 액자에 담겨 있었다. 우리는 《일리아스》 제1권을 열었다. 노크 선생님은 서

---

74) 1868에서 1898년까지 네 차례 영국 수상을 역임한 스코틀랜드 출신의 정치가.

론 한마디 없이 첫 20행 정도를 '새로운' 발음으로 읽었는데, 나로서는 난생 처음 듣는 발음이었다. 노크 선생님도 스뮤기 선생님처럼 훌륭한 낭송가였다. 목소리는 덜 매끄러웠지만 후두음이 아주 풍성했고, 혀를 굴리는 R소리와 다양한 모음 발음은 스뮤기 선생님의 달콤한 목소리가 호라티우스에 잘 어울리는 것처럼 청동기 시대의 서사시에 잘 어울렸다. 커크 선생님은 잉글랜드에서 오래 살았는데도 얼스터 토박이말을 썼다. 선생님은 이렇게 20행 정도를 읽은 후, 거의 아무런 설명 없이 100행 정도를 번역했다. 나는 고전 작품을 이처럼 한달음에 처리하는 경우를 본 적이 없었다. 번역이 끝나자 선생님은 크루시우스 Crusius의《그리스어 사전 Lexicon》을 넘겨주더니, 당신이 번역한 부분을 내가 할 수 있는 데까지 복습해 보라고 말한 다음 방을 나가 버렸다.

그것은 이상한 교수법이었지만 효과가 있었다. 처음에는 선생님이 휙 밟고 지나가 버린 발자취를 더듬어 아주 짧은 거리밖에 탐험할 수 없었지만, 하루하루 지나면서 조금씩 더 먼 거리를 탐험할 수 있게 되었다. 나는 이내 선생님이 지나간 길을 전부 따라잡기에 이르렀다. 그러고서도 선생님이 도달한 북방한계선에서 한두 행 정도 더 나아갈 수 있었다. 이때부터 공부는 선생님보다 얼마나 더 멀리 갈 수 있느냐 하는 일종의 게임이 되었다. 이 단계에서 선생님이 중시한 것은 엄밀한 정확성보다는 속도인 듯했다.

이 방법을 통해 얻은 가장 큰 수확은 공부한 지 불과 얼마 되지 않아 번역을 거치지 않고도(마음속으로조차) 상당 부분의 내용을 이해할 수 있게 되었다는 것이다. 나는 이제 그리스어로 생각할 수 있게 되었다. 이것이 언어를 배울 때 건너야 할 루비콘 강이다. 일일이 사전에서 단어를 찾아 영어로 치환함으로써 그리스어를 이해하는 사람은 그리스어를 읽는다고 말할 수 없다. 그는 수수께끼를 풀고 있을 뿐이다. '나우스naus는 배'라는 공식은 틀렸다. 나우스와 배는 모두 한 가지 사물을 가리키는 말이지, 서로를 가리키는 말이 아니다. 나우스라는 단어를 보면 나비스navis나 나카naca라는 단어를 볼 때처럼 검고 날씬한 몸체에 돛이나 노가 달려 파도를 타고 나아가는 물체가 떠올라야지, 주제넘게 영어 단어가 그 앞을 가로막아서는 안 된다.

그때 이후 지금까지 내 마음속에 일종의 전형으로 자리잡게 된 일상이 시작되었다. 요즘도 내가 '정상적인' 하루를 보냈다고 말할 때는(이렇게 정상적으로 보내는 날들이 아주 드물어진 것은 애석한 일이다) 부컴의 방식대로 하루를 보냈다는 뜻이다. 내 마음대로만 할 수 있다면 언제나 거기서 살던 방식으로 살고 싶다. 언제나 8시 정각에 아침을 먹고, 9시에는 책상 앞에 앉아 오후 1시까지 책을 읽거나 쓰고 싶다. 11시쯤 맛있는 차나 커피 한 잔을 곁들이면 더 좋을 것이다. 맥주 한 잔을 마시려고 집 밖을 나서는 것은 그리 좋지 않다. 사람은 혼자 술을 마시고 싶어하지 않는 법이고, 술집에서 친구라도 한 사람 만나면 휴식 시간은 예정한 10분을 넘기기 십상이기 때문이다. 1시에는 정확히 식사가 준비되어야 한다. 그리고 늦어도 2시에는 산책을 나선다. 친구 한 사람과 동행할 때도 간혹 있지만 대개는 혼자 걷는다. 산책과 대화는 둘 다 크나큰 즐거움이지만, 두 가지를 한꺼번에 누리려 하는 것은 실수이다. 우리가 내는 소음이 집 밖 세상의 소리와 고요를 덮어 버리기 때문이다. 이야기를 하다 보면 거의 항상 담배를 입에 물게 마련인데, 그러면 후각에 관한 한 자연을 감상하기는 틀린 것이다. 같이 산책할 수 있는 친구(방학 동안에는 아서가 그런 친구가 되어 주었다)는 시골길의 분위기 하나하나에 대한 취향이 나와 똑같아서 살짝 눈짓을 하거나 잠깐 멈추어 서는 것만으로도, 더 적극적인 행동이라고 해 봐야 옆구리를 살짝 건드리는 것만으로도 즐거움을 나눌 수 있는 사람이어야 한다. 산책에서 돌아오는 시간에 맞추어 차가 준비되어 있어야 하는데, 그 시각이 4시 15분을 넘기면 안 된다. 차는 조용히 혼자 마셔야 한다. 부컴에서 커크패트릭 부인이 외출하고 없을 때(다행히 그런 때가 많았다) 그랬던 것처럼 말이다. 노크 선생님은 이런 다과 시간을 가치 없게 여겼다. 그러나 먹는 것과 읽는 것은 썩 잘 어울리는 즐거움이다. 물론 모든 책이 다과 시간에 어울리는 것은 아니다. 뭘 먹으면서 시를 읽는다는 것은 일종의 신성모독에 해당한다. 이 시간에는 어느 부분을 펼쳐도 상관없는 한담閑談 위주의 격식 없는 책이 좋다. 내가 부컴에서 읽은 책들은 보스웰James Boswell, 헤로도토스 번역본, 랭 Andrew Lang 의

《영국문학사 *History of English Literature*》 등이었다. 《트리스트럼 샌디》, 《일리아의 수필 *Essays of Elia*》, 《우울증의 해부 *Anatomy of Melancholy*》도 이런 목적에 아주 좋다. 5시가 되면 다시 일을 시작해서 7시까지 계속한다. 그러고 나서 저녁을 먹고 한담을 하거나 가벼운 책을 읽는다. 벗들과 시간을 보내지 않는 한(부컴에는 이런 벗이 한 명도 없었다) 11시가 넘도록 깨어 있을 이유가 없다.

그러면 편지는 언제 쓸까? 커크 선생님과 함께 살았던 것이야말로 행복한 삶 내지는 가능한 한 내가 누리고 싶은 이상적인 삶이라고 말했던 것을 잊지 말기 바란다. 행복한 생활의 본질은 편지가 거의 오지 않아 우체부의 노크 소리를 무서워할 필요가 없다는 데 있다. 그 축복받은 시절에 나는 일주일에 단 두 통의 편지만 받아 답장을 썼다. 아버지의 편지를 읽고 답장하는 것은 거의 의무에 가까웠지만, 아서의 편지를 읽고 답장하는 것은 일주일에 가장 중요한 일이었다. 우리는 우리 두 사람을 똑같이 매혹시키는 모든 즐거움을 편지에 다 쏟아 냈기 때문이다. 당시에 군 복무 중이던 형은 간혹 긴 편지를 보내왔고, 나도 간혹 긴 답장을 보냈다.

이것이 내가 그리는 이상적인 삶의 모습으로서, 그때는 거의 말 그대로 '안정되고 조용한 쾌락주의자'의 삶을 살았다. 그런 삶을 이어 나가지 못하게 된 것은 물론 나 자신에게 유익한 일이 아닐 수 없다. 그때의 삶은 거의 전적으로 이기적인 삶이었기 때문이다. 그러나 그것은 이기적인 삶이었지 자기중심적인 삶은 아니었다. 그러한 삶을 살다 보면 마음이 수많은 대상을 향해 뻗어 나가지만, 정작 자기 자신은 그 대상에 포함되지 않기 때문이다. 이 구별은 적잖이 중요하다. 내가 만난 이들 중에 가장 행복한 사람, 가장 어울리기에 유쾌한 사람은 아주 이기적인 사람들이었다. 반면에 내가 아는 어떤 이들은 정말 남들을 위해 자신의 삶을 희생할 줄 알았음에도 불구하고 자기 자신이나 남들에게 불행을 안겨 주었는데, 그 이유는 그들의 마음이 자기 자신에 대한 관심과 자기 연민으로 꽉 차 있다는 데 있었다. 이기심이든 자기중심주의든 결국에는 영혼을 망가뜨린다. 그러나 그런 파국이 닥치기 전까지는 차라리 모든 좋은 것을 다 챙겨 갖더라도(심지어 나한테 손해를 끼치더라도) 다른 대상들에 대해 이야기하는 사람이 좋지, 나에게 봉사해 주면서 자기 얘기만 하는 사람, 친절을 베풀어도 끊임없는 질책처럼 느껴지고 자기를 불쌍히 여기며 자기에게 감사하고 자기를 칭찬해 달라는 요구처럼 느껴지는 사람은 싫다.

물론 커크 선생님이 호메로스만 읽힌 것은 아니었다. 위대하지만 지루한 두 사람(데모스테네스 Demosthenes 와 키케로)도 피해 갈 수 없었다. 루크레티우스와 카툴루스 Catullus, 타키투스, 헤로도토스도(오, 영광스럽도다!) 있었다. 베르길리우스도 있었는데 나는 여전히 그의 작품을 즐기지 못하고 있었다. 그리스어와 라틴어 작품도 있었다(내가 50대 후반이 되도록 카이사르 Julius Caesar 를 한

번도 읽어 본 적이 없다는 것은 이상한 일이다). 에우리피데스, 소포클
레스Sophocles, 아이스킬로스Aeschylos도 읽었다. 저녁에는 커
크패트릭 부인에게 프랑스어를 배웠는데, 부인은 선생님이 호메
로스를 가르칠 때와 비슷한 방식으로 가르쳤다. 이런 식으로 우리
는 상당히 많은 양의 소설을 읽었고, 나는 곧 혼자 프랑스 책을 사
서 읽을 정도가 되었다. 영어로 글을 쓰는 시간도 있기를 바랐지
만, 선생님은 내 글이 형편없어서 참고 읽기 힘들어서인지, 아니
면 내 글 쓰는 기술(선생님은 확실히 이것을 경멸했다)이 이미 필요
이상으로 숙달되어 있다고 생각해서인지 한 번도 쓰기 수업을 하
지 않았다.

선생님은 첫 주쯤에 영어 책 읽기에 대한 지침을 준 후, 그냥 내
버려 두어도 시간을 낭비하지 않으리라는 것을 알아서였는지 완
벽한 자유를 허용했다. 나중에는 독일어와 이탈리아어까지 가지
가 뻗어 나갔다. 선생님의 수업 방식은 여전히 똑같았다. 나는 문
법과 문제풀이 과정을 아주 간략하게 거친 후, 곧장 《파우스트
Faust》와 《신곡》 중 〈연옥〉의 바다에 던져졌다. 이탈리아어는 그
렇게 해서 완전히 익혔다. 선생님과 조금만 더 함께 있었으면 독
일어도 완전히 익혔을 것이다. 그러나 나는 너무 빨리 선생님 곁
을 떠나게 되었고, 내 독일어 실력은 평생 학생 수준을 벗어나지
못했다. 이후로 독일어 공부를 제대로 하려고만 들면, 무언가 다
른 일이나 더 급한 업무들이 생겨 나를 가로막곤 했다.

그러나 이 모든 수업 중에서도 단연 으뜸은 호메로스였다. 우리는 매일, 매달 영광스럽게 전진해 나가면서 《일리아스》의 〈아킬레이드 *Achilleid*〉 부분만 떼어 읽은 후 나머지는 한켠에 밀어 둔 채 《오디세이아》 전체를 읽었다. 그리하여 거의 모든 문구 안에 살아 있는 바 쏘는 듯이 선명한 광채와 이야기의 음악성이 나의 일부가 되기에 이르렀다. 물론 그 당시 나는 아주 낭만적으로—윌리엄 모리스에게 푹 빠진 소년처럼—작품을 감상했다. 그러나 이러한 사소한 오류 덕분에 인문주의자들이 세상을 기만했던 바 '고전주의'라는 더 심각한 오류에서 벗어날 수 있었다. 그러므로 나는 키르케[75]를 '현명한 여인'으로, 결혼을 '삶의 만조滿潮'로 불렀던 나날들을 그다지 후회하지 않는다. 그 영향은 앙금 없이 사라졌고, 나는 이제 더 성숙한 방식으로 《오디세이아》를 즐길 수 있다. 이제는 오디세우스의 방랑에서 이전 그 어느 때보다 많은 의미를 읽는다. 오디세우스가 누더기를 벗어던지고 활을 당기는 '유미주의적 종국 eucatastorophe' (톨킨 J. R. R. Tolkien 교수가 이렇게 불렀다)의 위대한 순간에서도 더 많은 의미를 읽는다. 지금은 필로스 섬 등지에 사는, 섬세하기 짝이 없는 영 Charlotte M. Yonge[76] 가족이 나에게 가장 큰 즐거움을 주고 있다. 모리스 포위키 Maurice Powicke 의 말

---

75) 오디세우스가 방랑 중에 만나는 마녀.
76) 19세기 영국의 소설가로서, 종교적인 분위기가 강하면서도 재미있는 인물 형상화와 대화 기법으로 폭넓은 독자층을 확보했다.

처럼 "어느 시대에든 교양 높은 사람들이 산다." 여기에 한마디만 덧붙이자. "어느 시대에든 이들은 야만주의에 둘러싸여 산다."

평일 오후나 일요일에는 써리를 답사했다. 방학 때는 다운 카운티에 있었고 학기 중에는 써리에 있었는데, 이 두 지역은 멋진 대조를 이루었다. 이 두 지역의 아름다움은 너무나 대조적이었기 때문에 아무리 어리석은 사람이라 하더라도 이들을 비교하는 우를 범하지 않았을 것이다. 그 덕분에 나는 무엇을 비교해서 한쪽을 더 선호하는 해로운 성향을 단번에 떨쳐 버릴 수 있었다. 이런 성향은 예술 작품을 대할 때에도 좋지 않지만, 자연을 대할 때에는 더더욱 해롭다. 예술 작품이든 자연이든 제대로 감상하는 첫걸음은 그 대상에 완전히 굴복하는 것이다. 입을 다물라. 눈과 귀를 열라. 눈앞에 있는 것을 받아들이고, '있어야 했는데 없는 것은 무엇이냐' 라든지 '여기 있어야 했는데 저기 있는 것은 무엇이냐' 따위는 생각도 하지 말라. 꼭 그런 생각을 해야 할 필요가 있다 해도 나중에 하면 그만이다(무엇이든 좋은 것을 올바로 훈련하는 일은 그리스도인의 삶을 올바로 훈련하는 일의 예표가 되며, 달게 받아들이기만 하면 언제든지 후자의 훈련에 도움이 된다는 사실에 주목하라. 그리스도인의 삶은 어떤 과목이든 전에 배운 것들을 활용할 수 있는 학교이다).

써리의 매력은 그 복잡함에 있었다. 아일랜드에서 산책할 때는 넓은 지평선과 죽 펼쳐진 대지와 바다가 한눈에 바라보였다. 거기에 대해서는 나중에 다시 이야기할 기회가 있을 것이다. 그러나 써리의 지형은 아주 꼬불꼬불했고, 작은 계곡들은 아주 좁았으며, 숲은 아주 빽빽했고, 나무 사이나 분지에 숨어 있는 촌락들이 아주 많았으며, 들길과 낮게 꺼진 오솔길, 깊고 좁은 골짜기, 잡목숲, 불쑥불쑥 튀어나오는 작은 집들과 농가와 저택과 별장들 또한 아주 많아서 전체적인 그림이 명확히 잡히지 않았다. 그 사이사이를 매일 산책하는 일은 《선녀 여왕 The Fairie Queen》이나 맬러리 Thomas Malory 의 작품에 나오는 복잡한 미로를 헤매는 듯한 즐거움을 안겨 주었다. 폴스던 레이시에서 레더헤드나 도킹 골짜기를 내려다볼 때처럼 비교적 전망이 트여 있는 경우에도, 와이번의 풍경처럼 고전적이고 포괄적인 느낌은 받을 수 없었다. 계곡은 남쪽으로 굽이굽이 흘러 또 다른 계곡으로 이어졌으며, 기차는 덜커덩거리며 수목 우거진 언덕 사이 좁은 기찻길로 사라졌고, 반대편 산등성이는 만灣과 갑岬을 숨기고 있었다.

여름날 아침에도 이런 풍경을 즐길 수 있었다. 그러나 나는 산기슭의 늙고 거대한 나무들 아래 지극히 고요하게 깔려 있던 가을날 오후, 특히 프라이데이 거리 근처에서 우리 일행(그때는 혼자 있지 않았다)이 이상하게 생긴 그루터기를 두 번째 발견하면서 30분 동안 한 바퀴를 돌아왔다는 사실을 불현듯 깨달았던 그 순간, 또는 길드포드 근처 혹스백 너머로 스러지던 서리 낀 석양을 더 사랑스레 기억한다. 겨울의 어느 토요일 오후, 시린 코끝과 손가락 탓에 따뜻한 차와 난롯가 생각만 해도 즐거운데 거기에 더하여 주말 내내 읽을 거리가 눈앞에 놓여 있을 때, 나는 지상에서 얻을 수 있는 행복을 전부 얻은 느낌이었다. 오랫동안 탐내던 책이 수중에 들어와 읽히기를 기다리고 있을 때는 특히 더 행복했다.

그러고 보니 잊은 것이 있다. 우편물 이야기를 할 때 편지뿐 아니라 소포도 배달되었다는 사실을 말하지 않았다. 우리 또래 사람들은 요즘 아이들이 부러워할 축복을 어린 시절에 누렸던 기억을 가지고 있다. 우리는 싸고 풍부한 책들 사이에서 자랐다. '에브리맨 문고'는 1실링이 채 되지 않았고, 더구나 재고가 항상 쌓여 있었다. '세계의 고전', '뮤즈 문고', '가정 대학 문고', '템플 고전', 넬슨의 프랑스 문학 시리즈, 롱맨 포켓 문고 등을 적당한 가격에 구입할 수 있었다. 내 용돈은 스트랜드의 데니 서점에 우편으로 책을 주문하는 데 전부 들어갔다. 부컴에 살 때에도 짙은 회색종이에 싸인 깔끔한 작은 소포가 배달되는 오후보다 더 행복했던 때는 없었다. 밀턴, 스펜서, 맬러리, 《성배 전설 *The High History of the Holy Grail*》, 《렉스데일 사가 *Laxdale Saga*》, 롱사르 Pierre de Ronsard, 셰니에 André de Chénier, 볼테르 Voltaire, 《베오울프 *Beowulf*》 및 《거웨인 경과 녹색 기사》(둘 다 번역판이었다), 아풀레이우스 Apuleius, 《칼레발라》, 헤릭 Robert Herrick, 월턴 Izaak Walton, 존 맨더빌 John Mandeville 경, 시드니 Phillip Sidney 의 《아케이디아 *Arcadia*》, 그리고 모리스의 거의 전 작품이 한 권씩 내 수중에 들어왔다. 개중에는 실망스러운 책도 있었고 기대 이상인 책도 있었지만, 어쨌든 소포를 푸는 순간만큼은 언제나 즐거웠다. 어쩌다 런던에 가게 되면 일종의 경외감을 가지고 데니 서점에 들렀다. 너무나 많은 즐거움이 그곳에서부터 왔기 때문이다.

스뮤기 선생님과 커크 선생님은 내가 만난 최고의 선생님들이었다. 거칠게 말하자면(중세식으로) 스뮤기 선생님은 문법과 수사학을, 커크 선생님은 변증법을 가르쳐 주었다. 각기 상호 보완적으로 나를 가르쳐 준 것이다. 커크 선생님은 스뮤기 선생의 우아함이나 섬세함과 거리가 멀었고, 스뮤기 선생님은 커크 선생님보다 유머가 모자랐다. 커크 선생님의 유머는 무뚝뚝한 것이었다. 사실은 선생님 자신이 새턴—이탈리아 전설에서 왕위를 찬탈당한 왕으로 등장하는 새턴이 아니라, 한손에는 낫, 다른 한 손에는 모래시계를 들고 있는 늙고 엄한 신 크로노스—과 아주 흡사했다. 선생님이 탁자에서 벌떡 일어나(선생님은 모여 있는 사람들 앞에서 항상 이렇게 하곤 했다) 절약의 습관에 따라 벽난로 위 형편없이 닳은 담배 항아리에서 전에 썼던 파이프 찌꺼기를 헤집어 담배를 피울 때, 가장 신랄하고도 재미있는 말들이 쏟아져 나오곤 했다. 선생님에게 진 마음의 빚이 워낙 컸기에, 지금까지도 그분을 향한 존경의 마음을 금할 수가 없다.

1 0

운명의 미소

들판이나 물이나 하늘이 한마음으로
나에게 미소지으며 은총을 퍼붓는 듯했도다.
스펜서 Edmund Spenser, 《선녀 여왕 *The Fairie Queen*》 1권, 캔토 9

와이번에서 부컴으로 자리를 옮김과 동시에, 내 주된 친구도 형
에서 아서로 바뀌었다. 형은 프랑스에서 복무 중이었다. 형은 내
가 부컴에 있던 1914년부터 1916년 사이에 아주 가끔 휴가를 받아
근사한 젊은 장교의 모습으로 불쑥 나타나곤 했는데, 거의 무제한
의 금전을 가지고 있는 듯 가뿐히 나를 아일랜드로 데려가곤 했
다. 기차 일등석과 침대차는 그때까지 사치를 모르던 나의 여행을
더욱 빛나게 해 주었다. 독자들은 내가 아홉 살 이후 1년에 여섯
번씩 아일랜드 해를 건너다녔다는 사실을 알고 있을 것이다. 형이
휴가를 오면 여행은 더 빈번해졌다. 그 덕분에 멀리 여행한 경험
이 별로 없는 사람치고는 특이하게 배와 관련된 기억을 많이 지니

게 되었다. 배가 앞으로 나아갈 때 굽이치던 파도의 푸른 인광燐光, 배가 물결을 헤치며 돌진하고 있는데도 별을 향해 미동도 없이 꼿꼿하게 서 있던 돛대, 새벽이나 일몰을 알리며 차가운 회녹색 수평선에 길게 가로누워 있던 연어살 빛의 단층, 항구로 다가갈 때 육지가 보여 주던 그 경이로운 움직임, 마치 나를 맞이하러 나온 듯 불쑥 튀어나와 있던 갑, 이리저리 얽히고설키다가 마침내 내륙 안쪽 깊숙한 곳으로 사라지던 산들의 모습이 눈만 감아도, 아니 때로는 내 의지와 상관없이 선명하게 떠오른다.

물론 이런 여행은 내게 아주 큰 기쁨이었다. 형이 프랑스로 가기 전 둘 사이에 고조되고 있던 긴장(와이번으로 인한 긴장)은 사라졌다. 이 짧은 시간 동안만이라도 어렸을 적 고전 시대를 되살리자는 묵계가 상호간에 있었던 것이다. 형은 그 당시에 비교적 안전하게 여겨지던 육군 보급부대에 근무하고 있었기 때문에, 우리는 다른 가족들처럼 심각하게 걱정하지 않았다. 그러나 속으로는 밖으로 표현한 것보다 걱정을 많이 하고 있었는지도 모른다. 그래야 내가 최소한 한 번 이상 겪은 이상한 경험이 설명될 것이다.

그것은 믿음도 아니고 꿈은 더더욱 아닌, 하나의 인상 내지는 심상心想, 강박관념 같은 것이었다. 부컴의 아주 추운 겨울 밤, 형이 소리를 지르며—아니 소리를 지른다기보다는 베르길리우스가 묘사한 지옥에서처럼 소리를 지르려고 애를 쓰는데도 박쥐 울음 소리밖에 나오지 않는 inceptus clamor frustratur hiantem 모습이었다고 해야 할 것이다—정원을 돌아다니고 있었다. 그 위로는 내가 가장 혐오하는 분위기, 나약하고 비참하고 희망 없는 비애와 소름끼치는 공포가 뒤섞인 분위기— '이방인의 저승Pagan Hades'이 내뿜는 음울한 독기—가 떠돌고 있었다.

아서와 나의 우정은 특정한 한 부분의 취향이 같다는 데에서 시작되기는 했지만, 우리에게는 서로 도움이 될 만큼 충분히 다른 점도 많았다. 아서의 집은 우리 집과 정반대였다. 아서의 부모님은 플리머스 형제단[77]의 일원이었고, 아서는 대가족 중 막내였다. 그럼에도 불구하고 그의 집은 우리 집이 시끄러운 것만큼 조용했다. 그 당시에 아서는 형의 일을 도와주고 있었는데, 건강이 좋지 않아서 몇 번 앓고 난 후에는 일을 그만두었다.

아서는 다재다능한 친구였다. 그는 피아니스트였고, 작곡가가 되기를 희망했으며, 화가이기도 했다. 우리의 초기 계획 중에는 아서가 《사슬에 묶인 로키》를 오페라로 만든다는 것이 포함되어 있었다. 물론 아주 짧고 행복한 기간이 끝나면서 그 계획도 고통 없이 사라져 버렸다. 문학의 영역에서는 내가 아서에게 끼친 영향보다 아서가 나에게 끼친 영향이 더 크고 지속적이었다. 그의 큰 약점은 시를 좋아하지 않는다는 것이었다. 내가 일부 개선시켜 주기도 했지만, 그래도 내 기대에는 미치지 못했다. 반면에 아서는

---

77) 1831년 잉글랜드에서 조직된 기독교 공동체로서, 예언과 그리스도의 재림을 강조했다.

나처럼 신화와 마법을 사랑하는 한편 내가 그를 만나기 전까지는 전혀 몰랐던 취미를 한 가지 갖고 있었고, 그 부분에서 내게 평생 가는 영향을 끼쳤다. 그것은 그가 '훌륭하고 튼실한 옛 책들'이라고 불렀던 영국 고전 소설에 대한 취미였다.

아서를 만나기 전에는 왜 그런 책들을 읽지 않았는지 놀라울 따름이다. 아주 어렸을 때 아버지의 강권에 못 이겨 《뉴컴 가 *The Newcomes*》를 읽고 난 후 옥스퍼드에 들어갈 때까지, 새커리 William Makepeace Thackeray는 다시 읽지 않았다. 나는 지금도 새커리를 좋아하지 않는다. 그가 설교를 하기 때문이 아니라, 그의 설교가 형편없기 때문이다. 디킨스에 대해서는 공포심을 품고 있었는데, 그 이유는 내가 글 읽기를 배우기 전에 삽화들을 열심히 들여다본 데 있었다. 나는 지금도 그 삽화들이 사악하다고 생각한다. 월트 디즈니 만화가 그렇듯이(그렇다고 해서 디즈니가 디킨스의 삽화가보다 훨씬 더 낫지 않다는 말은 아니다), 비밀을 드러내는 것은 추악한 인물들의 추악함이 아니라 독자의 동정을 얻기 위해 바보스러운 웃음을 짓고 있는 인형들이다. 스콧 Walter Scott 의 작품은 중세를 주제로 한 가장 빈약한 소설 몇 권만 읽었다.[78] 그런데 이 시기에 아서의 영향을 받아 최고의 '웨이벌리 소설'을 전부 읽었고, 브론테 자매[79]의 전 작품과 제인 오스틴 Jane Austen 의

---

78) 스코틀랜드의 작가, 역사가, 시인. 스코틀랜드의 역사와 서민들을 배경으로 한 역사소설을 썼는데, 이들을 통칭 '웨이벌리 소설'이라고 부른다.

전 작품을 읽었다. 이들은 환상적인 이야기 위주였던 나의 독서 습관을 훌륭하게 보완해 주었으며, 나는 각 작품을 비교해 읽는 재미를 더 누릴 수 있게 되었다.

아서는 전에 내가 이런 책들을 꺼렸던 이유들을 오히려 매력으로 바꾸어 주었다. 내가 '진부함'이나 '평범함'으로 치부했던 것들을 아서는 '소박함 Homeliness'—이것은 아서의 상상 세계에서 핵심적인 위치를 차지하는 단어였다—이라고 불렀다. '소박함'은 '가정사'에서 유래된 말이지만, 아서가 단지 그 뜻만 지칭한 것은 아니었다. 그는 이 작품들이 우리의 소박한 경험, 즉, 날씨와 음식, 가정, 이웃에 깊이 뿌리박혀 있다는 사실에 주목했다. 그는 《제인 에어》의 첫 문장이 읽을 때마다 즐거움을 준다고 말했다. 안데르센 Hans Andersen의 동화에 나오는 첫 문장, "정말이지 비가 말도 못하게 쏟아졌다"라는 문장도 좋아했다. 브론테 자매의 작품에 나오는 '개여울'이라는 단어 하나도 깊이 음미했다. 교실과 부엌을 묘사한 장면들도 마찬가지였다. 이처럼 '소박한' 것에 대한 사랑은 문학에 국한되지 않았다. 그는 집 밖에서도 소박함을 찾았고, 내게도 그렇게 하도록 가르쳤다.

그때까지 자연에 대한 내 감정은 낭만적인 데 협소하게 치우쳐

---

79)《제인 에어 *Jane Eyre*》를 쓴 샬럿 브론테 Charlotte Brontë, 《폭풍의 언덕 *Wuthering Heights*》을 쓴 에밀리 브론테 Emily Brontë, 《애그니스 그레이 *Agnes Grey*》를 쓴 앤 브론테 Anne Brontë 자매를 일컫는다.

있었다. 나는 경외감을 불러일으키거나 야성적이거나 으스스하다고 생각되는 것에 거의 전적으로 집중하고 있었으며, 무엇보다 거리감을 주는 것에 매료되어 있었다. 그렇다 보니 산과 구름이 특별한 즐거움이 되었다. 하늘은 모든 풍경의 가장 주된 요소였고, 지금도 그렇다. 나는 《현대 화가론 *Modern Painters*》에서 구름을 분류하여 이름 붙여 놓은 내용들을 보기 훨씬 전부터, 권운과 적운과 비구름의 각기 다른 질감과 높이에 큰 관심을 가지고 있었다. 땅에 대해 이야기하자면, 내가 자란 시골은 온통 낭만적인 성향을 북돋아 주는 것들로 가득 차 있었고, 놀이방 창문에서 내다보이던, 손에 잡히지 않을 것처럼 아득했던 초록빛 언덕을 처음 본 이후 계속해서 나를 낭만적으로 몰아갔다. 그 지역을 아는 독자들은 내가 주로 다닌 곳이 홀리우드 힐즈—스토먼트에서 컴버, 컴버에서 뉴타우너즈, 뉴타우너즈에서 스크레보, 스크레보에서 크레이건틀릿, 크레이건틀릿에서 홀리우드, 그리고 다시 녹네거니에서 스토먼트로 이어지는 울퉁불퉁한 다각형의 지역—였다는 말만 들어도 충분히 이해가 될 것이다. 그 지역을 모르는 독자들에게는 어디서부터 어떻게 설명해야 할지 모르겠다.

우선 그 지역은 잉글랜드 남부의 기준에서 볼 때 황량한 곳이다. 그리 많지 않은 숲에는 키 작은 마가목, 자작목, 전나무가 자라고 있다. 들판은 작은데, 매운 바닷바람에 시달린 산울타리 주변에 패인 도랑들이 그 들판을 가르고 있다. 이 지역에는 가시금작화가 상당히 많고, 땅 위로 몸을 드러낸 바위들이 많다. 이제는 쓰지 않는 채석장, 차가워 보이는 물이 차 있는 작은 채석장들도 놀랄 만큼 많이 있다. 바람이 거의 항상 풀밭 사이를 스쳐 다닌다. 농부가 밭을 갈고 있는 곳에는 갈매기가 따라다니면서 이랑에 뿌린 씨를 쪼아 먹는다. 들에는 따로 길이 없고 사람들은 통행권을 가지고 있지 않지만, 모두가 알고 지내기 때문에 문제가 되지 않는다. 설령 모르는 사람이 지나간다 해도, 그가 어떤 종류의 사람인지 알아보고 열린 문은 닫아 주며 작물들을 함부로 밟고 지나가지 않을 것을 믿는다. 버섯은 공기만큼이나 흔해서 주인이 따로 없다. 토양은 잉글랜드 일부에서 볼 수 있는 비옥한 초콜릿 색이나 황토색보다 엷은 색—다이슨H. V. D. Dyson이 말한 바 "오래된 박토薄土"—이다. 그러나 풀은 보드랍고 풍부하고 감미로운 향기를 풍기고 있으며, 언제나 하얗게 칠해져 있는 벽에 파란 슬레이트 지붕이 얹혀 있는 단층의 농가들은 풍경 전체를 화사하게 만든다.

홀리우드 힐즈는 그리 높지 않지만, 거기서 바라보이는 전경은 광활하고 다양하다. 북동쪽 맨 끝에 서서 보면 홀리우드 쪽으로 가파르게 내려가는 능선이 보인다. 발밑으로는 호수가 펼쳐진다. 앤트림 해안은 북쪽으로 가파르게 돌아 시야에서 사라진다. 그에 비해 더 푸르고 완만한 다운 지역은 서서히 곡선을 그리며 남쪽으로 사라진다. 그 둘 사이로 호수가 흘러 바다로 들어가고, 날씨 좋은 날 주의 깊게 보면 스코틀랜드가 수평선 위로 유령처럼 어렴풋이 떠오른다. 이제 남쪽과 서쪽으로 더 가 보도록 하자. 아버지 집에서 바라보이는 외딴 집 앞에 서 보라. 그 집은 교외 전체가 한눈에 들어오는 집으로서, 우리 지역이 진짜 목동들이 사는 지역이 아님에도 불구하고 모두들 '목동의 오두막'이라고 부르는 곳이다. 그 앞에서도 호수가 내려다보이지만, 호수 입구와 바다가 지금 걸어온 지역에 막혀 보이지 않기 때문에 사방이 막힌 호수의 형국을 하고 있다.

여기에서 우리는 내 마음속에 깊이 각인되어 있던 거대한 대비 가운데 하나—니플하임과 아스가르드, 브리튼과 로그레스, 한드라미트와 하란드라,[80] 낮은 세계와 높은 세계—에 이르게 된다. 이곳에서 바라보이는 지평선은 회색빛 도는 푸른색의 덩어리처럼 보이는 앤트림 산맥이다. 물론 화창한 날이면 녹색 능선이 3분의 2 정도 정상을 향해 올라가다가 갑자기 깎아지른 절벽을 만나는 모습을 케이블 힐 위에서 추적할 수도 있다. 이것은 아름다운 풍경이다. 그러나 지금 서 있는 이곳에는 그와는 사뭇 다르면서도 훨씬 더 사랑스러운 아름다움—햇빛과 풀밭과 이슬, 꼬끼오 우는 닭들과 꽥꽥 우는 오리들—이 있다. 그 사이, 발 아래 평평하게 펼쳐진 계곡 바닥 위에 공장 굴뚝들의 숲과 과선교[81]와 묵직한 안개를

---

80) 니플하임과 아스가르드는 북유럽 신화, 브리튼과 로그레스는 아서 왕 전설에 나오는 서로 상반되는 지역들이며, 한드라미트는 '낮은 땅', 하란드라는 '높은 땅'이라는 뜻이다.
81) 철도 신호가 달린 다리.

뚫고 솟아오르는 거대한 크레인 위에 벨파스트가 가로누워 있다. 거기에서는 끼익끼익 애처롭게 비명을 지르는 전차 소리, 고르지 못한 길을 따가닥 따가닥 지나가는 마차 소리, 이 모든 소리를 제압하는 거대한 조선소의 쿵쿵거리고 웅웅거리는 소리 같은 소음들이 연신 올라온다. 우리는 평생 이런 소리를 들으며 살았기 때문에, 그 소리 탓에 언덕 위의 고요함이 깨지지는 않는다. 오히려 이 소리들은 대비를 더 강조하고 풍성하게 해 주며, 이중성을 더 예리하게 만들어 준다.

발 아래 '매연과 혼돈'의 세상에는 나보다 운이 없는 아서가 내일부터 복귀해야 하는 진절머리 나는 사무실이 있다. 우리가 이처럼 평일 아침에 함께 언덕에 서 있을 수 있는 것은 아서의 흔치 않은 휴가 덕분이다. 저 아래에는 맨발로 다니는 노파와 '주류판매소 spirit grocers'(친근한 영어 '술집 pub'을 아일랜드에서 끔찍하게 바꾸어 놓은 말) 주위를 어정거리는 주정꾼, 고삐에 팽팽하게 매여 혹사당하는 말과 굳은 얼굴의 부잣집 마나님—이 모든 것은 알베리히[82]가 사랑을 저주하고 황금을 반지로 바꾸면서 만들어 낸 세상이다—이 있다.

이제 작은 길로 걸어가면—밭 두 개와 길 하나만 지나면 저쪽 멀리 있는 둑 위에 올라설 수 있다—약간 동쪽으로 치우친 남쪽 방향

---

82) 《니벨룽겐의 반지》에 나오는 인물로서, 난쟁이 요정 왕 오베론의 독일식 이름.

으로 다른 세상이 펼쳐진다. 그 세상을 보고서도 나를 낭만적이라고 비난할 사람이 있을까. 그곳에는 결코 저항할 수 없는 대상 그 자체가 있고, 세상 끝에 이르는 길과 그리움의 땅이 있으며, 상심과 축복이 있다. 지금 우리는 어떤 의미에서 다운 평야라고 불러도 좋을 곳을 가로질러, 그 너머 모언 산맥을 바라보고 있는 중이다.

다운 평야의 모습을 처음 설명해 준 사람은 K—쿼터스 이모부의 둘째딸인 발퀴레—였다. 이 지역이 어떻게 생겼는지 알고 싶은 사람은 다음과 같이 하면 된다. 중간 크기 감자 여러 개를 평평한 양철 함지에 깐다(한 층만 깔면 된다). 그 위에 흙을 뿌려서 감자가 안 보일 정도로 덮되, 감자의 형태가 완전히 묻히도록 덮지는 말라. 그러면 감자들 사이의 갈라진 틈으로 흙이 흘러내린다. 이제 그 광경을 확대하여 그 갈라진 틈마다 시냇물이 흐르고 나무들이 여기저기 우거져 있다고 생각해 보라. 그리고 감자를 덮고 있는 황토색 표면에, 갖가지 농작물과 풀과 경작지로 알록달록한 바둑판 무늬의 밭, 하나같이 작은(하나가 2에이커밖에 안 되는) 밭들을 그리라. 그러면 아주 큰 거인의 눈에는 평평하게 보이겠지만 그래도 걷기에는 아주 불편한 다운 '평야'의 그림이 완성될 것이다. 이제 농가마다 하얗게 칠해져 있다고 했던 말을 기억하라. 이 작고 흰 점들 때문에 평원 전체가 미소짓는 것처럼 보인다. 마치 여름 바다 위로 시원한 바람이 불 때 하얗게 부서지는 포말 같다. 길도 하얗다. 포장도로는 아직 없다. 작은 구릉들이 울퉁불퉁 저마다 고

개를 내밀고 있는 탓에, 이 길들은 제멋대로 뻗어 나가 사라졌다 나타났다 한다. 이 풍경 위에 잉글랜드의 따가운 햇살을 뿌려 대면 안 된다. 햇살은 그보다 옅고 부드럽게, 하얀 적운의 가장자리를 흐릿하게 할 정도로만 조정하고, 그 위에 물기 어린 미광微光을 덮어 비현실적으로 빛나게 하라. 그리고 이 모든 것 외에, 너무 멀리 있어서 '눈 닿는 곳 끄트머리에 불쑥 솟아 있는 저것이 환상은 아닐까' 의심이 가는 산맥의 모습을 그려 넣으라. 산맥은 굽이굽이 흐르지 않는다. 가파르고 조밀하며 뾰족한 톱니 모양으로 들쑥날쑥하게 솟아 있다. 산맥은 우리와 산맥 사이에 있는 작은 능선이나 농가들을 전혀 개의치 않는 듯하다. 때로는 푸른빛, 때로는 보랏빛을 띠기도 하지만, 대개는 투명해 보인다. 마치 얇은 큰 천을 산 모양으로 베어서 걸쳐 놓아, 그 너머에 숨어 있는 바다의 빛이 배어 나오는 듯하다.

나는 아버지에게 차가 없었던 것을 내가 누린 축복의 하나로 생각한다. 그러나 친구들 대부분은 차가 있어서 가끔 나를 태워 드라이브를 시켜 주었다. 그 덕분에 이 멀리 있는 대상들을 '가 보고 싶었지만 갈 수 없었던 안타까움'이 아니라 '가 본 추억'으로 기억할 만큼은 찾아가 볼 수 있었다. 그럼에도 불구하고 역시 평상시에는 마치 달처럼 아득히 닿을 수 없는 곳으로 느껴지곤 했다. 마음만 내키면 어디든지 달려갈 수 있는 무시무시한 권능은 내게 주어지지 않았다. 나는 내부 연소 기관이 달린 물건이 아니라 두

발 달린 인간을 표준 삼아 거리를 가늠하곤 했다. '거리'라는 단어의 개념을 훼손할 기회가 내게는 허용되지 않았다. 그 덕분에 운전자들에게는 '작은 공간' 밖에 되지 않을 곳에서 '무한한 부'를 소유할 수 있었다. 현대 운송수단에서 가장 무섭고 진정한 특징으로 거론되는 것은 '공간을 없애 버린다'는 점이다. 정말 그렇다. 운송수단은 우리에게 주어진 가장 영광스러운 선물 하나를 없애 버린다. '거리'를 평가 절하하면 지독한 인플레이션이 일어나, 결국 할아버지 세대는 10마일만 여행해도 해방감이나 순례자가 된 느낌이나 모험하는 느낌에 젖었던 것과 달리 요즘 아이는 100마일을 여행해도 같은 느낌을 받지 못하는 현상이 벌어진다. 물론 공간이 싫어서 없애 버리려는 것이라면 문제는 달라진다. 그렇게 공간이 싫다면 지금 당장 관 속에 들어가 눕는 것이 어떨까? 거기에는 공간이라는 것이 거의 없으니 말이다.

이상의 것들이 내가 아서를 만나기 전 야외에서 누렸던 즐거움이었는데, 아서는 이 모든 즐거움을 공유했을 뿐 아니라 더 확고하게 해 주었다. '소박함'을 찾는 아서의 탐색 덕분에 나는 다른 사물들을 보는 법도 배우게 되었다. 아서가 아니었다면 냄비에 들어가는 평범한 푸성귀의 아름다움을 깨닫지 못했을 것이다. "몇 이랑이면 그만이야"라고 아서는 말하곤 했다.

"양배추가 자라는 평범한 이랑만 볼 수 있으면 그만이지, 뭘 더 바라겠어?"

그가 옳았다. 그는 종종 지평선으로 쏠린 내 시선을 돌려 산울타리에 뚫린 작은 구멍이나 아침의 고요함에 젖어 있는 농가 뜨락, 헛간 문 아래로 기어 들어가려고 애쓰는 회색 고양이, 돼지우리에 먹이를 쏟은 후 빈 양동이를 들고 돌아서는 구부정한 할머니의 주름지고 자애로운 얼굴을 보게 해 주었다. 그러나 무엇보다 우리가 좋아했던 것은 소박한 것과 소박하지 않은 것이 날카롭게 병치되어 있는 풍경이었다. 이를테면 기름진 땅에 비좁게 늘어선 푸성귀들이 급격히 자기들의 **영토**를 확장시키고 있는 부엌 앞 작은 텃밭 주변을 가시금작화와 노출된 바위가 둘러싸고 있을 때처럼, 또는 떠오르는 달빛 아래 왼쪽으로는 돌조각들이 널려 있는 채석장 웅덩이가 보이고 오른쪽으로는 연기를 피워올리는 굴뚝과 잠자리를 준비하는 농가의 창문에서 새어나오는 불빛이 보일 때처럼.

그 즈음 대륙에서는 1차 독일 전쟁의 마구잡이 살육이 자행되고 있었다. 상황이 그러했던 데다가 내가 군대 갈 연령이 되기 전에 전쟁이 끝날 기미도 보이지 않았으므로, 내 또래의 잉글랜드 청년들이 징집되어 갔듯이 나도 입대해야겠다는 결심을 하지 않을 수 없었다. 아일랜드에는 징집 제도가 없었다. 스스로 이런 결정을 했다는 것을 큰 자랑거리로 여기지는 않았지만, 이렇게 하면 전쟁에 더 깊이 신경 쓰지 않아도 된다는 생각은 하고 있었다. 심장이 좋지 않았던 아서는 도저히 입대가 불가능했으므로 이런 문제로

고민하지 않아도 되었다. 이렇게 함으로써 나는 전쟁을 어느 정도 마음 한쪽으로 밀어내 버릴 수 있었는데, 어떤 이들은 이것을 수치스러운 행동이라 할 것이고 어떤 이는 믿어지지 않는 행동이라고 할 것이다. 현실도피라고 말하는 사람도 있을지 모르겠다. 그러나 나는 오히려 현실과의 협약 내지는 경계 짓기였다고 말하고 싶다. 결과적으로 나는 조국을 향해 이렇게 말한 셈이었다.

"시간이 되면 갈 테니 그 전까지는 날 건드리지 말라. 필요하다면 네 전쟁터에서 죽겠지만 그 전까지는 내 인생을 살겠다. 내 몸은 앗아가도 정신은 앗아가지 못한다. 나는 전투에 참여하겠지만, 전투에 관련된 글은 읽지 않겠다."

이런 태도에 대해 변명이 필요하다면, 현재 학교에서 행복하게 지내지 못하는 소년은 미래를 멀찌감치 미루어 놓고 생각하는 버릇을 익힐 수밖에 없다고 말하겠다. 다음 학기 걱정으로 지금 방학을 망친다면 소년은 절망에 빠지고 말 것이다. 또 내 속에 있던 해밀턴 가의 기질이 루이스 가의 기질을 늘 견제하고 있었다는 점도 언급할 수 있겠다. 나는 자신을 괴롭히는 기질이 어떤 것인지 익히 보아 온 터였다.

물론 이런 태도가 옳다 해도, 이런 태도를 너무 쉽게 채택하는 내 속의 특질이 다소 불쾌한 것은 사실이다. 그럼에도 불구하고 전쟁 소식을 읽거나 전쟁에 대해 인위적이고 형식적인 대화를 나누느라 시간과 정신을 소모하는 끔찍한 일을 피할 수 있었다는 점에서는 거의 후회하지 않는다. 군에 대한 지식이나 전투에 대한 정확한 지리적 설명이 없는 신문 기사, 사단장의 손에 들어가기 전에 이미 왜곡되고, 보고 과정에서 더 심하게 왜곡되며, 기자들의 묵인하에 '부풀려진' 기사를 읽는 것, 내일이면 다시 뒤집힐 내용을 파악하려고 애쓰는 것, 부정확한 증거 앞에 벌벌 떨거나 지나친 희망을 품는 것은 확실히 정신을 잘못 사용하는 일이다. 평화시에도 학생들에게 신문을 읽도록 권장하는 것은 잘못이라고 생각한다. 아이가 십대 때 신문에서 읽는 내용은 스무 살이 되기도 전에 대개는 과장되거나 잘못 해석된 것임이 드러난다. 그것들은 진짜 사실도 아닐 뿐 아니라 시간이 흐른 다음에 보면 대부분 중요하지도 않은 것들이다. 따라서 신문을 읽은 사람은 자신이 읽은 내용의 대부분을 내버려야 한다. 그렇지 않으면 저속한 것과 선정주의를 즐기는 치료 불가능한 취향을 익히게 되며, 캘리포니아에서 어느 여배우가 이혼을 했네, 프랑스에서 기차가 탈선을 했네, 뉴질랜드에서 네 쌍둥이가 태어났네 하는 기사들을 하나하나 뒤적이는 치명적인 습관을 익히게 된다.

당시에 나는 그 어느 때보다 행복했다. 학기가 시작될 무렵에 찾아오던 고통은 전부 사라졌다. 그런데도 학기를 끝내고 집으로 가는 길은 여전히 즐거웠다. 방학은 점점 더 근사해졌다. 우리의 어른 친구들, 특히 마운트브라켄의 사촌들은 이제 덜 크는 것처럼 보였다. 바로 손윗사람들은 덜 자라거나 거꾸로 나이를 먹음으로

써 아랫사람들과 정신연령이 비슷해진다. 즐거운 만남과 멋진 대화의 시간이 이어졌다. 나는 내가 좋아하는 책을 좋아하는 사람들이 아서 외에 또 있다는 것을 알게 되었다. 그 끔찍한 '사교 행사', 즉 댄스 파티는 끝이 났다. 이제는 초대를 거절해도 된다는 아버지의 허락이 떨어졌기 때문이다. 결혼 관계로 연결된 사람들이나 아주 오래 알고 지낸 이웃들 내지는 옛 동창들(어쨌든 여자는 여자였다)의 작은 울타리 안에서 이루어지는 만남은 모두 즐거웠다. 그들을 거론하기는 쑥스럽다. 그러나 마운트브라켄 사람들에 대해서는 이야기하지 않을 수 없었다. 그들을 말하지 않고 내가 살아온 이야기를 할 수는 없었기 때문이다. 그러나 그 이상 더 말하기는 망설여진다. 자기 친구를 칭송하는 일은 좀 뻔뻔한 일이다. 여기서 제이니 M이나 그 어머니, 혹은 빌이나 그 부인에 대해서는 이야기하지 않겠다. 소설에서는 지방의 한적한 사교계가 주로 침침한 색으로 그려진다. 내 경우에는 그렇지 않았다. 내가 보기에 스트랜드타운과 벨몬트 사람들은 크든 작든 내가 알고 지낸 어떤 집단 못지않은 친절과 재기발랄함과 아름다움과 심미안을 가지고 있었다.

집에서는 아버지와 실질적으로 결별한 상태에서 겉으로만 다정하게 지내는 관계가 지속되었다. 커크 선생님에게 배우고 돌아올 때마다 사고력과 말솜씨가 조금씩 더 명료해졌기 때문에, 아버지와 실질적인 대화를 나누기가 점점 더 힘들어졌다. 나는 말의 또 다른 면을 이해하기에는 너무 어리고 미숙했던 탓에, 커크 선생님의 무미건조함과 다소 음산한 명료함에 버금가는 아버지의 풍부한(모호하긴 하지만) 다변 多辯과 넉넉함과 유머를 제대로 음미하지 못했다. 그 당시에는 청소년답게 아버지의 특징을 귀찮은 것으로 가차 없이 매도해 버렸지만, 그 후에 다른 어른들에게서 그런 특징을 발견했을 때에는 애교 있는 약점으로 볼 수 있게 되었다.

우리 사이에는 도저히 메울 수 없는 견해차가 아주 많았다. 한번은 아버지가 보는 앞에서 형의 편지를 받게 되었는데, 아버지는 그 즉시 당신도 그 편지를 보자고 하셨다. 아버지는 편지에 나온 어떤 사람에 대한 표현을 읽으면서 혀를 차셨다. 나는 형을 변호하기 위해 그 편지는 아버지를 대상으로 쓰여진 것이 아니라고 항변했다.

"말도 안 되는 소리!"

아버지가 대답하셨다.

"네 형은 네가 나에게 편지를 보여 주리라는 걸 알았고, 또 보여 주기를 바랐어."

사실 형은 내가 잘 아는 바대로, 아버지가 안 계실 때 편지가 도착할지도 모른다는 실낱 같은 가능성에 어리석은 희망을 걸고 편지를 쓴 것이었다. 그러나 아버지는 그런 가능성은 상상도 하지 못하셨다. 아버지는 당신이 허용하지 않은 사생활의 권리에 대한 요구를 권위로 깔아뭉개고 있는 것이 아니었다. 누군가 그런 요구를 할 수 있다는 것 자체를 아예 상상하지 못하셨다.

아버지와 나의 관계는 내 평생에 가장 잘못된 행동을 저지르게 된 배경을 설명하는 데(물론 변명하려는 것은 아니다) 도움이 된다. 나는 전혀 믿지 않으면서도 믿는 척 견진성사 준비를 하고 견진례를 받고 첫 영성체를 받아 자기 죄를 먹고 마셨다.[83] 존슨 박사가 지적했듯이, 용기가 없다면 다른 덕목들 또한 우연이라면 모를까 존속할 수 없는 법이다. 비겁함은 위선으로, 위선은 신성모독으로 이어졌다. 그때 내가 스스로 하고 있는 짓의 진정한 본질을 몰랐을 뿐 아니라 알 수도 없었다는 것은 사실이다. 그러나 내가 한껏 엄숙한 체하면서 거짓 연기를 하고 있다는 사실만큼은 잘 알고 있었다. 아버지에게 진짜 생각을 말씀드린다는 것은 불가능해 보였다. 아버지가 보수성을 띤 전통적인 부모들처럼 벼락을 칠 분이어서가 아니었다. 정반대로 아버지는 아주 다정하게(처음에는) 대답하실 분이었다. 아마도 아버지는 "어디 한번 다 털어놓고 얘기를 나눠 보자꾸나"라고 하실 것이다. 그러나 내가 처한 입장이 진짜 어떤 것인지 아버지가 고려하도록 만들기는 영 불가능할 것이다. 이야기의 실마리는 금세 실종되어 버리고 온갖 인용문과 일화와 회고담으로 가득 찬 대답이 쏟아질 텐데, 그 당시 나는 그런 것들을 일고의 가치도 없다고 생각하고 있었다. 흠정역 성경의 아름다

---

83) 고린도전서 11장 29절 참조.

움, 기독교 전통이나 정서나 특징의 아름다움은 내 눈에 들어오지 않았다. 만약 아버지의 대답에 승복하지 않고 계속 내가 말하고자 하는 요점을 명확히 하려 든다면, 우리 사이에는 분노가 일어날 것이고 결국 아버지에게서는 벼락 소리가, 내게서는 약하지만 짜증스러운 말대꾸가 이어질 것이다. 그리고 그렇게 한번 불거진 주제는 영원히 사라지지 않을 것이다. 그렇다고 해도 내가 했듯이 하는 것보다는 이 모든 상황을 감당하는 편이 나았다. 그러나 그 당시에는 이 모든 상황을 감당한다는 것이 불가능해 보였다. 아람 왕의 군대장관은 림몬의 신당에서 절을 했어도 용서를 받았다.[84] 그러나 나는 참 하나님을 림몬만큼도 믿지 않으면서도 성전에서 절하고 있었던 수많은 죄인들 중 한 사람이었다.

주말과 평일 저녁에 아버지 곁에 꼭 붙어 지내는 것은 고역이었다. 왜냐하면 그때야말로 아서가 가장 시간을 내기 수월한 때였기 때문이다. 평일에는 혼자 완벽한 고독 속에 지낼 수 있었다. 물론 팀과는 어울렸다. 팀에 대해서는 진작 이야기했어야 하는데 기회를 놓쳤다. 팀은 우리 집 개였다. 내가 올디의 학교에 다닐 때부터 우리와 함께 살았고 1922년에야 죽었으니, 아일랜드 산 테리어 종으로서는 장수 기록을 세운 셈이다.

그러나 팀과 어울렸다는 데에는 그리 큰 의미가 없었다. 내가

---

84) 열왕기하 5장 18절 참조.

산책할 때에는 팀이 동행하지 않기로, 이미 오래 전에 합의해 놓은 상태였기 때문이다. 나는 팀이 걷고 싶어하는 거리보다 훨씬 더 먼 거리를 걸어다녔는데, 팀은 그때 이미 베개 내지는 드럼통 밑에 다리가 네 개 달린 형상을 하고 있었다. 게다가 나는 다른 개들이 다니는 곳으로 다녔다. 팀은 겁쟁이가 아니었지만(자기 홈그라운드에서 악착같이 싸우는 모습을 본 적이 있다), 다른 개들을 싫어했다. 산책하다가 멀리 다른 개가 보이면 산울타리 뒤로 사라졌다가 100야드나 지난 다음에 다시 나타나곤 했다. 우리 형제가 학교에 다닐 때 팀의 성격이 형성된 만큼, 우리가 다른 아이들을 대하는 태도에서 이런 것을 배운 것은 아닌지 모르겠다.

팀과 나는 주인과 개라기보다는 같은 호텔에 투숙한 다정한 두 여행객 같은 사이였다. 우리는 서로 만나 시간을 보내다가 정중하게 헤어져 각자 제 길을 가곤 했다. 내 기억에 팀에게는 친구가 하나 있었는데, 그 친구는 이웃에 사는 붉은 사냥개로서 중년에 접어든 점잖은 개였다. 아마 그 개는 팀에게 좋은 영향을 끼쳤을 것이다. 나는 불쌍한 팀을 사랑했지만, 팀은 전혀 훈련이 되어 있지 않았고 성취욕도 없었으며 가장 심란한 모습을 한 네 발 동물처럼 보였다. 정확히 말해서 팀은 한 번도 주인에게 복종하지 않았다. 그저 가끔씩 동의를 해 주었을 뿐이다.

빈 집에서 보내는 긴 시간은 책을 읽고 글을 쓰느라 즐겁게 지나갔다. 나는 한창 낭만주의에 빠져 있었다. 그 당시 내가 지니고 있었던 겸손한 마음(독자로서)을 그 후 다시는 회복하지 못했다. 다른 시들만큼 즐길 수 없는 시들도 있었다. 그렇다고 해서 즐길 수 없는 시들이 열등하다는 생각은 하지 않았다. 단지 시인에게 싫증이 났거나 내 기분이 좋지 않은가 보다 생각했을 뿐이다. 나는 〈엔디미온 *Endymion*〉의 **지루함**을 순전히 내 탓으로 돌렸다. 키츠의 관능성을 이루는 '혼절 Swoony'의 요소(포르피로[85]가 '정신을 잃어 갈 때처럼')를 좋아해 보려고 무진 애를 썼지만 실패했다. 나는 셸리가 키츠보다 틀림없이 낫다고 생각했고—그 이유는 잊어버렸지만—키츠를 더 좋아하지 못하는 것을 유감스러워했다.

그 시기에 내가 가장 위대하게 생각했던 작가는 윌리엄 모리스였다. 나는 북유럽 신화에 관한 책에 인용되어 있는 이름을 보고 그를 처음 알았다. 그렇게 해서 〈볼숭 집안의 시거드 *Sigurd the Volsung*〉를 읽게 되었다. 나는 노력한 만큼 그 시를 좋아하게 되지는 못했는데, 이제는 그 이유를 알 것 같다. 그 운율이 내 귀에 그리 흡족치 못했던 것이다. 그러나 그 후에 아서의 서가에서 《세계의 끝에 있는 우물 *The Well at the World's End*》을 발견했다. 나는 그 책을 보았고—목차를 훑어보았다—, 그 책에 빠져들었으며, 바로 다음 날 내 책을 사기 위해 시내로 달려갔다. 새로운 발걸음을 내딛을 때 흔히 그렇듯이 이 책도 부분적으로는 옛것을 되살리

---

85) 키츠가 1820년에 발표한 장시 〈성 아그네스 축일 전야 *The Eve of St. Agnes*〉에 나오는 남자 주인공.

는 듯—아주 어린 시절에 읽었던 '갑옷 입은 기사'를 되살리는 듯—보였다. 그때부터 〈이아손의 삶과 죽음 *The Life and Death of Jason*〉, 〈지상의 낙원 *The Earthly Paradise*〉, 산문으로 된 기사 이야기 등 그의 작품을 닥치는 대로 읽어 나갔다. 이렇게 새로운 즐거움이 점점 커지면서, '윌리엄 모리스'라는 글자가 '바그너'라는 글자가 발산하는 것과 같은 마력을 지니게 되었음을 문득 깨달았을 때, 거의 배신자가 된 듯한 감정을 느끼기도 했다.

아서는 책의 몸을 사랑하는 법도 가르쳐 주었다. 나는 늘 책을 아꼈다. 형과 나는 사다리는 거침없이 잘라 버리면서도, 책에 침 묻은 손자국을 내거나 가장자리를 너덜너덜하게 만드는 것은 부끄러운 일로 여겼다. 그러나 아서는 단순히 책을 아끼는 것이 아니라 책 그 자체에 반해 있었다. 나도 금세 그렇게 되었다. 각 쪽의 구성, 종이의 촉감과 향기, 책장을 넘길 때마다 매번 다르게 나는 소리들은 감각적인 즐거움을 주었다.

이참에 커크 선생님의 흉을 하나 보아야겠다. 선생님은 종종 내가 새로 산 고전 텍스트를 가져가서 그 험한 손으로 쥐고 책표지가 휠 때까지 구부려서 책장마다 선생님의 흔적을 남기곤 했다.

"그래, 생각난다."

아버지가 말씀하셨다.

"노크 선생님의 한 가지 결점이었지."

"아주 나쁜 결점이었어요."

내가 말했다.

"거의 용서할 수 없는 결점이었지."

아버지가 말씀하셨다.

11

체크

밤이 깊으면 새벽이 온다.
〈올딩거 경 이야기 *Sir Aldingar*〉

'기쁨'의 역사가 바그너 음악과 북유럽 신화 및 켈트 신화의 거대한 물결을 타고 찾아와 다시 개시되었다고 말한 지도 꽤 되었으니, 이제 그 이야기를 해야겠다.[86]

내가 발할라와 발퀴레로부터 얻은 첫 즐거움이 어떻게 해서 나도 모르는 사이에 학자적 관심으로 바뀌게 되었는지에 대해서는 이미 넌지시 밝힌 바 있다. 나는 고대 독일어를 모르는 소년이 도

---

86) 체스에서는 상대방 '킹'을 꼼짝 못하게 가둔 쪽이 승리하게 되는데, '체크'는 그렇게 '킹'을 꼼짝 못하도록 공격했을 때 쓰는 말로서 장기의 '장군'에 해당한다. '킹'이 '체크' 상태가 되면 '킹'을 움직여 공격하는 상대방 말을 잡거나 상대방의 행마로에 다른 말을 놓아 막을 수 있는데, 이런 방법으로도 막을 수 없게 되면 '체크메이트'가 되어 경기가 끝난다. 루이스는 11장의 연장선상에서 14장에 '체크메이트'라는 제목을 달았다.

달할 수 있는 최대치에 도달했다. 이 분야에 관한 한 상당히 전문적인 시험도 통과할 수 있을 정도였다. 그때 항간의 서투른 사람들이 후기의 신화적인 사가Sagas와 고전적인 사가를 혼동하거나 산문 에다 Edda와 운문 에다를 혼동하는 것, 또는 더 무지하게도 사가와 에다를 헛갈리는 것을 보았다면 상당히 한심스러워했을 것이다.[87] 나는 에다 세계의 지리에 정통했으며, 애쉬 족의 뿌리를 각각 짚어 낼 수 있었고, 누가 누구의 자손이고 선조인지 꿰뚫고 있었다.

그런데 아주 조금씩, 이 모든 것들이 본래의 '기쁨'과는 아주 다르다는 생각이 들기 시작했다. 그럼에도 불구하고 나는 세부사항을 점점 더 파고 들어갔으며, 결국 "지식은 한껏 늘되 즐거움은 그만큼 사라져 버리는" 순간을 맞이하게 되었다. 열심히 신전을 짓던 나는 마침내 신이 더 이상 이곳에 머물지 않고 날아가 버렸음을 화들짝 깨닫게 되었다. 물론 그때도 이런 식의 표현을 쓴 것은 아니었다. 아마도 단순히 "예전의 전율이 느껴지지 않는다"고 말했을 것이다. 워즈워스 식의 곤경에 처한 나는 "꽃의 영광"이 사라진 것

---

87) 사가는 중세 아이슬란드 문학의 한 장르로, 넓게는 글의 성격이나 목적에 상관없이 산문으로 쓰어진 모든 이야기나 역사 이야기를 가리키는 말이며, 좁게는 저자가 상상력을 이용하여 과거의 일들을 재구성하기 위해 특정한 미적 원칙에 따라 주제를 조합하여 만들어 낸 전설과 역사소설을 가리킨다. 에다는 13세기에 편찬된 2권의 책에 실려 있는 고대 아이슬란드 문학 작품집을 말하는데, 이 두 권의 책을 흔히 《산문 에다》(또는 《새 에다》)와 《시 에다》(또는 《옛 에다》)로 구분한다. 에다는 게르만 신화에 관한 한 가장 충실하고 자세한 자료이다.

을 탄식했다.

그때부터 예전의 전율을 되찾겠다는 중대한 결심을 하게 되었지만, 결국은 이런 노력이 전부 허사라는 사실을 인정하지 않을 수 없었다. 나에게는 떠나 버린 새를 불러들일 미끼가 없었다. 내 눈이 얼마나 어두웠는지 보라. 바로 그 순간, 내가 잃어버린 기쁨을 예사롭지 않은 충만함으로 맛보았던 과거의 장소와 시간이 떠올랐다. 하얗게 안개 낀 아침, 어느 언덕길을 걷고 있을 때였다. 아버지에게 크리스마스 선물로 막 받은 《니벨룽겐의 반지》에 속한 또 다른 이야기(〈라인의 황금〉과 〈발퀴레〉)를 읽을 생각을 하면서 쌀쌀하면서도 고적한 언덕길을 걷고 있었는데, 가지마다 매달린 물방울들과 저 멀리 보이지 않는 마을에서 들려오는 웅웅대는 소리가 내 마음에 무언가를 향한 동경(그것은 동경인 동시에 성취이기도 했다)을 불러일으켜 온몸을 휘감았다. 나는 그때의 산책을 떠올렸다. 그때는 정말 천국을 맛본 기분이었다. 그 순간만 되돌릴 수 있다면!

그러나 나는 과거의 그 순간을 떠올렸을 때 이미 그 순간이 되돌아왔다는 사실—바로 그때의 산책을 기억함으로써 똑같은 기쁨을 새롭게 경험했다는 사실—을 전혀 깨닫지 못했다. 그렇다. 나는 갈망했지만 소유하지 못했다. 그러나 그때 산책길에서는 갈망하는 동시에 소유한 것을 느꼈다. 그것은 이런 종류의 갈망 자체가 곧 갈망의 대상이라는 점에서, 또 그 갈망이야말로 지상에서 얻을 수 있는 최고의 소유라는 점에서 '소유'라고 할 수 있었다. 또는 '기쁨'의 본질 그 자체가 갖는 것과 바라는 것을 나누는 통상적인 구분을 무의미하게 만든다고 해도 될 것이다. 거기에서는 갖는 것이 곧 바라는 것이며 바라는 것이 곧 갖는 것이다.

이처럼 내가 기쁨의 통증을 느끼기를 동경한 그 순간 자체가 나에게 또 한 번의 통증을 안겨 주었다. 한때 발할라에 내려앉아 있었던 갈망의 대상은 이제 과거의 특정한 순간에 내려앉아 있었다. 그럼에도 불구하고 우상숭배자에 형식주의자였던 나는 그 대상이 거기 있는 것을 알아보지 못한 채, 오직 내가 그를 위해 지은 신전에만 나타나야 한다고 고집했다. 그는 신전을 짓는 과정에만 관심이 있을 뿐 다 지어진 신전에는 관심이 없다는 사실을 나는 몰랐다. 내가 볼 때 워즈워스가 평생 저지른 실수가 바로 이런 것이었다. 《서곡 The Prelude》을 채우고 있는 바, 사라진 비전에 대한 상실감이야말로 바로 워즈워스가 찾던 비전이었다고 나는 확신한다. 그러나 워즈워스는 그것을 믿지 못했다.

예수님의 무덤에서 천사들이 "어찌하여 산 자를 죽은 자 가운데서 찾느냐? 여기 계시지 않고 살아나셨느니라"[88]고 꾸짖었던 여인들의 오류와 내 오류를 비교하는 것은, 적어도 내 사고체계 내에서는 신성모독이 아니다. 물론 무한히 중요한 순간에 일어난 사건과

---

88) 누가복음 24장 5-6절.

아주 사소한 사건을 비교하는 것이라고 말할 수는 있다. 마치 진짜 태양과 이슬에 비친 태양의 모습을 비교하는 격이다. 그럼에도 불구하고 내가 볼 때 이 두 가지 오류는 정말 비슷하다. 나는 단순한 상상의 경험과 기독교적인 경험 사이의 유사성을 단순한 우연의 산물로 생각지 않는다. 나는 상상뿐 아니라 모든 사물이 다 그 나름대로의 방식으로 하늘의 진리를 반영하고 있다고 생각한다. '반영 reflect'은 중요한 단어이다. 상상의 삶은 영적인 삶이라는 좀더 높은 단계로 나아가기 위한 낮은 단계의 출발점이나 첫걸음이 아니다.[89] 그것은 하나의 이미지일 뿐이다. 적어도 나의 경우에는 상상의 삶에 믿음의 요소도 없었고 윤리의 요소도 없었다. 설사 내가 상상의 삶을 더 추구했다 해도 그로 인해 더 현명해지거나 더 선량해지는 일은 일어나지 않았을 것이다. 그럼에도 불구하고 상상의 삶은 스스로 반영하고 있는 실재의 형태를 여전히 간직하고 있었다. 비록 많은 부분이 지워진 상태이기는 했지만 말이다.

설사 다른 모든 것이 이 두 경험 사이의 유사성을 암시해 주지 않는다 해도, 최소한 우리가 양쪽 차원에서 정확히 똑같은 실수를 저지를 수 있다는 사실만 보아도 그 유사성을 짐작할 수 있다. 내가 벨젠에 있을 때, 내 힘으로 기도제목을 '달성'하려 드는 비뚤어진 주관주의에 빠져 신앙생활을 망쳤던 일을 기억할 것이다. 그때

---

89) 즉 본질적으로 반드시 상상의 단계를 거쳐야 하는 것은 아니라는 뜻이다. 물론 하나님께서는 상상을 하나의 출발점으로 삼으실 수도 있지만 말이다. ─지은이 주

나는 하나님을 도외시한 채 내 마음상태에만 신경을 썼고, '내 마음대로' 그런 마음상태를 만들어 내고자 애를 썼다. 나는 어처구니없게도 상상의 삶에서도 아주 똑같이 큰 잘못, 똑같이 한 쌍을 이루는 잘못을 저질렀다.

첫 번째 잘못은 '예전의 전율'이 점점 드물게 느껴진다는 불평을 명확히 표현하는 순간 저질러졌다. 나는 그 불평을 하면서 내가 원하는 것이 '전율', 즉 내 마음상태라고 슬쩍 가정해 버렸다. 여기에는 치명적인 오류가 숨어 있다. '전율'은 우리의 관심과 욕망이 나 외의 어떤 것—그것이 멀리 있는 산이든지, 과거든지, 아스가르드의 신들이든지 간에—에 온전히 쏠릴 때에만 찾아온다. 그것은 부산물이다. 전율이 느껴진다는 것은, 우리가 전율 그 자체가 아니라 무언가 다른 것, 바깥의 것을 갈망해야 한다는 것을 전제로 한다. 설사 잘못된 자기 수행이나 약을 통해 내면에 전율을 일으킬 수 있다 해도, 그런 전율에는 아무 가치가 없다는 사실이 곧 드러나게 되어 있다. 전율의 대상이 사라진 자리에 무엇이 남겠는가? 이미지들의 소용돌이와 횡경막을 들썩이게 만드는 감각, 한순간의 몽롱함뿐이다. 누가 그런 것을 원하겠는가? 이것이 내가 말한 첫 번째 치명적인 오류, 인생의 모든 단계에 나타날 뿐 아니라 어떤 단계에서든지 똑같이 치명적으로 작용하는 오류로서, 이런 오류는 믿음을 자기도취적인 사치로 만들며 사랑을 자위행위로 만든다.

두 번째 오류는 이런 마음상태를 목표로 잘못 설정해 놓은 다음 그 상태를 만들어 내고자 애쓴 것이다. 북방성의 매력이 시들해지고 있었을 때, 나는 내가 '갈망하는 것', 즉 '갈망의 대상'이 신화체계처럼 비교적 공개되어 있는 외부적인 것들보다 더 멀리 있고 더 외부에 있으면서 덜 주관적인 것으로서, 신화체계 같은 것들이 주는 기쁨은 사실상 좀더 멀리 있는 그 대상의 빛이 배어 나온 것에 불과하다는 결론을 끌어냈어야 했다. 그러나 나는 그 대상을 내 속에 있는 어떤 분위기 내지는 상태로 생각해서, 어떤 상황에서든 다시 경험할 수 있다는 결론을 내렸다. 그리하여 '그 상태를 다시 누리는 것'이 내 지상목표가 되었다. 시를 읽거나 음악을 듣거나 산책을 나갈 때마다 나는 마음에 열성적인 보초를 세워 놓고 그 축복된 순간이 시작되는지 지켜보게 하는 한편, 그런 순간이 시작되는 즉시 힘써 붙들어 두게 했다. 그러나 나는 아직 젊었고 내 앞에는 아름다움의 세계가 활짝 펼쳐져 있었기 때문에, 이처럼 나 자신이 불러들인 주제넘은 방해꾼들은 종종 한쪽으로 쫓겨나고 문득 나 자신을 망각하면서 다시 한 번 '기쁨'을 맛보는 순간들이 찾아오곤 했다. 그러나 '기쁨'을 꾀어들이려는 탐욕스러운 조바심으로 인해 오히려 그것을 쫓아내 버릴 때가 훨씬 더 많았고, 기쁨이 찾아왔을 때에도 나의 지나친 성찰 때문에 파괴되고 말았으며, 본질에 대한 잘못된 전제 때문에 항상 천박해져 버렸다.

그러나 그때 이후 인간의 마음에서 흔히 일어나는 혼동들로부터 벗어나는 방법을 한 가지 배웠다. 나는 경험을 통해 이런 동경이 성욕을 숨기기 위한 구실이 아님을 알게 되었다. 청소년들에게 마음 맞는 애인을 찾아 주면 더 이상 '불멸의 동경'을 느끼지 않을 것이라는 생각은 확실히 착각이다. 부끄러운 일이지만, 나는 이런 착각을 거듭하는 단순한 과정을 거쳐, 이것이 정말 착각임을 깨달았다. 북방성과 육감적인 환상의 차이를 모른 채 전자에서 후자로 옮겨 가기는 쉽지 않다. 그러나 모리스의 세계가 자주 '기쁨'을 전해 주는 매개체 노릇을 하게 되면서, 그러한 전이가 가능해졌다. 나는 아주 쉽게, 숲에 사는 여인들 때문에 숲을 탐낸다고 생각했으며, 헤스페로스의 딸들[90] 때문에 그의 정원을 탐내며, 강의 님프들 때문에 하일라스의 강을 탐낸다고 생각했다. 나는 자꾸자꾸 그 길을 따라가다가 마침내 그 끝에 도달했다. 그 끝에는 쾌락이 있었다. 그리고 즉시 그 쾌락(어떤 쾌락이든 마찬가지지만)은 내가 갈망한 대상이 아니라는 사실이 드러났다.

그것은 도덕의 문제가 아니었다. 그 당시 나는 쾌락과 관련해서 인간이 비도덕적이 될 수 있는 한도에 거의 육박해 있었다. '고상한' 쾌락 대신 '저급한' 쾌락을 찾았다고 해서 절망을 느낀 것도 아니었다. 나의 쾌락을 망쳐 버린 것은 그 엉뚱한 결말이었다. 사냥개들은 냄새를 잘못 맡았다. 잡고 보니 엉뚱한 사냥감이었던 것

---

90) 헤라 여신의 황금 사과나무를 지키는 요정들. '헤스페리데스'라고 부른다.

이다. 내가 말하는 갈망 앞에 성적인 쾌락을 들이대는 것은, 마치 목이 말라 죽어가는 사람에게 양고기를 들이대는 것이나 다름없었다. 나는 이런 육감적인 결말 앞에 순결한 공포로 움츠러들면서 "이게 아닌데!"라고 소리치지 않았다. 내 느낌은 차라리 '좋아, 알았어. 하지만 우리가 목적지를 잃고 옆길로 빠진 것은 아닐까?' 하는 쪽에 가까웠다. '기쁨'은 성의 대체물이 아니지만, 성은 기쁨의 대체물이 될 때가 아주 많다. 나는 모든 쾌락이 기쁨을 대체하고 있는 것은 아닐까 하는 생각을 가끔 한다.

내 상상의 삶은 이상과 같았다. 그리고 그와 상반되는 자리에 지적인 삶이 있었다. 내 정신을 이루고 있었던 이 두 반구半球는 날카로운 대조를 이루고 있었다. 한쪽에는 시와 신화의 다도해多島海가 있었고, 다른 한쪽에는 그럴듯해 보이기는 하지만 사실은 얄팍한 '합리주의'가 있었다. 나는 내가 사랑하는 것들은 거의 모두 상상의 영역에 속해 있다고 믿었다. 그리고 내가 실재라고 믿고 있던 것들은 거의 모두 음산하고 무의미하다고 생각했다. 예외라면 몇몇 사람들(내가 사랑하면서도 실재라고 믿고 있었던 사람들)과 자연이 있을 뿐이었다. 그 자연은 감각에 호소하는 자연이었다. 나는 '자연은 어떻게 그토록 아름다우면서, 동시에 그토록 잔인하고 소모적이고 허망할 수 있을까' 하는 문제에 끝없이 매달렸다. 이처럼 그 당시의 나는 "좋은 것은 모두 상상에 속해 있다. 실재하는 것은 모두 악하다"라는 산타야나George Santayana의 말에 거

의 동의하고 있었다. 나는 어떤 의미에서 '현실도피'나 다름없는
데 빠질 수도 있었다. 그러나 헛된 희망을 품는 일과는 워낙 거리
가 먼 사람이었던 탓에, 참된 것들은 늘 내 소원과 반대된다고 생
각했다.

거의 그랬다는 것이지 완전히 그랬다는 것은 아니다. 커크 선생
님의 합리주의 덕분에 알게 된 바에 따르면, 이 세상에도 내 소원
들을 충족시킬 수 있는 방법이 한 가지 있었다. 그 방법은 음울하
고 치명적인 것일 수도 있었으나, 적어도 기독교의 하나님과는 상
관없는 것이었다. 어떤 사람들은(모든 사람이 그렇지는 않겠지만) 왜
이 사실이 내 눈에 그토록 엄청난 장점으로 보였는지 이해하기가
힘들 것이다. 그러나 독자들은 나의 전력과 기질을 참작해야 한
다. 올디의 학교에서 보낸 신앙의 시기에는 상당 부분 두려움이
섞여 있었다. 나는 그 두려움을 떠올리면서, 또 쇼와 볼테르와 "종
교는 수많은 악을 조장할 수 있다"는 루크레티우스의 발언에 부추
김을 받아, 내 기억에서 두려움의 요소는 엄청나게 부풀린 반면
그와 연관된 다른 많은 요소들은 다 잊어버리고 말았다. 나는 어
떤 대가를 치르더라도 기숙사에서 경험했던 그 보름달 휘황하던
밤은 다시 겪지 않기를 바랐다.

독자들도 기억하다시피 나는 적극적인 요구보다 소극적인 요구
가 강한 사람이어서, 행복을 성취하기보다는 고통을 피하는 데 더
급급했고 내가 동의하지도 않았는데 창조되었다는 사실에 분노

비슷한 것을 느끼고 있었다. 한정된 책임만 질 것을 요구하는 유물론자들의 세계는 나 같은 겁쟁이에게 한없는 매력으로 다가왔다. 유물론의 세계에서는 철저하게 무한한 재앙이 나를 덮칠 수 없었다. 죽으면 모든 것이 끝이기 때문이었다. 또 유한한 재앙이 올 때에도 그것이 내 생각보다 견디기 힘들 때에는 언제든지 자살해 버리면 그만이었다. 기독교의 세계가 주는 공포는 거기에 **출구**라고 쓰인 문이 없다는 데 있었다.

기독교의 겉모습이 내 미적 감각에 매력적으로 보이지 않았다는 점도 무시할 수 없는 요인으로 작용했을 것이다. 나는 대체로 동방의 이미지와 스타일을 싫어했다. 그 밖에도 기독교는 내가 볼 때 주로 보기 싫은 건축물, 듣기 싫은 음악, 형편없는 시와 연관되어 있었다. 와이번의 작은 수도원과 밀턴의 시는 내 경험상 기독교 신앙과 아름다움이 겹쳐진 거의 유일한 예였다.

그러나 무엇보다 문제가 되었던 것은 내 마음속 깊이 자리잡고 있던 권위에 대한 증오감과 괴물 같은 개인주의, 무법성이었다. 내 사전에 **간섭**보다 더 혐오스러운 말은 없었다. 그런데 기독교의 중심에는 그 당시 나에게 '초월적 간섭자'처럼 보였던 것이 버티고 있었다. 기독교의 생각이 옳다면, '현실과의 타협'은 불가능할 수밖에 없었다. 영혼의 아무리 내밀한 곳에도(아니, 내밀한 곳이기 때문에 더욱) '출입금지'라는 철조망을 쳐 놓을 수 있는 영역은 없었다. 그런데 나는 바로 그런 영역을 원했다. 아무리 작다 해도

"여기는 내 구역이니 아무도 상관 마시오"라고 말할 수 있는 영역을 원했던 것이다.

이 점에서, 일단은 이 점에서 나는 헛된 희망을 품는 죄를 지었다고 할 수 있다. 거의 확실히 나는 그 죄를 지었다. 유물론의 개념이 내 소원 중 적어도 이 한 가지를 편들어 주지 않았다면 그렇게까지 그럴듯해 보이지 않았을 것이다. 그러나 아무리 소년의 사고라도 전적으로 그 소원만 가지고 설명하기는 어렵다. 이렇게 큰 문제의 경우에 소년은 항상 양면적인 소원을 품게 마련이기 때문이다. 정상적인 사람이 받아들이는 실재의 개념에 따르자면, 성취되는 소원도 있고 좌절되는 소원도 있게 마련이다. 유물론의 우주는 나에게 근사하면서도 부정적인 매력을 제공했다. 거기에는 '다른 것'이 없었다. 그리고 그 사실을 받아들여야 했다. 그 세계에 속하려면 원자의 의미 없는 춤을 지켜 보면서(내가 루크레티우스를 읽고 있었다는 점을 기억하라), 외면의 아름다움이란 주관적인 인광燐光에 불과하다는 사실을 인정하고, 내가 가치 있게 여겼던 모든 것을 신기루로 격하시켜야 했다. 나는 그 대가를 충실하게 지불하고자 노력했다. 커크 선생님에게 지성인의 명예가 어떤 것인지, 제멋대로 이랬다 저랬다 하는 것이 얼마나 부끄러운 일인지에 대해 배운 바가 있었기 때문이다.

물론 스스로 '계몽'되었다고 생각해서 젊은이 특유의 천박한 자부심에 부풀기도 했다. 나는 아서와 논쟁을 할 때 깡패처럼 굴었다. 지금 생각하면 대부분의 논쟁이 터무니없이 미숙하고 시시한 것들이었다. 나는 '하나님 God'을 '야훼 Jahveh'라고 부르고, '지저스 Jesus'를 '예수아 Yeshua'라고 불러야 훨씬 효력이 있다고 여기는 아이 같은 생각을 가지고 있었다.

그때를 돌아보면, 어떻게 기독교와 정반대되는 통설로 나아가지 않았는지—좌파나 무신론자나 지적인 독설가 등 우리가 잘 알고 있는 부류가 되지 않았는지—신기하다. 그렇게 될 만한 조건은 다 갖추고 있었던 것 같은데 말이다. 나는 사립학교가 싫었다. 대영제국에 대해 내가 알고 있는 것이든 상상하고 있는 것이든 다 싫었다. 또 모리스의 사회주의에 대해서는 아는 바가 거의 없었지만 (나는 사회주의보다 모리스의 다른 부분들이 훨씬 더 궁금했다), 쇼를 계속 읽으면서 미약하나마 사회주의에 가까운 정치적 견해를 형성해 가기 시작했다. 러스킨 John Ruskin도 같은 방면에서 도움을 주었다. 평생 감상주의를 경계했던 나의 기질도 열성적인 '폭로자 debunker'의 자질을 갖추는 데 기여한 것이 틀림없다. 내가 누구보다 '집단성'을 싫어했던 것은 사실이다. 그러나 그 당시에는 집단성과 사회주의의 관계에 대해 전혀 깨닫지 못했다. 내 생각에는 나의 낭만주의적 성향 때문에 정통 지식인들의 책을 접하자마자 내던져 버린 것 같다. 나처럼 집단행동과 미래에 대해 비관적인 사람이 혁명적이 되려면 엄청난 난관을 극복해야 하는 법이다.

이것이 그 당시 나의 상황이었다. 즉 관심은 거의 온통 신과 영웅, 헤스페리데스의 정원, 랜슬롯과 성배에 쏠려 있었으면서, 신념이라는 측면에서는 원자와 진화와 군 복무만 옳다고 믿고 있었다. 가끔 이 둘 사이의 긴장이 심각해지곤 했는데, 그러나 그것은 건전한 심각함이었다고 생각한다. 또한 부컴 시대 말기로 가면서 자리잡게 된 유물론적인 '신앙'(이를테면)이 가끔 가다 흔들리곤 했던 것이 단지 나의 희망사항들 때문이었다고는 생각지 않는다. 그 동요의 원인은 다른 곳에 있었다.

그 당시 내가 읽고 있던 시인들 중에(나는 《선녀 여왕》과 〈지상의 낙원〉을 전부 읽었다) 여타의 시인들과 확연히 구분되는 사람이 한 명 있었다. 그는 예이츠였다. 내가 그 차이를 발견한 것은 예이츠의 작품을 읽기 시작한 지 한참 지났을 때로서, 만약 〈연금錬金된 장미 *Rosa Alchemica*〉나 〈달의 다정한 침묵으로 *Per Amica Silentia Lunae*〉 같은 그의 산문을 같이 읽지 않았다면 영원히 그 차이를 발견하지 못했을지도 모른다. 그 차이란 바로 예이츠가 믿는 사람이었다는 것이다. 그가 말한 '영생하는 존재'는 단순히 꾸며 낸 것도 아니었고, 단순한 갈망의 표현도 아니었다. 그는 정말로 그런 존재들이 사는 세계가 있다고 믿었고, 그 세계와 이 세계의 접촉이 가능하다고 믿었다. 아주 간단히 말하자면 그는 '마법'을 진지하게 믿었다. 시인으로서 말년의 이력 때문에 대중적인 평가에서 이 단계가 다소 모호해져 버렸음에도 불구하고, 이것은 분명한 사실이다. 나는 몇 년 후 직접 그를 만나서 이 점을 확인했다.

여기에 난점이 있었다. 독자들도 알다시피 내 합리주의의 근거는 반드시 나 자신이 과학적인 발견이라고 믿는 바에 있어야 했는데, 나는 과학자가 아니었기 때문에 남의 말—그러니까 권위 있는 사람의 말—에서 그 근거를 끌어와야만 했다. 그런데 이제 정반대의 주장을 하는 권위자를 만난 것이다. 만약 그가 그리스도인이었다면 그의 증언을 무시했을 것이다. 나는 스스로 그리스도인들에게 '등급'을 매겨서 영원히 추방해 버렸다고 생각하고 있었기 때문이다. 그러나 이제 나는 전통적인 정통파 신자가 아님에도 불구하고 유물론자들의 철학 전체를 거부하는 사람이 있다는 사실을 알게 되었다. 물론 나는 여전히 너무나 순진했다. 엉터리 같은 책들이 얼마나 많이 집필되고 있고 출판되고 있는지 알지 못했으니 말이다. 나는 예이츠가 학식 있고 명망 있는 작가인 만큼, 그의 발언은 틀림없이 고려할 가치가 있을 것이라고 생각했다.

예이츠 다음으로 빠져든 작가는 모리스 메테를링크 Maurice Maeterlinck였다. 그 당시에는 모든 사람들이 그의 작품을 읽고 있었던 데다가 반드시 프랑스어 책을 많이 읽겠다는 결심도 세워둔 터여서 멋도 모르고 자연스럽게 그에게 빠져들었다. 나는 그의 작품 속에서 강신론과 접신학과 범신론에 부딪혔다. 물질 세계 너머, 또는 주변에 또 하나의 세계가 있다고 믿는 명망 있는 성인成人(그리스도인이 아닌 성인)을 또 한 사람 만난 것이다. 공정하게 말해서, 그에게 절대적으로 동의한 것은 아니었다. 그러나 한 방울의 의심이 내 유물론의 수면 위에 떨어졌다. 그것은 '어쩌면' 이라는 단순한 말 한마디였다. 어쩌면 '무언가 다른 것' 이 있을지도 모른다(아, 기쁘다!). 어쩌면 그 '무언가 다른 것' 은 기독교 신학과 아무 관계가 없을지도 모른다(아, 안심이다!). 이렇게 '어쩌면' 이라는 말 앞에서 잠시 머뭇거리는 순간, 옛날에 들었던 신비학의 민담과 샤르트르의 사감 선생님이 아무 생각 없이 부추겼던 흥분이 과거로부터 되살아났다.

이제 불에 기름을 부은 격이 되었다. 그때껏 내 마음속에서 서로 멀찌감치 떨어져 있던 두 가지가 그 즉시 합쳐졌다. '기쁨' 을 향한 상상 속의 동경(아니 차라리 '기쁨' **그 자체**가 곧 동경이었다고 하는 편이 낫겠다)과, 신비학과 초자연적인 것 등을 탐욕스럽게 넘보던 색욕 비슷한 욕망이 서로 합쳐진 것이다. 그와 더불어 왠지 모르게 불편한 마음, 놀이방에서 놀던 시절부터 잘 알고 있었고 그 후에도 오랫동안 마음속에 머물고 있었던(정직하게 말하면 그렇다) 태곳적 두려움이(반갑지 않게도) 찾아왔다. 사람의 마음에는 일종의 중력이 있어서, 선은 선을 부르고 악은 악을 부르는 법이다. 반감과 욕망이 뒤섞여 내 마음속에 있는 다른 모든 나쁜 것들을 끌어당겼다. 신비학 지식을 가지고 있던 사람들은 극소수로서 많은 이들의 규탄을 받았다는 사실이 오히려 더 큰 매력으로 다가왔다. 독자들도 알겠지만 '소수의 우리' 라는 것은 내게 주술적인 표현이었다. 그 지식을 얻는 수단이 '마법'—세상에서 가장 비정통적인 것, 그리스도인의 기준에서 보나 합리주의자의 기준에서 보나 비정통적인 것—이라는 사실이 내 속에 있던 반항심을 만족시켰다. 나는 그때 이미 낭만주의의 타락한 측면에 정통해 있었다. 〈애넉토리아에게 바치는 송가 Ode to Anactoria〉와 와일드 Oscar Wilde를 진작에 읽었고 비어즐리 Abrey Beardsley[91]에 몰두했으며, 그때까지 거기에 그렇게 큰 매력을 느낀 것은 아니었지만 그렇다고 도덕적 판단을 내리지도 않았다. 나는 이제야말로 요점을 파악하기 시작했다고 생각했다. 한마디로 말하자면, 내 인생에는 이미 '세상'과 '육체'가 들어와 있었는데 이제 '마귀'까지 들어오게 된 셈이었다. 만약 이웃에 마법 같은 것에 취미가 있는 연장자라도 있었다면(이런 사람들은 제자가 될 만한 사람을 잘 알아보는 법이다) 악마주의자나 미치광이가 되었을지도 모를 일이다.

그러나 실제로 나는 놀랍게 보호받았고, 이런 정신적인 방황도 결국은 좋은 결과를 낳게 되었다. 처음에는 무지와 무능함이 보호막이 되어 주었다. 마법이 진짜 가능한 것이든 아니든 간에 어쨌든 나를 그 길로 인도해 줄 스승이 한 명도 없었던 것이다. 겁이 많

---

91) 〈애넉토리아에게 바치는 송가〉는 그리스의 서정시인 사포 Sappho의 시이며, 와일드는 탐미적인 취향과 행동으로 빅토리아 여왕 시대 말기 유미주의 문학 운동의 정점에 서 있었던 인물이다. 비어즐리는 영국의 삽화가로서 유미주의의 영향 아래 우아한 선과 관능적인 여체가 특징적인 삽화를 그렸다. 와일드의 희곡 《살로메》의 삽화가로 유명했다.

은 것도 보호막이 되었다. 어린 시절의 공포를 떠올리는 것이 적어도 낮에는 탐욕과 호기심의 묘미를 더해 주었을 수 있다. 그러나 밤에 혼자 있을 때면 다시금 엄격한 유물론자가 되기 위해 무진 애를 쓰곤 했는데, 늘 뜻대로 되지는 않았다. '어쩌면'은 불안을 일깨우기에 충분한 말이었다.

그러나 이 모든 것보다 훌륭한 보호막은 내가 알게 된 '기쁨'의 본질이었다. 한계를 무너뜨리고 장막을 찢어 비밀을 드러내고자 하는 탐욕스러운 갈망에 오래 몰두하면 할수록, 그것이 '기쁨'과는 다른 종류의 동경이라는 사실이 분명해졌다. 그 조악한 힘은 곧 자기 정체를 드러냈다. 나는 천천히, 원점으로 돌아가기를 몇 번이나 거듭하는 가운데, 마치 육감적인 결말이 기쁨과 전혀 상관이 없었던 것처럼 마법의 결말도 기쁨과 전혀 상관이 없다는 사실을 깨닫기에 이르렀다. 이번에도 사냥개는 냄새를 잘못 맡았다. 만약 원이나 오각형, 4자 문자를 통해 실제로 영혼을 불러냈거나 불러낸 것처럼 보였다면, 아마 아주 흥미로운 일—사람의 신경이 그런 일을 견딜 수 있다면—이 되었을 것이다. 그러나 그때에도 진짜 갈망하던 대상은 손에서 빠져나가 버리고, 진짜 갈망만 남아서 이렇게 말할 것이다. "이것이 나와 무슨 상관이란 말이냐?"

나는 경험이야말로 정직한 것이기 때문에 경험을 좋아한다. 사람은 얼마든지 잘못된 길로 접어들 수 있다. 그러나 눈만 크게 뜨고 있으면 그리 멀리 가지 않아 경고 표지판을 볼 수 있다. 사람은 자신을 속일 수 있지만, 경험은 사람을 속이지 않는다. 사람이 공평하게 시험하기만 하면, 우주의 어느 부분에서든 참된 소리를 들을 수 있다.

그 어두운 방을 들여다본 또 다른 결과는 다음과 같은 것이었다. 첫째로, 나는 유물론이 참이기를 바라게 만드는 새로운 계기를 얻었으나, 동시에 그에 대한 확신은 더 줄어들게 되었다. 짐작하다시피, 그 새로운 계기는 유년 시절의 기억 속에 잠들어 있던 두려움을 멋대로 들쑤셔 놓은 데서 비롯되었다. 혼자 남고 싶어하지 않는 루이스 집안의 기질이 나온 것이다. 귀신을 무서워하는 사람은 누구나 유물론자가 되고 싶어한다. 유물론의 강령은 도깨비를 인정하지 않기 때문이다. 유물론에 대한 확신이 흔들리면서, 나는 그것을 '어쩌면'의 형태 안에 남겨 두는 한편, 직접적이며 심각한 마법의 '영향'은 떨쳐내 버리게 되었다. 그렇게 함으로써 우주는 지금 이곳에 적용되는 유물론의 아늑함과, 내가 모르는 그 무언가, 어딘가 저 너머에 있는 '고독한 사유를 위한 뜻밖의 공간'의 결합일 수도 있다는 기분 좋은 가능성이 열리게 되었다. 이것은 아주 나쁜 일이었다. 나는 양쪽을 다 소유하려 하고 있었다. 유물론과 유심론의 위안은 다 누리면서, 그 엄밀함은 어느 쪽에서도 취하려 하지 않았던 것이다.

그러나 두번째 결과는 그보다 나았다. 나는 신비학적인 것과 마법적인 것에 대해 건전한 적대심을 품게 되었으며, 이 적대심은 나중에 옥스퍼드에서 마법사와 심령술사 등을 만나게 되었을 때 큰 도움이 되었다. 그렇다고 해서 탐욕스러운 정욕의 유혹을 다시 받지 않게 되었다는 뜻은 아니다. 단지 그것이 유혹이라는 사실만큼은 인식하게 되었다는 뜻이다. 그리고 무엇보다 '기쁨'이 그 방향을 가리키고 있지 않다는 것을 알게 되었다.

"그때 이후로 '육체'와 '마귀'가 나를 유혹할 수는 있었어도 더 이상 최상의 미끼를 던질 수는 없었다"는 말로 이 시기 전체의 소득을 요약할 수 있을 것이다. 나는 그 미끼는 '육체'와 '마귀'가 줄 수 있는 선물이 아니라는 사실을 배우게 되었다. 그리고 '세상'이 그런 미끼를 가지고 있는 것처럼 보인 적은 한 번도 없었다.

이 모든 것에 더하여, 하나님의 충만한 자비 덕분에 한 가지 사건을 겪게 되었다. 이 사건은 다른 책에서 한 번 이상 언급한 바 있다. 나는 한 주에 한 번 정도 레더헤드까지 산책하는 습관이 있었는데, 돌아올 때는 가끔 기차를 타곤 했다. 여름에 주로 그렇게 했는데, 왜냐하면 레더헤드에는 자그마한 수영장이 있었기 때문이다. 기억도 안 나는 어린 시절부터 수영을 배워 중년에 슬슬 류머티즘이 생기기 시작할 무렵까지 물에서 놀기를 아주 좋아했던 나 같은 사람에게는 그보다 더 좋은 일이 없었다. 그러나 겨울에도 책을 사거나 머리를 깎으러 레더헤드에 가곤 했다. 내가 말하려는 사건은 10월 어느 날 저녁에 일어났다. 레더헤드의 나무로 된 긴 역사驛舍에는 나와 역무원 한 사람밖에 없었다. 주변은 이미 어둑

해져서 엔진 연기가 용광로 불빛을 반사하며 기차 아랫쪽을 벌겋게 물들이는 모습이 겨우 보일 정도였다. 도킹 계곡 너머 언덕은 짙푸른 나머지 보랏빛에 가까웠고, 하늘은 서리가 낀 듯한 차가운 초록빛으로 펼쳐져 있었다. 귀가 시렸다. 독서의 시간이 나를 기다리고 있는 신나는 주말이었다. 나는 책 판매대에서 먼지를 뒤집어쓰고 있는 조지 맥도널드George MacDonald의 《판테스티스 *Phantastes: A Faerie Romance for Men and Women*》를, 에브리맨 문고 판으로 집어들었다. 그러고 나자 기차가 들어왔다. 역무원이 듣기 좋은 색슨 족 특유의 음성으로 행선지 이름을 외치던 소리가 지금도 들리는 듯하다.

"부컴, 에핑엄, 호슬리 행 발차!"

그날 저녁부터 나는 새로 구한 책을 읽기 시작했다.

그 이야기 속에 나오는 숲 속 여행이나 유령들, 선과 악을 대변하는 여인들은 내가 별 변화를 느끼지 못한 채 빠져들 만큼, 평소 내가 좋아하던 이미지에 가까웠다. 잠든 사이에 국경을 넘어간 것 같기도 했고, 이쪽 나라에서 죽었는데 어찌된 일인지 새 나라에서 다시 살아 깨어난 것 같기도 했다. 어떤 의미에서 이 새 나라는 예전 나라와 아주 똑같았다. 나는 맬러리, 스펜서, 모리스, 예이츠에게서 발견했던 매력을 이 책에서도 고스란히 발견할 수 있었다. 그러나 다른 의미에서 보면 모든 것이 변했다. 나는 그 새로운 특질, 아노도스의 여행에 깃들어 있던 그 밝은 그림자를 뭐라고 불러야 할지 알 수 없었다(그것을 알게 되기까지는 그 후 오랜 시간이 걸려야 했다). 물론 지금은 알고 있다. 그것은 거룩함이었다. 난생 처음으로 세이렌[92]의 노래가 어머니나 유모의 음성처럼 들려왔다. 여기에는 할머니들의 옛 이야기가 있었으며, 그런 이야기들을 즐긴다는 것이 새삼스러운 자랑거리가 되지 않았다. 마치 세계 끝에서 나를 부르던 목소리가 이제 바로 내 옆에서 말하고 있는 것 같았다. 거룩함은 방 안에서, 또는 내 안에서, 또는 내 뒤에서, 나와 함께 있었다. 한때는 너무 멀어서 잡을 수 없었다면, 이제는 너무 가까워서 잡을 수 없었다. 너무 가까워서 볼 수 없었고 너무 평이해서 지식을 동원하여 이해할 수 없었다. 그것은 나와 항상 함께 있었던 것 같았다. 머리만 획 돌리면 잡을 수 있었을 정도로 말이다. 나는 내가 할 수 없는 무언가 때문이 아니라 내가 포기하지 못하는 무언가 때문에 그것이 손에 닿지 않는다는 사실을 처음으로 감지하게 되었다. 내가 나 자신을 제명시키고, 떠나 보내고, 철회할 수만 있다면, 그것은 내 곁에 찾아올 것이다.

한편 이 새로운 영역에서는 그때까지 '기쁨'을 찾는 나의 탐색을 헛갈리게 만들었던 온갖 혼란들이 힘을 잃었다. 이야기에 등장하는 장면들을 그 장면들에 깃들어 있는 빛과 혼동하게 만들거나 그 장면들을 실재로 착각하게 만드는 유혹도 없었고, 심지어 '이

---

92) 그리스 신화의 마녀로서 아름다운 노랫소리로 뱃사람들을 유혹하여 난파시켰다고 한다.

것이 실재라면 아노도스가 여행한 숲에도 갈 수 있고, 그럼으로써 내 갈망에 한 걸음 더 다가갈 수 있을 텐데'라고 꿈꾸게 만드는 유혹조차 없었다. 그러나 그와 동시에, 이야기 사이로 스치고 지나가는 '기쁨'의 바람이 이처럼 이야기 자체와 한덩어리가 된 적도 없었다. 신과 우상이 가장 가까워진 지점인데도, 신과 우상을 혼동할 위험은 가장 적었던 것이다.

그리하여 그 위대한 순간이 왔을 때, 나는 이야기 속에 나오는 숲이나 집에서 뛰쳐나와 그 위에서 빛나고 있는 실체 없는 빛을 찾으려 하는 대신, 그 빛이 점점 더 퍼져 나와(안개를 뚫고 빛을 내는 오전의 태양처럼) 숲과 집을 비추고, 내 과거의 삶을 비추고, 내가 앉아 있는 방을 비추고, 타키투스Tacitus를 읽으며 고개를 주억거리던 옛 선생님의 모습을 비추고 있음을 발견하게 되었다. 즉, 이 새로운 영역의 공기가 나 스스로 육욕과 마법으로 왜곡시킨 잘못된 '기쁨'들을 더러운 싸구려 물건으로 보이게 만드는 한편, 식탁 위에 놓인 빵이나 난로의 석탄에 걸어 놓은 매혹의 힘은 여전히 풀지 않았다는 사실을 인식하게 된 것이다.

그것은 경이로운 일이었다. 지금까지는 '기쁨'이 찾아올 때마다 일상생활이 잠깐씩 사막이 되어 버리곤 했다. "대지에 처음 발이 닿을 때 거의 죽는 것 같았노라." 실제 구름이나 나무가 환상의 소재가 될 때에도, 그 구름이나 나무의 역할은 다른 세상을 상기시키는 데 국한되었다. 나는 우리 세상으로 돌아오기가 싫었다.

그런데 《판테스티스》를 통해 책이 실제 세상에 밝은 그림자를 드리워 모든 평범한 사물을 변모시키면서도, 정작 그 그림자 자체는 변하지 않는 모습을 보게 된 것이다. 아니 더 정확하게 말하면, 평범한 사물이 그 밝은 그림자 안으로 이끌려 들어가는 모습을 본 것이다.

이것이 어찌된 일일까 Unde hoc mihi?[93] 내가 치욕의 심연에 빠져 있었을 때, 그 당시 누구도 깨뜨릴 수 없는 지적 무지로 완강하게 무장하고 있었을 때, 요청하지도 않았고 동의조차 하지 않았는데 이 모든 것이 주어졌다. 그날 밤, 나의 상상력은 어떤 의미에서 세례를 받았다. 별로 놀라운 일도 아니지만, 나머지 부분들이 다 세례를 받기까지는 더 오랜 시간이 걸려야 했다. 내가 도대체 무엇 때문에 《판테스티스》를 사게 되었는지 전혀 모를 일이었다.

---

93) 누가복음 1장 43절 하반절 참조.

1 2
무기와 전우

고상하고 젊고 활력이 넘치는 무리는 사람을
기쁘게 한다. 기교를 부리지 않고 대화할 수 있는 자유, 남성적이고
격식을 차리지 않는 삶의 방식은 사람을 기쁘게 한다.
몽테뉴 Michel de Montaigne

예전의 유형이 반복되기 시작했다. 부컴의 나날들은 길고 근사
했던 휴가처럼, 이제 막 끝이 나려 하고 있었다. 장학생 자격 시험
이 있었고, 그 뒤에는 군대의 그림자가 불길한 종말처럼 다가오고
있었다. 그 좋았던 시절은 마지막 몇 달에 이르러 더더욱 좋아졌
다. 특히 도네갈에서 수영하던 그 유쾌한 시간들이 잊혀지지 않는
다. 나는 파도 목욕을 했다. 그것은 요즘처럼 판을 타고 헤엄쳐 다
니는 것이 아니라 단순히 파도와 난투극을 벌이는 것인데, 물론
귀가 멍멍하게 으르렁거리는 괴물 같은 에메랄드 빛 파도가 언제
나 난투극의 승자가 된다. 어깨 너머로 '진작 알았으면 도망갈걸'
이라는 생각이 들 정도로 엄청나게 큰 파도가 덮쳐 오는 것을 발

견하는(너무 뒤늦게) 일은 우습기도 하고 무섭기도 하고 즐겁기도 하다. 파도는 서로 뒤엉켜 있다가 마치 혁명처럼 예측할 수 없이 불쑥 솟아오르기 때문에, 진작 알아채고 도망간다는 것은 불가능한 일이다.

1916년 늦은 겨울, 나는 옥스퍼드에 장학생 자격 시험을 보러 갔다. 평화시에 이 괴로운 시험을 치른 사람은 나처럼 덤덤하게 시험을 치른다는 것은 상상도 하지 못할 것이다. 그렇다고 내가 합격의 중요성을 과소평가했다는(어떤 의미에서) 뜻은 아니다. 나는 내가 이 세상에서 생계를 이어갈 방법은 대학에 남는 길 외에 거의 없다는 사실과, 수백 대 일의 경쟁이 걸린 이 게임에 나의 모든 것이 걸려 있다는 사실을 이미 잘 알고 있었다. 커크 선생님이 아버지에게 보낸 편지에 쓴 말은 정확한 것이었다(물론 나는 오랜 세월이 지난 후에야 그 편지를 볼 수 있었다). "자네 아들은 작가나 학자가 될 수는 있겠지만 다른 것은 못 될 걸세. **그 점**에 대해 마음의 준비를 하고 있게."

그 점에 대해서는 나도 잘 알고 있었고, 그래서 가끔 두려웠다. 그 두려움을 다소 무디게 해 준 것은, 장학금을 받든지 못 받든지 다음 해에는 군대에 가야 한다는 사실이었다. 1916년에는 나보다 다혈질인 사람이라도 '보병 소위로 복무할 사람이 앞으로의 상황을 전혀 예측할 수 없는 전후戰後의 삶에 대해 걱정한다는 것은 정신 없는 짓'이라고 생각했을 것이다.

한번은 이 부분을 아버지에게 설명하려 해 보았다. 그것은 부자 간에 맺고 있던 인위적인 관계의 틀을 깨고 진짜 나의 삶을 아버지에게 보여 드리려 했던 여러 번의 시도(자식으로서 부끄럽지 않을 만큼 자주 시도한 것은 아니었지만) 가운데 하나였다. 그 시도는 완전히 실패했다. 아버지는 근면하게 전심전력을 기울여야 할 필요성과 이미 내 교육에 쏟아 부은 돈의 액수, 나중에 아버지가 해 줄 수 있는 원조는 그저 그런 정도라는 점, 아니 사실은 거의 없다는 점에 대해 아버지다운 충고를 함으로써 즉각적인 반응을 보여 주셨다. 불쌍한 아버지! 공부를 소홀히 하는 것이 내 여러 가지 흠 중에 하나라고 생각하셨다면, 유감스럽게도 그것은 잘못된 판단이었다. '더구나 생사가 경각에 달려 있는 이때, 어떻게 장학금을 따고 못 따는 일 같은 걸 그렇게 중시하실 수 있을까?' 라고 나는 자문했다. 사실은 죽음(내 죽음이든 아버지 자신의 죽음이든 누구의 죽음이든 간에)이 종종 불안을 비롯한 여러 가지 감정의 주체로 아버지 앞에 생생하게 등장했을 때조차, 아버지는 죽음을 그야말로 미래에 일어날 수 있는 사실적인 일, 어떤 결과들을 야기시킬 수 있는 일로 생각지 않으셨다. 어쨌거나 대화는 실패였다. 나의 시도는 해묵은 암초에 걸려 산산조각이 났다. 내가 모든 것을 털어놓길 간절히 바라면서도 내 말은 알아듣지 못하신(엄격한 의미에서) 결과였다. 아버지는 자신의 생각과 다른 것이 들어올 수 있도록 마음을 비우거나 고요하게 만들지 못했다.

옥스퍼드와 첫 만남은 적잖이 우습게 이루어졌다. 나는 숙소를 미리 정하지 않았는데, 짐이라고는 달랑 손에 든 것이 전부였으므로 발걸음도 가볍게 기차역을 빠져나와 여기저기 걸어다니면서 여관이나 싼 호텔을 찾으려 했다. 나는 "꿈꾸는 첨탑들"과 "지난 날의 매혹"을 보고 싶어서 좀이 쑤셨다. 처음 눈앞에 펼쳐진 광경에 실망한 것까지는 참을 수 있었다. 도시는 언제나 기차역에서 볼 때 가장 엉망이기 때문이다. 그런데 걸으면 걸을수록 어리둥절해졌다. 이 초라한 가게들이 늘어선 거리가 정말 옥스퍼드라는 말인가? 그러면서도 다음번 모퉁이를 돌면 아름다운 모습이 펼쳐지겠지 기대하면서, 또 옥스퍼드는 내가 듣던 것보다 훨씬 큰 도시라고 생각하면서, 계속 걸어갔다. 그러다가 도시가 불과 얼마 남지 않았으며 사실은 내가 집들이 없는 지역을 향해 걸어가고 있다는 사실이 분명해지고 나서야 뒤를 돌아다볼 생각을 했다. 저 뒤쪽 멀찌감치 전설적인 첨탑들과 높은 건물들이 모여 서서 더없이 아름다운 자태를 보여 주고 있었다. 나는 기차역에서 방향을 잘못 잡아, 그때 벌써 초라하고 볼품없었던 보틀리 교외를 헤매고 있었던 것이다.

그때는 이 작은 모험담이 어느 정도까지 내 인생을 보여 주는 풍유가 되는지 알지 못했다. 그저 기차역으로 되돌아가, 아픈 다리로 마차를 잡아타고는 마부에게 "일주일 정도 머물 수 있는 곳으로 데려다 주십시오"라고 말했을 뿐이다. 지금 생각하면 위험한 방법이었지만 그때는 완벽하게 성공해서, 곧 편안한 여관에 자리를 잡고 앉아 차를 마실 수 있게 되었다. 홀리웰에서 맨스필드 가로 접어들어 오른쪽 첫 집이었던 그 여관은 지금도 여전히 그 자리에 남아 있다. 나는 카디프 칼리지에서 온 다른 수험생과 방을 함께 썼는데, 그 수험생은 카디프의 건물이 옥스퍼드의 어떤 건물보다 건축적으로 우월하다고 단언했다. 그의 박식함에 질리기는 했지만, 그래도 괜찮은 사람이었다. 나는 그 후 다시 그를 만나지 못했다.

그날 몹시 춥더니 다음 날부터 눈이 내리기 시작해서, 산봉우리들을 장식 크림 얹은 웨딩케이크 형상으로 만들어 놓았다. 시험은 어리얼 홀에서 치러졌는데, 우리는 모두 두꺼운 외투에 머플러를 두르고 최소한 왼쪽 손에 장갑을 끼고 시험을 치렀다. 펠프스 학장이 시험지를 나누어 주었다. 문제는 거의 기억나지 않지만, 순수 고전 과목에서는 경쟁자들보다 못했던 것 같고 일반 상식과 변증법에서는 잘했던 것 같다. 나는 시험을 엉망으로 보고 있는 듯한 느낌이 들었다. 노크 선생님과 함께 지낸 오랜 세월(또는 오래된 것처럼 느껴지는 세월) 동안 와이번 시절에 방어기제로 형성되었던 현학적인 태도가 치료되었고, 친구들이 모르는 것을 나만 알고 있다는 생각도 더 이상 하지 않게 되었다. 논술 문제는 존슨 박사의 글을 인용한 것이 나왔다. 나는 보스웰이 쓴 전기를 몇 번 읽었기 때문에, 그 문제가 어떤 맥락에서 출제되었는지 알 수 있었다. 그러나 이것이 점수를 더 얻는 데 도움이 되리라고는(쇼펜하우어에 대해 상당히 알고 있다고 해 봐야 도움이 안 되는 것처럼) 생각지 못했다. 시험 칠 자격이 주어진 것은 복된 일이었지만, 시험 보는 순간 자체는 힘들었다. 논술을 끝내고 홀을 나서는데, 한 수험생이 친구에게 "루소와 사회계약론 이야기를 아는 대로 풀어 놓았지"라고 말하는 소리가 들렸다. 그 말은 나를 참담하게 만들었다. 《고백록 Confessions》은 그래도 찔끔찔끔 읽었으나(나한테는 별 유익이 없었다), 《사회계약론 Contrat Social》에 대해서는 아는 바가 전혀 없었기 때문이다. 그날 아침에 멋지게 생긴 해로우 출신 학생이 "나는 샘 존슨인지, 벤 존슨인지도 모르겠어"라고 귓속말을 했다. 나는 순진하게도 벤이 아니라 샘일 거라며, 만약 벤이라면 'h'가 없어야 한다고 설명해 주었다.[94]

나는 집에 돌아가서 거의 탈락한 것이 확실하다고 아버지께 말씀드렸다. 그것은 아버지에게서 다정한 마음과 기사도 정신을 끌어내기 위해 계산된 행동이었다. '전쟁터에서 죽을지도 모른다'고 생각하는 것은 이해하지 못하던 아버지도 시험을 잘 치르지 못한 자식의 실망감은 잘 이해해 주셨다. 비용이나 어려운 점들에 대해서는 한마디도 하지 않고, 오직 위로와 격려와 애정만을 보여 주셨던 것이다. 크리스마스 이브가 거의 임박했을 때, 나는 '유니버

---

94) 16-17세기 영국의 극작가 벤 존슨 Ben Jonson과 18세기의 비평가이자 사전편찬자로 유명했던 새뮤얼 존슨 Samuel(Sam) Johnson의 이름 철자를 설명한 것이다.

시티 칼리지'에서 나를 장학생으로 뽑아 주었다는 소식을 들었다.

대학 장학생이 된 후에도 '학사 후보 시험'을 봐야 했는데, 그 시험에는 초급 수학이 포함되어 있었다. 나는 그 시험을 준비하기 위해 커크 선생님과 마지막 학기를 보내려고 크리스마스가 지난 후에 부컴으로 돌아갔다. 어두운 그림자가 다가오고 있는 가운데 가슴 저리게 행복한 황금기가 지나갔다. 나는 부활절에 보기 좋게 시험에서 미끄러졌다. 늘 그렇듯이 계산을 잘하지 못한 결과였다. "좀더 주의하라"는 것이 사람들의 충고였지만 내게는 소용없는 말이었다. 주의를 기울이면 기울일수록 실수가 늘어났다. 요즘도 유난히 신경을 써서 필사본을 만들려고 하면 첫 줄부터 틀리게 베끼곤 한다.

낙제를 했는데도 1917년 여름(삼위일체 축일) 학기에 기숙사에 들어가 살게 되었다. 이제 남은 목표는 대학 장교 훈련단으로 들어가 가장 전도 유망한 길을 따라 입대하는 것뿐이었다. 그러나 옥스퍼드에서 가장 먼저 해야 할 일은 역시 코앞에 닥친 '학사 후보 시험'을 다시 준비하는 것이었다. 나는 하트포드의 나이 많은 캠벨 교수에게 기하를 들었는데(기하 따위는 귀신이나 물어가 버려라!), 알고 보니 캠벨 교수는 우리의 친애하는 친구 제이니 M의 친구였다. 내가 첫 시험을 통과하지 못한 것만큼은 확실한데, 재시험을 보고서도 또 낙제를 했던가는 기억나지 않는다. 전쟁 후에 그 문제는 중요치 않은 것이 되어 버렸다. 자비로운 법령 덕분에

군 복무를 마친 사람은 다시 그 시험을 볼 필요가 없어졌기 때문이다. 그렇지 않았다면 옥스퍼드에 진학한다는 생각 따위는 버려야 했을 것이다.

대학에 가서 한 학기도 끝내지 못했는데 영장이 날아와 군대에 소집되었다. 당시 상황 때문에 그 학기는 아주 비정상적으로 운영되었다. 대학의 절반이 병원으로 바뀌어 육군 의무대의 손에 넘어갔다. 남은 구역에는 몇 안 되는 학부생들이 살았다. 우리 중 두 사람은 아직 군대 갈 나이가 되지 않았고, 두 사람은 부적격 판정을 받았으며, 한 사람은 신-페인[95] 계라서 잉글랜드를 위해 싸우려 하지 않았고, 나머지 몇몇은 어느 부류에 속하는지 알 수 없었다. 우리는 작은 강의실에서 식사를 했는데, 지금 그곳은 학생 휴게실과 대강당 사이의 복도가 되어 있다. 숫자는 몇 안 되었지만(여덟 명 정도), 우리는 눈에 띄는 편이었다. 우리 중에는 나중에 맨체스터 대학의 영문학 교수가 된 E. V. 고든, 케임브리지의 철학자가 된 A. C. 유잉, 그리고 엉터리 잡시를 그리스어 시구로 바꾸는 재주가 있었던 다정하고 기지 넘치는 시어볼드 버틀러가 있었다. 나는 아주 잘 지냈다. 그러나 평범한 학부생활과 비슷한 구석은 거의 없었다. 나에게는 불안정하고 흥분되면서도 전반적으로는 별로 쓸모가 없었던 시기였다. 그리고 나는 군대에 가게 되었다. 무슨 운

---

95) 아일랜드 독립당.

명의 장난인지 군대에 가서도 옥스퍼드에 남게 되었다. 키블에 숙소를 두고 있는 생도 대대에 편입되었기 때문이다.

나는 일반 훈련 과정을 마치고(제2차 세계대전 때의 훈련과 비교하면 그 당시 훈련은 점잖은 편이었다) 서머셋 보병 연대, 구 13연대 소속의 소위로 임관되었다. 내가 최전방 참호에 도착한 날은 열아홉 번째 생일날이었다(1917년 11월). 아라스 앞에 있는 마을—팡푸와 몽쉬—에서 주로 복무하다가, 1918년 4월에 릴러르 부근 베르낭송 산에서 부상을 입었다.

내가 군대를 좀더 싫어하지 않았다는 것은 놀라운 일이다. 물론 군대는 혐오스러웠다. 그러나 '물론'이라는 말이 그 고통을 빨아들였다. 이것이 와이번과 다른 점이었다. 군대는 아무도 좋아하게 되리라는 기대를 하지 않는다. 아무도 좋아하라고 강요하지도 않는다. 아무도 좋아하는 척하지도 않는다. 만나는 사람마다 군대 자체가 필요악이며 합리적인 생활을 깨뜨리는 지독한 방해꾼이라는 사실을 당연시한다. 여기에 모든 차이가 있다. 쾌락인 양 선전되는 시련보다는 직접적인 시련이 더 견디기 쉬운 법이다. 직접적인 시련은 동지애camaraderie를 불러일으키며, 고난을 겪는 사람들 사이에 일종의 사랑까지(시련이 심할 때) 불러일으킨다. 그러나 쾌락으로 포장된 시련은 서로에 대한 불신과 냉소주의, 은밀히 사람을 괴롭히는 원한을 불러일으킨다.

둘째로, 군대 상관들은 와이번의 왕족들보다 훨씬 좋은 사람들이었다. 열세 살짜리를 대하는 열아홉 살짜리보다는 열아홉 살짜리를 대하는 서른 살짜리가 더 친절하다는 점에서 볼 때 이것은 당연한 일이었다. 서른 살짜리는 명실공히 어른이므로, 자기가 어른이라는 사실을 굳이 확인할 필요가 없는 것이다.

그러나 나로서는 군대가 와이번보다 편했던 것이 내 얼굴이 바뀐 탓이라고 생각하고 싶다. 사람들이 그렇게도 자주 "걷어치워"라고 말했던 '표정'이 확실히 걷어치워졌다. 아마도 《판테스티스》를 읽는 동안 그렇게 된 것 같다. 심지어 동정심을 일으키거나 기분 좋은 즐거움까지 선사하는 얼굴로 바뀌었다는 증거도 있다. 프랑스에 도착한 첫날 밤 100여 명의 사관들이 대형 천막의 판자 침대에서 자게 되었는데, 중년의 캐나다인 상관 두 명이 즉시 나를 맡아 아들처럼은 아니더라도(이 말은 모독적으로 들릴 수도 있다) 마치 오래 전에 헤어졌다가 만난 친구처럼 잘 대해 주었다. 그들에게 축복이 있기를! 또 아라스의 장교 클럽에서 혼자 식사하게 되었을 때 와인(그때는 하이드직 한 병이 8프랑이었고 페리에 주엣이 12프랑이었다)을 마시고 책을 읽으면서 즐거운 시간을 보내고 있는데, 식사가 끝날 무렵 한참 계급이 높은 장교 두 사람이 다가오더니 나를 '서니 짐 Sunny Jim'이라고 부르면서 자신들의 식탁으로 데려가 브랜디와 시가를 대접해 준 적도 있었다. 그들은 술에 취하지도 않았고, 나를 취하게 하려 들지도 않았다. 그것은 순전히 선의에서 나온 행동이었다. 예외적인 일이라고 할 수도 있겠지만,

사실 그렇게까지 예외적인 일은 아니었다. 군대에도 비열한 사람들은 있었다. 그러나 그 몇 달은 잠시 동안이나마 즐거운 친분을 나눈 기억들로 가득 차 있다. 며칠에 한 번씩은 학자나 괴짜, 시인, 허풍선이, 이야기꾼 내지는 최소한 선량한 사람을 만났던 것 같다.

그 겨울 중반쯤, 나는 당시 부대에서는 '참호열'이라고 불렀고 의사들은 P.U.O.(원인불명열)라고 부르던 병에 걸려서, 르 트레포르의 병원으로 호송되어 즐겁기 짝이 없는 3주를 보내는 행운을 얻었다. 진작 말했어야 했을 것 같은데, 나는 평화시에도 어릴 적부터 폐가 나빠 소소히 앓아눕는 것을 인생의 낙으로 삼았던 사람이다. 이제 참호 대신 침대에 누워 책을 보게 되었으니 "그야말로 천국"이 아닐 수 없었다.

병원은 전에 호텔이었던 곳으로, 환자 두 명이 한 방을 썼다. 첫 주는 야간 간호사 하나가 내 룸메이트와 격렬한 정사를 벌이는 바람에 엉망이 되어 버렸다. 나는 워낙 고열에 시달리고 있던 터라 민망해할 여지가 없었지만, 두 사람이 속삭이는 소리는 아주 지루하고 음악적이지 못한 소음으로 들렸다. 밤에는 더 심했다. 그런데 그 다음 주에 운세가 호전되었다. 사랑에 빠진 남자는 다른 곳으로 이송되고, 요크셔 출신의 여성혐오주의자 음악가가 그 자리를 채운 것이다. 그는 병실에 온 지 이틀째 되는 날 아침, "어이, 친구, 우리가 침대를 정리하면 XX들이 병실에 오래 있지 않고 금방 가 주지 않을까"(대충 이런 취지의 말이었다)라고 말했다. 그래서 우리는 매일 침대를 정리했고, 구급 간호봉사대 두 사람은 매일 우리 방을 들여다보면서 "아, 환자들이 침대를 정리했군요! 정말 장하네요" 하면서 환한 미소로 우리를 칭찬해 주곤 했다. 우리가 간호사들에게 잘 보이려고 그렇게 한 줄 알았던 모양이다.

거기에서 처음으로 체스터턴의 수필집을 읽었다. 그 당시에 나는 그에 대해 들은 바도 전혀 없었고 그의 입장이 무엇인지도 알지 못했다. 또 지금도 그가 왜 그토록 즉시 나를 사로잡았는지 이해할 수 없다. 내가 염세주의와 무신론의 입장을 가지고 있었고 감상을 혐오했다는 점을 생각할 때, 체스터턴은 그 어떤 작가보다 내 취향에서 먼 작가라고 할 수 있었다. 아마 섭리 내지는 아주 모호한 종류의 '2차적 동인動因'이 작용해서 이전에 가지고 있었던 취향들을 뒤엎고 두 정신을 하나로 묶기로 결정한 듯했다. 한 작가를 좋아하는 것은 사랑에 빠지는 것처럼 자기 의지와 상관없는 일, 도무지 일어날 것 같지 않은데 일어나는 일인지도 모르겠다.

그때 이미 나는 상당히 노련한 독자로서, 내가 좋아하는 것과 동의하는 것을 구별하고 있었다. 나는 체스터턴이 말하는 바를 즐겼지만, 그렇다고 해서 그의 의견까지 받아들일 필요는 없었다. 그는 내가 가장 좋아하는 종류의 유머를 사용했다. 케이크에 건포도를 박듯 책장마다 '농담'을 박아 넣거나 설상가상으로 익살과 경박함을 전체 기조로 동원하는 것이 아니라, 어떤 식으로든 말하

고 있는 내용과 분리되지 않는 유머, 오히려 변증의 '꽃' (아리스토
텔레스라면 이렇게 말했을 것이다)이 되는 유머를 사용했던 것이다.
칼은 검객이 칼을 빼들어 번쩍거리게 만든다고 해서 빛나는 것이
아니라, 그가 목숨을 걸고 싸우느라 잽싸게 칼을 휘두르는 와중에
빛나는 법이다. 체스터턴이 경박하다거나 '자기모순'에 빠져 있다
고 생각하는 비평가들을 동정할 생각은 전혀 없다. 물론 그들의
의견에 공감할 수도 없다.

　이상하게 들릴지 모르지만, 나는 체스터턴의 선량함 때문에 그
를 좋아했다. 나 자신도 선량해지려고 노력하느냐 하는 것과는 아
무 상관 없이 그저 선량함을 좋아한다는 점에서, 이것은 나의 취향
이라고 거리낌 없이 말할 수 있다(그때도 그랬다). 나는 한 번도 선
량함을 싫어한 적이 없었다. 선량함을 싫어하는 경향은 나보다 더
나은 사람들에게서 흔히 나타나는 듯하다. '잘난 체하다', '잘난
체함'이라는 비난의 말은 내 비평 어휘에 등장한 적이 없다. 나는
냉소적인 사람의 코, 즉 날카로운 후각을 가진 개 odora canum vis
의 감각 내지는 바리새주의나 위선을 예민하게 찾아내는 사냥개의
감각을 타고나지 못했다. 이것은 취향의 문제이다. 남자가 결혼할
생각이 없는 여자에게 매력을 느끼는 식으로, 나는 선량함에 '매
력'을 느낀다. 사실 '매력'은 멀리서 봐야 잘 보이는 법이다.

　맥도널드를 읽을 때처럼 체스터턴을 읽을 때도 나는 내가 어느
방향으로 가고 있는지 알지 못했다. 무릇 건전한 무신론자로 남아

있고자 하는 젊은이는 자기의 독서생활에 매우 주의를 기울여야 하는 법이다. 어디에나 덫―허버트의 말처럼 "펼쳐진 성경, 수백만 가지 놀라운 일, 정교한 그물과 책략"―이 있기 때문이다. 이렇게 말해도 될지 모르겠지만 하나님은 자신의 목적을 위해서라면 무슨 짓이든 마다하지 않으시는 분이다.

대대에서도 나는 공격을 당했다. 거기에서 나는 존슨이라는 사람을 만났는데(편히 쉬기를!) 전사하지 않았다면 아마 평생 친구로 지냈을 것이다. 그는 나와 같은 옥스퍼드(퀸즈 칼리지)의 장학생으로서 전쟁이 끝나면 장학금을 받을 생각을 하고 있었으며, 나보다 나이가 많았고 그때 이미 중대를 지휘하고 있었다. 나는 커크 선생님 외의 사람에게서는 발견하지 못했던 변증법적 예리함을 존슨에게서 발견했는데, 그의 경우에는 그 예리함이 젊음과 변덕스러움, 시詩와 결합되어 있었다.

존슨은 유신론으로 옮겨 가고 있는 중이었기 때문에, 전선을 벗어나기만 하면 신의 문제와 그 밖의 문제들을 놓고 끝없이 논쟁을 벌이곤 했다. 그러나 그것이 문제가 되지는 않았다. 중요한 것은 그가 양심적인 사람이라는 점이었다. 나는 나와 비슷한 부류의 또래 중에서 원칙을 가지고 행동하는 사람을 그때까지 거의 만나지 못했다. 더 놀라운 점은, 그가 자신의 원칙을 당연시한다는 것이었다. 우리의 삶은 좀더 엄격한 덕목과 관련되어 있는 것이 아닐까 하는 생각이, 배교한 후 처음으로 내 마음을 스치고 지나갔다.

내가 '더 엄격한 덕목'이라고 말하는 것은, 친절이나 신의나 돈을 너그럽게 사용하는 태도 등에 관한 개념은 나도 이미 가지고 있었기 때문이다. 이런 것들과 반대되는 악덕에 좀더 세련된 새 이름을 붙이려는 유혹에 빠졌다면 모를까, 이런 정도의 개념조차 가지고 있지 않은 사람이 사실 어디 있겠는가? 그러나 '아름다움은 객관적인 것인가'라든지 '아이스킬로스는 제우스와 프로메테우스의 화해를 어떻게 다루었는가' 따위를 알고 싶어하는 존슨과 나 같은 사람들이라면 마땅히 엄격한 정직성과 순결성을 추구하며 의무에 헌신해야 한다는 생각을 전에는 심각하게 해 본 적이 없었다. 전에는 그런 것들이 대화거리가 되지 못한다고 생각했다. 우리는 그 점에 대해 토론하지 않았고, 존슨은 아마 나의 진실성을 의심치 않았을 것이라고 생각한다. 나는 별 가책 없이 진실한 척했다. 만약 이것이 위선이라면, 나는 위선이 사람에게 유익할 수도 있다는 결론을 내려야겠다. 스스로 부끄럽게 여기는 말을 하는 것, 진담을 하면서 농담하는 척하는 것은 저열한 짓이다. 그래도 부끄럽다는 생각조차 하지 않는 것보다는 낫다. 또 스스로 더 나은 사람인 양 행세하는 것과 실제로 더 나은 사람이 되어 가는 것 사이의 차이는, 아무리 후각이 발달한 도덕적 감시견이라 해도 감지하지 못할 만큼 미세한 것이다. 나는 한 부분만큼은 의도적으로 감추고 있었다. 그러나 그의 원칙은 즉각 수용했고, 속으로 나의 '검토되지 않은 인생'을 변호하려 들지 않았다. 예의라는 것을 모르는 사람이 처음으로 정중한 사람들의 모임에 참석했다면, 당분간은 그들의 행동을 흉내내는 수밖에 없지 않은가? 흉내내지 않고 어떻게 배울 수 있겠는가?

우리 대대가 얼마나 좋은 곳이었는지 아마 짐작이 될 것이다. 선량한 정규 군인 몇 사람이 사병 출신 장교(이들은 서부 지역에서 온 농부들이었다), 법정변호사, 대학 출신 등이 유쾌하게 뒤섞여 있는 무리를 지휘했다. 상당히 좋은 대화도 나눌 수 있었다. 가장 재미있는 인물은 늘 우리의 표적이 되었던 월리였다. 월리는 농부이자 가톨릭 신자이면서 열정적인 군인이었는데(진짜 싸우고 싶어한 유일한 사람이기도 했다), 어설픈 신참의 허튼 소리에도 쉽게 말려들곤 했다. 그를 놀리는 한 가지 방법은 기마의용군을 비난하는 것이었다. 불쌍한 월리는 기마의용군이야말로 기병들 중에서 가장 용감하고 유능하며 강인하고 깨끗한 군인들이라고 생각하고 있었다. 그는 어렸을 때부터 기마의용군이었던 아저씨의 이야기를 듣고 자란 탓에, 그곳 사정을 잘 알고 있었다. 그러나 그 내용을 잘 표현하지 못하는 것이 문제였다. 그는 말을 더듬고 횡설수설했으며, 결국에는 항상 비장의 카드를 꺼내 들곤 했다.

"우리 벤 아저씨가 와서 얘길 해야 하는데. 벤 아저씨라면 얘기해 줄 텐데. 아저씨라면 말해 줄 수 있을 텐데."

유한한 인간이 판단해서는 안 될 일이지만, 아마 프랑스에서 전사한 사람 가운데 월리만큼 천국으로 직행할 만한 사람은 없었으리라고 확신한다. 나는 그를 놀리기는커녕 그의 군화를 닦아 주었어야 마땅한 사람이다.

그가 지휘한 부대에서 지낸 짧은 기간이 힘들었다는 말도 덧붙여야겠다. 월리는 독일군을 죽이는 데 열성적이어서 자기 목숨이나 다른 사람들의 안전은 아랑곳하지 않았다. 그는 언제나 머리카락이 쭈뼛해질 정도로 대담무쌍한 생각을 불쑥불쑥 꺼내 놓곤 했다. 그러나 다행히도 우리가 조금만 그럴듯하게 구슬리면 쉽게 설득이 되었다. 그는 너무나 용맹하고 순진했기 때문에, 우리가 군사적인 의도 외에 다른 의도를 가지고 있으리라는 의심을 단 한 순간도 품지 않았다. 그는 쌍방의 묵계에 따라 참호전에서 준수되고 있던 원칙들을 이해하지 못했다. 나는 하사에게서 곧 그것을 배우게 되었다. 내가 적진에서 사람의 머리가 움직이는 것을 보고 수류탄을 "퍼붓자"고 했더니, 하사는 머리를 긁적거리면서 "맘대로 해 보셔. 일단 그딴 짓을 시작하면 금방 보복을 받는다는 것쯤은 알고 있겠지?"라고 말했던 것이다.

전시의 군대를 온통 황금빛으로만 묘사해서는 안 되겠다. 나는 군대에서 '세상'도 만났고, '넌센스'라는 위대한 여신도 만났다. '세상'은 내가 처음 '전선'에 배치되던 날 밤(열아홉 번째 생일날), 아주 우스꽝스러운 모습으로 나타났다. 땅 속 통로를 통해 대피호로 들어가 촛불 빛에 눈을 깜박이며 보니, 내 전입신고를 받고 있는 대위가 바로 학창시절에 존경했다기보다는 좋아했던 선생님이었다. 나는 알은 체하려고 했다. 그러나 그는 낮고 황급한 목소리로 자신이 한때 학교 선생을 하기는 했지만 지금은 아니라고 말했고, 우리 사이에서 그 이야기는 다시 언급되지 않았다.

'위대한 여신'과의 만남은 훨씬 더 우스꽝스러웠는데, 그 일은 내가 연대에 도착하기 훨씬 전에 일어났다. 군용 기차는 밤 10시경에 루엥에서 출발했으며, 저마다 다른 모양의 객차를 달고 시속 12마일로 한도 없이 달렸다. 나는 장교 세 사람과 함께 객실 하나를 배정받았다. 난방은 되어 있지 않았고, 조명은 각자 가져온 촛불로 해결했으며, 배설물 처리는 창문을 통해 해결했다. 여행은 약 15시간 동안 계속될 예정이었다. 엄청나게 추운 밤이었다. 루엥을 벗어나자마자 터널을 통과했는데(내 연배 사람들은 다 기억할 것이다) 갑자기 무언가 비틀려 삐걱거리는 소리가 나더니 우리 객실 문짝 하나가 통째로 떨어져 어둠 속으로 날아가 버리고 말았다. 우리는 이를 딱딱 부딪치면서 추위를 견뎠다. 다음 역에 서자 기차 담당 장교가 부리나케 달려와 대체 문짝에다 무슨 짓을 했느냐고 다그쳤다.

"그냥 떨어져 나갔습니다."

우리가 말했다.

"말도 안 되는 소리!"

상사가 말했다.

"야단스럽게 장난질을 치지 않았다면 문짝이 이렇게 떨어져 나갔을 리가 없어!"

마치 '네 사람의 장교가 한겨울에 야간열차를 타고 가면서 객차 문짝을 뜯어내는 것(물론 스크루드라이버를 가지고 있다는 전제하에)은 지극히 당연한 일'이라는 투였다.

전쟁에 관해서라면 나보다 더 많은 것을 목격한 사람들이 자주 언급한 바 있으므로 여기에서는 거의 말하지 않으려 한다. 독일군이 봄에 대규모 공습을 개시하기 전까지는 꽤 조용하게 지냈다. 대규모 공습이 있던 날에도 독일군은 우리가 아니라 오른쪽에 있던 캐나다군을 공격했고, 우리 전선에는 1분에 약 세 번 꼴로 하루 종일 포탄을 퍼부어 '침묵시킨 것'이 고작이었다. 그날 나는 거대한 공포가 어떻게 작은 공포를 제압하는지 보게 되었다. 생쥐 한 마리와 마주쳤는데(떨고 있는 불쌍한 생쥐와 떨고 있는 불쌍한 인간이 만난 것이다) 전혀 도망갈 생각을 하지 않는 것이었다.

겨울 내내 우리의 주된 적은 피로와 물이었다. 나는 행군하다 잠이 들곤 했는데, 깨어 보면 계속 걷고 있었다. 우리는 허벅지까지 오는 긴 고무장화를 신고 무릎 위까지 물이 올라오는 참호를 걸어다녔다. 그러다가 물 속에 잠겨 있던 철조망을 밟았을 때 장화 안으로 차오르던 얼음장 같은 물의 냉기를 기억하는 독자도 있을 것이다. 죽은 지 오래 된 시체와 얼마 안 된 시체에 익숙해지면서, 돌아가신 어머니의 모습을 처음 보았을 때 형성되었던 시체에 대한 생각을 다시 한 번 확고히 하게 되었다.

나는 보통 사람들에 대해 알게 되었고, 그들에게 연민과 존경심을 품게 되었다. 특히 친애하는 에어즈 하사에 대해 그랬다. 그는 나에게 부상을 입힌 포탄 파편에 맞아 죽었다(내 짐작에는 그렇다). 나는 변변찮은 장교로서(그 당시 군 당국은 너무 쉽게 임관을 시켰다) 꼭두각시처럼 에어즈 주변만 돌았는데, 그는 이 우스꽝스럽고 괴로운 관계를 아름다운 것으로 변화시켜 거의 아버지 같은 역할을 해 주었다. 그 외에 전쟁이 보여 준 것들—공포, 추위, 폭약 냄새, 참혹하게 뭉개졌으면서도 짜부라진 딱정벌레처럼 움찔거리던 사람들, 앉아 있는 시체나 서 있는 시체, 풀 한 포기 없는 맨땅의 정경, 밤이고 낮이고 신고 있어 발의 일부가 되어 버린 군화—은 이제 드문드문 흐릿하게 기억날 뿐이다. 그것은 나의 다른 경험들과 너무 분리되어 있어서, 마치 다른 사람에게 일어난 일 같은 느낌이 든다. 심지어 어떤 의미에서는 중요치 않은 일이라고도 할 수 있다. 지금은 상상의 순간이 그에 뒤따르는 현실보다 중요해 보인다. 나는 거기에서 처음으로 총소리를 들었다. 탄환은 멀리 떨어진 곳에서, 마치 평화시에 시인이나 기자가 날리는 언어의 탄환처럼 '횡' 날아갔다. 그 순간 정확히 무서운 것도 아니고, 무덤덤한 것은 더욱 아닌 무언가가 느껴졌다. 그것은 떨리는 듯한 작은 신호였다. 그 신호는 이렇게 말하고 있었다. "이것이 전쟁이다. 이것이 호메로스가 말했던 그 전쟁이다."

1 3

새로운 외양

이 울타리를 끝내는 데 몇 달이라는 지루한 시간이 걸렸지만,
그래도 이것을 완성하기 전까지는 결코 안전하다는 생각이 들지 않았다.

드포 Daniel Defoe, 《로빈슨 크루소 Robinson Crusoe》

내가 전쟁에서 겪은 나머지 경험들은 이 책의 이야기와 별 상관
이 없다. 내가 어떻게 60명의 포로를 '생포'했는가—즉 독일 군복
을 입은 한 무리의 사람들이 손을 들고 불쑥 나타난 것을 천만다행히
발견하게 되었는가—는 농담으로나 말한다면 모를까, 여기에서 언
급할 가치가 없다. 폴스타프[96] 같은 인물도 데일의 콜빌 경을 '생
포'하지 않았던가? 어쩌다가 내가 영국군의 포탄에 호된 '부상'을
입어 본국으로 송환되게 되었는가, 어쩌다가 부상병 후송대에 있
던 아름다운 N수녀가 내 머릿속에 아르테미스 여신의 모습으로

---

96) 셰익스피어의 《헨리 4세 Henry IV》 2부작에 등장하는 겁쟁이 뚱보 존 폴스타프 경은
허풍만 세고 실제 전쟁에서는 달아나기 바쁜 인물로 묘사된다.

새겨지게 되었는가도 이 책에서 관심을 둘 만한 문제는 아니다. 그러나 두 가지는 중요하다. 부상을 입은 직후 나는 숨을 쉬지 못했고(다만 그렇게 생각한 것일 수도 있다), '이것이 죽음이구나'라는 결론을 내렸다. 무서운 것은 아니었지만, 확실히 용기도 나지 않았다. 죽음이 무서움이나 용기를 불러오는 것 같지는 않았다. "여기 한 사람이 죽어 가고 있다"는 진술은 교과서에 나오는 문구처럼 건조하고 사실적이며 감정이 섞여 있지 않은, 나와는 동떨어진 말로 느껴졌다. 흥미조차 느껴지지 않았다. 이 경험의 수확은 몇 년 후에 나타났다. '본체적인 Noumenal' 자아와 '현상적인 Phenomenal' 자아에 대한 칸트 Immanuel Kant의 구분이 추상적인 개념 이상의 의미로 다가온 것이다. 나는 그 차이를 경험으로 알고 있었다. 완전히 의식하고 있는 '나I'와 성찰되는 '나me' 사이의 관계가 느슨하고 일시적인 것임을 이미 검증해 본 것이다.

또 한 가지 중요한 경험은 솔즈베리 평원의 부상자 회복 캠프에서 베르그송 Henri Bergson을 읽은 것이었다. 지적인 측면에서 볼 때 그의 책은 '무 Nothing'라는 말에 도사리고 있는 함정을 피할 것을 가르쳐 주었다. 그러나 그의 책은 내 감정의 시야에도 혁명적인 영향을 끼쳤다. 지금까지 나의 관심은 전반적으로 창백하고 아득하며 덧없는 것들에 기울어져 있었다. 모리스의 수채화, 맬러리의 숲 속 후미진 곳,[97] 예이츠의 석양처럼 말이다. '삶'에 대한 나의 생각은 〈인생찬가 *The Triumph of Life*〉에 나오는 셸리의 생각과 아주 많이 닮아 있었다. 그때는 괴테 Johann Wolfgang von Goethe 의 '황금 생명나무 des Lebens goldnes Baum' 라는 말의 뜻도 이해하지 못했을 것이다. 그런데 베르그송이 눈을 열어 주었다. 그는 나의 옛 사랑을 깨뜨리지 않으면서도 새 사랑을 선사해 주었다. 나는 그를 통해 처음으로 활력과 풍요로움과 절박함의 매력을 즐길 수 있게 되었다. 생육하는 것들의 원천과 승리와 심지어 오만함까지도 즐길 수 있게 되었다. 그리고 전에는 아무 의미가 없다고 믿었던 예술가들, 즉 베토벤 Ludwig van Beethoven, 티치아노 Tiziano Vecellio (신화를 그린 작품들), 괴테, 던바 William Dunbar, 핀다르 Pindaros, 렌 Christopher Wren, 그리고 환희에 넘치는 성경 〈시편〉의 저자처럼, 울림이 크고 독단적이며 격정적이고 이론의 여지를 주지 않는 예술가들을 음미할 수 있게 되었다.

나는 1919년 1월에 옥스퍼드로— '제대' 해서—되돌아왔다. 그러나 내 삶에 대해 더 이야기하기 전에, 크고 복잡한 일 한 가지를 건너뛴다는 사실을 밝혀야겠다. 이 부분에 대해서는 언급할 수가 없다. 감정적인 것을 싫어하던 어린 시절의 혐오감이 다방면에서 완전하게 앙갚음을 당했다는 것이 내가 말할 수 있는 내용의 전부, 또는 말할 필요가 있는 내용의 전부이다. 설사 내가 자유롭게 그 이야기를 할 수 있다 해도, 이 책의 주제와는 큰 상관이 없지 않나

---

97) 그때까지는 맬러리의 작품이 지닌 강인함이나 회개의 비극에 대해 전혀 인식하지 못하고 있었다.—지은이 주

생각한다.

옥스퍼드에서 처음 만난 평생 친구는 젱킨A. K. Hamilton Jenkin이었는데, 그는 잉글랜드 남서부 콘월에 대한 책으로 잘 알려진 사람이다. 그는 나를 '보고 듣고 냄새 맡고 받아들이는 사람'으로 만드는 교육(아서가 시작했던 교육)을 계속해 나갔다. 아서는 '소박한 것'을 좋아했다. 그러나 젱킨은 모든 사물, 심지어 추한 것들까지 즐길 수 있는 것처럼 보였다. 나는 어떤 것이든 주어진 순간의 분위기에 전적으로 몸을 내맡겨야 한다는 것, 누추한 동네에서는 그 누추함이 음울함으로 승화되고 거의 장엄함으로까지 승화되는 장소들을 찾아다니고, 음산한 날에는 그 어느 곳보다 음산한 숲 속, 빗물이 뚝뚝 떨어지는 숲 속을 찾아가며, 바람 부는 날이면 바람이 가장 세차게 부는 산등성이를 찾아 올라가야 한다는 것을 배웠다. 베츠먼 식의 아이러니로 그런 행동을 한 것은 아니었다. 각 사물의 진짜 본질에 얼굴을 맞대고, 그 사물이 존재하고 있는 모습(그 장엄한 모습)을 있는 그대로 즐기겠다는 진지하면서도 즐거운 결단을 내린 것일 뿐이다.

그 다음으로 사귄 친구는 오언 바필드였다. 내가 아서와 바필드를 누구나 인생에서 만나는 '첫 번째 친구'와 '두 번째 친구'의 유형에 속한다고 보는 데에는 이유가 있다. '첫 번째 친구'는 나의 '분신alter ego'으로서, 내가 가장 은밀하게 좋아하는 것들을 전부 공유함으로써(기대 이상으로) 세상에 나 혼자만 있는 것이 아니라는 사실을 깨닫게 해 주는 사람이다. 그런 사람과 친구가 되는 데에는 장애물이 전혀 없다. 그와 나는 유리창에 붙은 빗방울처럼 하나가 된다.

그러나 '두 번째 친구'는 모든 점에서 나와 다르다. '분신'이라 기보다는 '반자아 anti-self'라고 할 수 있다. 물론 관심사는 같다. 그렇지 않다면 친구가 되지 못할 것이다. 그러나 그는 같은 관심사에 전혀 다른 각도로 접근한다. 내가 보기에 제대로 된 책은 전부 읽는 것 같은데 이상하게도 매번 잘못된 결론을 끄집어낸다. 마치 쓰는 언어는 같은데 발음은 잘못하는 형국이다. 어쩌면 이렇게 거의 맞아떨어질 뻔하다가 매번 꼭 맞아떨어지지 않는 것일까? 그는 여자처럼 매력적인 존재이다(여자처럼 화를 돋우는 존재이기도 하다). 그의 이설異說을 바로잡는 일에 착수하면, 그도 나를 바로잡겠다고 덤벼든다! 그러면 며칠에 걸쳐 밤늦게까지, 또는 아름다운 시골길을 걸어가면서도 풍경에는 눈길 한 번 주지 않은 채, 상대방의 주먹 힘이 얼마나 센지 절감하면서, 종종 친구라기보다는 호적수로서 격렬한 드잡이를 벌이는 것이다. 그렇게 싸우다 보면 실제로 각자 자신의 생각을 수정하게 된다(그 당시에는 그렇게 보이지 않을 수도 있다). 이 끝없는 혼전 속에서 서로 마음이 통하고 깊은 애정이 솟아난다. 그러나 내가 바필드를 변화시킨 부분보다는 바필드가 나를 변화시킨 부분이 훨씬 더 많다고 생각한다. 그가 후에 《시어 Poetic Diction》라는 작지만 중요한 책에 담아 낸 대부분의 사상은, 그 책이 나오기 전에 이미 나의 것이 되어 있었다. 그렇지 않다면 오히려 이상한 일일 것이다. 물론 그 당시 바필드의 학식이 지금처럼 깊었던 것은 아니지만, 천재성은 그때도 이미 나타나고 있었다.

워덤 칼리지의 바필드와 가까운 친구로 크라이스트 처치 칼리지의 하우드 A. C. Harwood가 있었는데(그는 나와도 곧 친구가 되었다), 그는 후에 키드부룩에 있는 슈타이너 Rudolf Steiner 계 학교인 마이클 홀의 중추적인 인물이 되었다. 그는 우리 두 사람과 또 달랐다. 그는 일절 흔들림이 없는 친구였다. 가난한 데다가(우리 대부분이 그랬듯이) 미래의 '전망' 또한 전혀 없으면서도 마치 어딘가 공채 公債를 숨겨 놓은 19세기 신사 같은 표정을 짓고 다녔다. 도보여행을 갔다가 비는 오고 해는 넘어가는데 '지도를 잘못 보고 길을 잘못 들었다' 는 끔찍한 실수(아마도 하우드 자신의 실수였을 것이다)를 발견했을 때, '5마일을 더 가야 머드햄이 나올 것이고(물론 제대로 찾을 수 있다는 전제하에), 그러면 **혹시** 숙소를 얻을 수 있을지도 모른다' 는 것이 최상의 희망일 때조차 그는 그 표정을 바꾸지 않았다. 논쟁이 한창 달아오를 때도 마찬가지였다. 그도 "그 표정 좀 걷어치워"라는 말을 들었겠다고 생각할 수도 있다. 그러나 그가 그런 사람이었다고는 생각지 않는다. 그는 위장술로 그런 표정을 짓는 것도 아니었고, 미련해서 그런 표정을 짓는 것도 아니었다. 후에 그도 보통 사람들이 겪는 슬픔과 근심의 시련을 겪었다. 그는 이 햄릿의 시대에 내가 아는 유일한 호레이쇼, 즉 "운명의 장난에 놀아나지 않는" 사람이었다.[98]

옥스퍼드에서 만난 이 친구들과 다른 친구들에 대해 한 가지 말해 둘 점이 있다. 점잖은 이교도의 기준에서 볼 때(물론 내 저급한 기준에서 볼 때는 말할 것도 없고) 그들은 모두 '선량한' 사람들이었다. 즉 그들은 모두 내 친구 존슨처럼 진실과 공공의식과 순결성과 깨어 있는 정신—시험관들이 '모든 수험생들이 갖추고 있어야 한다'고 말하는 것들—을 의무로 삼고 행하는 사람들이었다. 존슨은 내가 이런 친구들에게 영향을 받을 수 있도록 미리 준비시켜 주었다. 나는 그들이 가지고 있는 원칙의 기준을 받아들였고, 아마도(정확히 기억나는 바는 없지만) 그 기준에 따라 행동하려고 노력했던 것 같다.

옥스퍼드에서 보낸 첫 2년 동안, 나는 이른바 지적으로 '새로운 외양New Look'을 갖추느라('학사 자격 1차 시험' 치르기와 '학사 자격 최종 시험' 시작과는 별개로) 여념이 없었다. 이제는 염세주의나 자기 연민에 빠지지도 않았고, 초자연적인 것에 끌리지도 않았으며 낭만적인 환상을 꿈꾸지도 않았다. 한마디로 《노생거 수도원 Northanger Abbey》의 여주인공처럼 "앞으로는 언제나 최대한의 상식으로 판단하고 행동하겠어"라고 결심한 것이다. 그 당시 나에

---

98) 셰익스피어의 비극 《햄릿》 2막 2장에서 주인공 햄릿은 독백을 통해 인간은 운명의 여신이 부는 피리에 좌우되는 장난감 같은 존재임을 통탄한다. 그의 친구이자 부하인 호레이쇼는 강직하고 흔들리지 않는 성품을 가진 인물이다.

게 상식이란, 과거 내 인생의 최대 관심사였던 온갖 종류의 낭만주의에서 벗어나는 것, 거의 겁에 질려서 도망치는 것을 의미했다. 여기에는 몇 가지 요인이 함께 작용했다.

우선, 그 즈음에 늙고 지저분하며 말이 빠르고 비극적인 아일랜드계 목사 한 사람을 알게 되었는데, 그는 오래 전에 신앙을 잃었으면서도 여전히 목회를 생계수단으로 삼고 있었다. 내가 그를 만났을 무렵 그의 유일한 관심사는 '인간의 사후 생존 가능성'에 대한 증거를 찾는 것이었다. 이 주제와 관련하여 그는 끊임없이 읽고 말했지만, 어떤 것도 그의 날카로운 비평 정신을 만족시켜 주지는 못했다. 특히 충격적인 사실은, 그가 개인의 불멸은 게걸스럽게 갈망하면서도 건전한 관점에서 볼 때 불멸이라는 것을 바라게 만드는 요소에는 철저하게 무관심하다는(겉보기에) 것이었다. 그는 천국에서 하나님 만나기를 구하지도 않았을 뿐 아니라 하나님의 존재 자체도 믿지 않았다. 자신의 인격을 정화시키고 개선시키기 위한 시간을 더 벌고 싶어한 것도 아니었다. 그렇다고 죽은 친구나 연인을 다시 만날 날을 꿈꾸는 것도 아니었다. 나는 그가 어느 누구에 대해서든 호감을 가지고 말하는 소리를 듣지 못했다. 오직 그가 얻고 싶어했던 것은, '나 자신'이라고 부를 수 있는 그 무언가가 육체의 생명보다 더 오래 지속된다는 확신이었다. 어쨌든 나는 그렇게 생각했다. 그때는 너무 어리고 냉정했던 탓, 사실은 이 땅에서 조금도 누릴 수 없었던 행복에 대한 갈망이 그를 이렇게 만든 은밀한 동기일 것이라는 생각을 하지 못했다. 그래서 그의 마음상태를 여태껏 내가 본 것 중에 가장 한심한 것으로 여겼다. 나는 그처럼 맹렬한 편집광이 되게 할 만한 것이라면 어떤 사상이나 꿈도 절대 피하기로 결심했다. 불멸성이라는 주제 전체가 다소 역겨워졌다. 나는 그 주제를 완전히 접어버렸다. 사람의 생각이란 모름지기

바로 이 세상, 우리 모두의
세상—결국 우리가 행복을 찾거나
아무것도 찾지 못하는 곳

에 매여 있어야 한다고 생각했다.

둘째로, 나는 미쳐 가고 있는 사람과 거의 열나흘 밤낮을 함께 보낼 기회가 있었다. 그는 내가 몹시 사랑하던 사람이었고, 또 사랑받을 만한 사람이었다. 그런데 이제는 발길질을 하고 바닥을 기어다니면서 마귀가 자기를 갈갈이 찢고 있다고, 자기는 지금 지옥으로 떨어지고 있다고 비명을 지르는 그를 붙잡고 있어야 할 형편이 되고 말았다. 내가 잘 알고 있던 바대로, 그는 보통 사람들이 가는 길로 가지 않았다. 그는 접신술, 요가, 강신술, 정신분석 등을 섭렵했다. 사실 이런 것들은 그의 광기와 아무 상관이 없었을지도 모른다. 광기에는 신체적인 요인들도 있을 테니(내 생각에는) 말이

다. 그러나 그 당시에는 그렇게 보이지 않았다. 나는 그의 광기를 하나의 경고로 보았다. 온갖 낭만적인 동경과 비현실적인 사색은 결국 사람을 이렇게 미쳐 뒹굴게 만든다는⋯⋯.

멀리 있는 것을 너무 격렬하게 사랑하지 말지어다.
그대의 환상을 끝까지 밀고 가지도 말지어다.

'안전이 제일'이라고 생각했다. 나는 남들이 가는 길, 안정이 입증된 길, 대로 한복판, 불이 환히 밝혀져 있는 곳으로만 다니기로 했다. 악몽 같은 보름을 지낸 후 몇 달 동안은 '평범하다'와 '단조롭다'는 단어가 가장 바람직한 것들을 전부 압축하고 있는 말로 들렸다.

셋째로, 새로운 심리학이 그 당시 우리 모두를 휩쓸고 있었다. 그렇다고 무턱대고 받아들이지는 않았으나(그때는 그런 사람이 거의 없었다) 다들 영향을 받았다. 우리의 관심을 가장 많이 끈 것은 '환상Fantasy' 내지는 '헛된 희망wishful thinking'이었다. 우리는 모두 시인이자 비평가로서 콜리지가 말한 바 고급한 의미의 '상상Imagination'에 매우 큰 가치를 두고 있었으므로(당연한 일이었다), 일반적인 의미의 공상Fancy과 상상을 구분하는 일뿐 아니라 심리학자들식으로 환상과 상상을 구분하는 일도 중요하게 여겼다. 나는 자문했다. 그렇다면 내가 그토록 좋아했던 산들과 서쪽 정원은 모두 순수한 환상이 아닐까? 그것들이 몇 번이나 나를 꾀어 노골적인 애욕의 몽상이나 너저분한 마법의 악몽으로 끌고 간 것만 봐도 그 진정한 본질을 알 수 있지 않은가?

물론 앞서 이야기한 바대로, 이런 낭만적인 이미지들은 사실 일종의 섬광 내지는 '기쁨'이 발생할 때 배출되는 찌꺼기에 지나지 않는다는 점, 이런 산과 정원은 내가 갈망하는 바로 그 대상이 아닌 상징에 불과한 것으로서 그것들 스스로 상징 이상이 될 수 없음을 보여 주고 있다는 점, 그것들을 진짜 갈망의 대상으로 대하고자 하는 모든 노력은 정직하게 말해 허사라는 점은 이미 내 경험을 통해 여러 번 드러난 바 있었다. 그러나 나는 '새로운 외양'을 갖추느라 바빠서, 그만 그것을 잊고 말았다. 나는 우상숭배를 회개하는 대신, 전에 그렇게 애지중지했던 이미지들만 애꿎게 헐뜯었다. 나는 소년의 자신감으로 이 모든 것들을 청산했노라고 단언했다. 아발론[99]도, 헤스페리데스도 이제는 끝이다. 나는 그것들을 '꿰뚫어보았다'고 생각했고(실은 이것이야말로 사실과 거리가 먼 착각이었지만), 이제 다시는 속아 넘어가지 않기로 작정했다.

마지막으로 꼽을 요인은 당연히 베르그송이다. 어찌 된 영문인지 모르겠지만, 나는 오랫동안 머리에서 떠나지 않던 개념, 즉 우주는 '존재하지 않을 수도 있었다'는 쇼펜하우어의 개념을 베르그

---

99) 아서 왕이 죽어서 묻혔다는 가상의 섬.

송이 논박하고 있다고 생각했다(지금 다시 그의 책을 읽어 보니 이 점이 그리 명확하지 않다). 다시 말해서 신성神性의 한 가지 속성, 즉 '필연적인 존재'라는 속성이 내 의식의 지평 위로 떠오른 것이다. 그러나 그때에도 여전히, 그리고 그 후에도 오랫동안 그런 속성을 가진 주체를 엉뚱한 방향에서 찾고 있었다. 나는 하나님이 아닌 우주를 그 주체로 생각했다.

그러나 그 속성 한 가지에 대한 깨달음 속에는 엄청난 잠재력이 들어 있었다. 실재가 '무'의 임의적 대안이라는 터무니없는 생각을 버리는 순간, 인간은 염세주의를(또는 낙관주의까지도) 포기하게 된다. '전체 Whole'를 비난하거나 찬양하는 것은 아무 의미가 없으며, 사실 거기에 대해 무슨 말을 한다는 것 자체가 아무 의미가 없다. 설사 프로메테우스나 하디 Thomas Hardy 처럼[100] 우주를 비난한다 해도, 인간 자신이 그 '전체'의 일부라는 점에서 볼 때 사실 그 비난은 바로 그 '전체'가 인간을 통해 "자기 자신에게 조용히 저주를 퍼붓는 것"에 불과하다. 내 눈에는 그렇게 우주를 비난한다는 것이 러셀 John Russell 경의 감동적인 에세이 〈자유인 예찬 The Worship of a Free Man〉의 가치를 훼손하는 무익한 짓으로 보였다. 우주를 저주하는 것은 서쪽 정원에 대해 백일몽을 꾸

---

100) 프로메테우스는 하늘의 불을 훔쳐 인간에게 준 벌로 독수리에게 영원히 간을 쪼아 먹히는 형벌을 받은 그리스 신화의 인물이며, 하디는 인간이란 무자비하고 냉혹한 우주에 던져져 덧없는 노력을 하다가 파멸한다는 결정론적 사상을 소설로 표현한 영국의 작가이다.

는 것만큼이나 무익하고 미성숙한 짓이다. 우리는 우주를 '받아들여야'(칼라일의 부인처럼) 한다. 완전히, 아무 조건 없이, 충직하게.

이런 종류의 스토아적 일원론이 내 '새로운 외양'의 바탕에 깔린 철학이었다. 이 철학은 내 마음에 큰 평화를 주었다. 이것은 예비학교 시절 이후 종교적인 경험에 가장 가까운 경험이었다고 할 수 있다. 이것은 실재와의 협약 내지는 타협이라는 개념을 종식시켰다(나는 이것이 영원히 종식되길 바란다). 단 한 가지의 신적인 속성을 인식하는 것만으로도 이렇게 많은 일이 일어날 수 있다.

나는 '기쁨'에 '미학적인 경험'이라는 이름을 붙여 놓고, 그 이름으로 '기쁨'에 대해 많은 이야기를 했으며, 그것이야말로 아주 '가치 있는' 경험이라고 말했다. 그러나 그 경험은 자주 찾아오지 않았고, 어쩌다 찾아와도 그리 신통치가 못했다.

'새로운 외양'을 갖추기 시작하던 초기에는 전반적으로 행복한 나날들이 이어졌다. 하늘은 아주 서서히 바뀌었다. 내 인생에는 더 많은 불행과 근심이 찾아올 것이었다. 그리고 바필드는 이미

인생이 앓는 이처럼 아파 오는
청춘 시절

을 지나고 있었다. 우리 전후 복학생 세대는 지나가고 있었다. 옥스퍼드는 새 얼굴들로 가득 찼다. 신입생들은 우리의 비딱한 시각

을 역사적인 산물로 이해해 주기 시작했다. 진로 문제는 우리 앞에 더 크고 음울한 그림자로 다가오고 있었다.

정말 두려운(나에게는) 일이 일어난 것은 바로 그때였다. 먼저 하우드가 슈타이너의 교리를 받아들여 인지학자[101]가 되더니(이번에도 표정 하나 바꾸지 않고), 바필드가 그 뒤를 이어 인지학을 받아들였다. 나는 경악했다. 내 인생에서 쫓아내 버리고자 그토록 애를 썼던 모든 것들이 갑자기 기세를 올려, 내 가장 친한 친구들을 통해 덤벼드는 것 같았다. 그들은 나의 가장 절친한 친구들이었을 뿐 아니라 가장 안전하다고 생각했던 친구들이었다. 한 사람은 어떤 것에도 동요하지 않는 친구였고, 또 한 사람은 자유사상가의 집안에서 어떤 '미신'의 영향도 받지 않고 자라, 학교에 들어갈 때까지 '기독교'라는 말 자체를 들어 본 적이 없는 친구였다(바필드가 복음서와 처음 맞닥뜨린 것은, 마태 사도의 비유 목록을 받아쓸 때였다). 이처럼 가장 안전해 보였던 친구들이, 그것도 가장 단결해야할 이 시점에 이런 일을 저지른 것이다. 슈타이너의 사상을 알게 되면서(내가 알게 된 데까지만 볼 때) 나의 경악은 역겨움과 분노로 바뀌었다. 거기에는 분명히 온갖 혐오스러운 것들, 한때 나를 매혹시켰던 것만큼이나 이제는 혐오스럽게 느껴지는 것들이 들어

---

101) 인지학 人智學은 오스트리아의 철학자 루돌프 슈타이너가 주창한 학문으로서, 인간의 지성에 영적인 세계와 접촉할 수 있는 능력이 있다는 것을 전제로 삼고 있다. 슈타이너는 영적인 세계란 순수한 사유로 알 수 있는 세계로서, 오직 모든 인간에게 잠재되어 있는 인식능력을 통해서만 완전히 도달할 수 있다고 주장했다.

있었다. 그것은 신들, 영혼들, 사후 세계와 전생, 비밀단체 가입 의식, 오컬트 지식, 명상이었다.

"이런, 젠장, 완전히 **중세**잖아."

나는 소리쳤다. 그때까지만 해도 연대年代에 관련하여 우리 시대가 가지고 있던 속물적 태도를 나 또한 가지고 있었던 터라, 과거의 시대를 매도하는 말을 한 것이다. '새로운 외양'에서 배제하고자 했던 모든 것들이 거기 있었다. 사람을 대로大路에서 캄캄한 장소로 끌어들여 바닥을 뒹굴며 "악마가 나를 지옥으로 끌고 간다!"고 소리치게 만들 수 있는 모든 것들이 거기 있었다. 물론 그것들은 전부 터무니없는 헛소리였다. 다른 사람도 아닌 **내가** 거기에 끌려들어갈 위험은 없었다. 그럼에도 불구하고 나는 혼자 버려진 것 같았고 외로웠다.

나는 내가 인지학자가 되었다면 마음속에서 꿈틀거렸을 욕망들이 친구들에게도 꿈틀거리고 있을 것이라고 단정했다. 나는 친구들이 신비학을 향한 탐욕스러우면서도 모진 정욕에 **빠져들고** 있다고 생각했다. 지금 생각해 보면, 사실은 모든 증거가 애초부터 내 생각과는 정반대 방향을 가리키고 있었는데도 그랬다. 내 친구들은 그런 사람들이 아니었다. 또 지금의 내가 아는 한, 인지학도 그런 것들을 제공하는 학문이 아니다. 인지학은 어려운 학문으로서, 듬직한 독일 사상답게 지루한 데가 있어서 짜릿한 전율을 찾는 사람들을 금세 질리게 만드는 안전장치 역할을 한다. 나는 이

사상이 그 신봉자들에게 해로운 영향을 끼친 경우를 본 적이 없다. 오히려 좋은 영향을 끼친 경우는 한 번 본 적이 있지만 말이다.

이 말을 하는 것은 나 자신이 이제는 그 사상을 받아들일 수 있는 사정거리 안에 들어갔기 때문이 아니라 이것이 상식적으로 공평한 평가이기 때문이며, 친구들에게 심하게 쏘아붙였던 가혹하고 부당한 말들을 뒤늦게나마 바로잡고 싶기 때문이기도 하다. 바필드가 인지학으로 돌아서면서, 그와 나 사이에 '대전'이라고 부를 만한 설전이 벌어졌다. 내가 바필드에게 썼던 폭력적 언사를 그도 나에게 썼다면 한순간에 다툼이 벌어졌을 텐데, 감사하게도 그런 일은 벌어지지 않았다. 그러나 때로는 편지로, 때로는 얼굴을 맞대고 벌인 이 끝없는 논쟁은 그 후 몇 년 동안이나 계속되었다. 그리고 이 '대전'은 내 삶의 전환점 가운데 하나가 되었다.

바필드는 나를 인지학자로 만들지 못했지만, 나에게 반격을 가함으로써 내 사상을 이루고 있던 두 가지 요소를 영원히 끝장내 버렸다. 첫째로, 그는 내가 '연대에 관한 속물적 태도'라고 부르는 바 우리 시대에 통용되는 지적 풍토를 무비판적으로 수용하는 태도와, '무엇이든 시대에 뒤떨어졌다는 것은 불신의 근거가 된다'는 가정假定을 간단히 무너뜨렸다. 중요한 것은 그것이 시대에 뒤떨어진 이유를 찾는 것이다. 반박되어 사라졌는가(그렇다면 누가 어디서 어떻게 결정적으로 반박해서 사라졌는가), 아니면 단순히 유행이 사라지듯 사라졌는가? 만약 그냥 사라진 것이라면, 사라졌다는 그 사실만으로 참, 거짓을 판단할 수 없다. 이런 점에서 볼 때 우리 세대 역시 '하나의 시대'로서, 다른 모든 시대들처럼 특유의 미망을 갖고 있음을 깨닫게 된다. 그 미망은 그 세대에 깊고도 넓게 박혀 있는 가정들 속에 숨어 있기 쉬우므로, 아무도 감히 그것을 공격하지 못하며 변호할 필요도 느끼지 못한다.

둘째로, 바필드는 우리가 지금껏 견지해 온 입장이 만족스러운 인식론을 세우기에는 너무나도 편협한 것임을 납득시켰다. 전문 용어로 말하자면 우리는 '실재론자 realists'였다. 즉 우리는 감각에 의해 드러나는 우주를 가장 근본적인 실재로 받아들였다. 그러면서도 의식意識의 현상에 대해서는 사실상 유신론 내지는 관념론의 관점에 해당하는 주장을 계속 펴고 있었다. 우리는 추상적인 사고야말로(그 사고가 논리적인 법칙을 따르는 사고라면) 반박할 수 없는 진리를 제공하며, 우리의 도덕적 판단은 '타당하고', 심미적 경험은 즐거울 뿐 아니라 '가치 있다'는 생각을 고수했다. 이것은 그 당시에 흔히 통용되던 관점이었던 것 같다. 이것은 브리지스 Robert Bridges의 《아름다움의 계율 Testament of Beauty》, 길버트 머리 Gilbert Murray의 작품, 러셀 경의 〈자유인 예찬〉을 관통하는 관점이기도 하다.

바필드는 이런 사상이 일관적이지 않다고 했다. 만약 '사고'라는 것이 순수하게 주관적인 사건이라면 그것을 내세워 무엇을 주장할 수 없을 것이다. 또 만약 '과학'을 성립시키기 위한 협력의 일환으로서 도구의 도움을 받아 '감각으로 인식되는 우주'를 고집한다면(근본적인 실재로서), 인간은 훨씬 더 나아가―많은 이들이 그랬듯이―논리와 윤리와 미학의 영역에서 행동주의 이론을 채택해야 할 것이다. 그러나 행동주의 이론은 과거에도 믿어지지 않았고, 지금도 믿어지지 않는다. 나는 많은 이들처럼 '가능해 보이지 않는다'거나 '바람직하지 않다'고 말하지 않고, 말 그대로 '믿어지지 않는다'라고 썼다. 이것은 행동주의자들이 믿는 바를 그대로 따라 믿는 행위를 내 마음이 수행하려 들지 않는다는 뜻이다. 나는 엄지발가락으로 귀를 긁거나 술병 속에 있는 술을 같은 술병 밖 밑바닥 패인 곳에 따를 수 없는 것처럼, 내 생각을 억지로 행동주의의 틀에 끼워 맞출 수가 없다. 그것은 물리적으로 불가능한 일만큼이나 절대 불가능한 일이다.

따라서 나는 실재론을 포기할 수밖에 없었다. 철학 책을 읽기 시작한 이후 나는 계속해서 실재론을 변호하고자 노력해 왔다. 한편으로 그것은 분명히 단순한 '고집'이었다. 그 당시 옥스퍼드에서는 관념론이 주류를 이루고 있었는데, 나는 천성이 '반골反骨'이었다. 또 한편으로 실재론은 나의 감정적인 필요를 충족시켜 주었다. 나는 자연이 우리의 관찰과 독립적으로 존재하기를 바랐다. 무언가 다른 것, 무심한 것, 스스로 존재하는 것이기를 바랐다(이것은 순수한 본질에 얼굴을 맞대고 싶어했던 친구 젱킨의 열정과 통하는 것이었다). 그러나 이제 그 바람을 포기해야 할 때가 온 것 같았다.

믿음이 생기지 않는 대안을 받아들이지 않으려면, 마음이라는 것이 어떤 것에 뒤따라오는 현상이 아님을 인정해야 했다. 우주 전체가 결국은 정신적인 것임을, 그리고 우리의 논리란 곧 우주적인 로고스 Logos 에 동참하는 것임을 인정해야 했다.

내가 이러한 입장을 유신론과는 사뭇 다른 것으로 생각할 수 있었다니 새삼 놀랍다. '무언가 내가 의도적으로 보지 않으려 드는 부분이 있다'는 생각은 했다. 그러나 당시에는 하나님을 믿지 않으면서도 유신론의 각종 편의를 이용할 수 있게 해 주는 각종 위장술과 방어벽, 안전수단이 횡행하고 있었다. 그린 T. H. Green, 브래들리 Francis H. Bradley, 보상케 Bernard Bosanquet(당시에 위세를 떨쳤던 이름들이다) 같은 영국의 헤겔주의자들이 바로 그런 도구들을 썼다. 절대정신—더 나아가 절대자—은 비인격적 존재 내지는 오직 우리 안에서만 자신을 인지하는 존재(그러면 우리를 인지하지는 못한다는 말인가?), 너무 절대적이어서 사실 정신이라고 말할 수도 없는 존재였다. 어쨌든 그 속에서 헤매면 헤맬수록, 그리고 모순을 범하면 범할수록, 우리의 추론적 사고는 '껍데기'의 차원에서만 겉돌고 있을 뿐, '실재'는 어딘가 다른 곳에 있다는 사실이 점점 더 분명해졌다. 그렇다면 '실재'는 당연히 '절대자' 속에 있는 것이 아니겠는가? '실재'는 여기가 아닌 거기, '감각의 휘장' 뒤 '좀더 완전한 광휘' 속에 있었다.

이런 생각을 하다 보면 확실히 종교적인 감정에 도달하지 않을 수 없었다. 그러나 그 '종교'는 아무 대가도 요구하지 않는 종교였다. 우리는 절대자에 관해 종교적인 이야기를 할 수 있었다. 그러나 그 절대자가 우리에게 무슨 행동을 할 위험은 전혀 없었다. 그 절대자는 단지 '저기' 있을 뿐이었다. 안전하게, 꼼짝도 하지 않고, '저기' 있었다. 그것이 '여기로' 와서 우리를 귀찮게 할 일(직설적으로 말하자면)은 결코 없었다. 이 유사 종교 안에 나 있는 길은 완전히 일방통행이었다. 나이그렌 Anders Nygren 박사의 표현을 빌리자면, 에로스 eros는 전부 위로 솟구쳐 올라갔지만 아가페 agape는 전혀 내려와 꽂히지 않았다. 두려워할 필요도 없었고, 순종할 필요는 더더욱 없었다.

그러나 여기에도 정말 건전한 요소가 한 가지 있기는 했다. 절대자는 '저기' 있었고, 그 '저기'에는 모든 상반되는 것들의 화해와 모든 유한한 것들의 초월, 유일하고 완전한 실재인 숨은 영광이 있었다. 사실 '저기'는 천국의 특질을 많이 가지고 있었다. 그러나 그 천국은 우리 중 누구도 갈 수 없는 천국이었다. 왜냐하면 우리는 '껍데기'이기 때문이다. 우리는 본질적으로 '저기' 있을 수가 없다. 따라서 이런 철학을 수용하는 사람은 단테가 말하는 고결한 이방인들처럼 "희망 없이 갈망만 하면서" 살게 된다. 아니면 스피노자 Spinoza처럼 자기들의 하나님을 너무 사랑한 나머지 그 하나님 또한 자신들을 사랑해 주기를 감히 바라지 못하게 된다. 내가 이런 경험을 거치지 못했다면 정말 유감스러웠을 것이다. 나는 이것이야말로 이른바 수많은 기독교적인 경험들보다 더 종교적인 경험이라고 생각한다. 내가 관념론자들에게 배운 것(그리고 지금도 여전히 굳게 붙잡고 있는 것)은 다음과 같은 격언이다. "천국이 존재한다는 것이야말로 누가 천국에 가느냐보다 중요한 사실이다."

이렇게 해서 그 존귀한 어부[102]가 낚싯대를 던지셨고, 내가 그 낚싯바늘을 물었다는 생각을 그때는 꿈에도 하지 못했다. 그러나 두 가지 중요한 진보가 이루어졌다. 베르그송은 내게 필연적인 존재를 보여 주었다. 그리고 관념론은 "당신의 큰 영광으로 인해 감사드리나이다"라는 말을 이해하는 자리로 한 걸음 더 나아가게 해 주었다. 북유럽의 신들은 과거에 그 첫 번째 단서를 제공했다. 그때는 그 신들을 믿지 않았지만, 이제는 절대자를 믿게(사람들이 유령 Unding 을 믿는 정도의 수준이긴 했지만) 되었다.

---

102) 예수님을 가리킨다.

1 **4**

체크메이트

지옥의 단 한 가지 법칙, "나는 내 것이다."
조지 맥도널드 George Macdonald

1922년 여름, 나는 '학사 자격 최종 시험'을 통과했다. 철학 분야에 가르칠 자리가 없자, 아니 사실은 내가 구할 수 있는 자리가 없자, 참을성 많은 아버지는 옥스퍼드에 1년 더 머물며 영문학 공부를 해서 제2의 방책을 도모해 보라고 하셨다. 바필드와 벌인 대전은 이때 시작되었던 것 같다.

영문학부에 들어가자마자 조지 고든의 토론 수업을 들었다. 그리고 거기에서 새 친구를 만났다. 첫마디만 듣고서도 그가 수업을 듣는 열두어 명의 학생들 중에 단연 두드러진 인물임을 알 수 있었다. 마음에 맞는 또래를 만나 즉시 친구가 된 경우는 사춘기 초기 이후 거의 없었다. 그 학생의 이름은 네빌 코그힐 Nevill Coghill

이었다. 나는 곧 그가—수업 듣는 학생들 중에 가장 지적이고 아는 것도 많은 그가—그리스도인이자 철저한 초자연주의자라는 사실에 충격을 받았다. 기사도, 명예심, 정중함, '자유', '신사다움'처럼 내 마음을 끈 다른 특징들은 이상하게도 전부 고풍스러운(그때까지만 해도 나는 상당히 현대적인 사람이었다) 것들이었다. 코그힐이 19세기식 결투를 하는 모습이 자연스럽게 연상될 정도였다. 그는 '야한 농담'은 많이 했어도, '상스러운 짓'은 하지 않았다.

바필드는 연대에 관한 나의 속물적 태도를 무너뜨리려 하고 있었다. 그런데 코그힐이 또 한 방을 먹였다. 우리 삶에서 무언가 떨어져 나갔다는 말이 맞을까? 고풍스러운 것이야말로 정말 문명화된 것이고 현대적인 것은 야만스러운 것이 아닐까? 나를 전형적인 '과거예찬론자 laudator temporis acti'로 치부하는 비평가들은, 비교적 내 인생의 후반기에 이런 의문이 떠올랐다는 데 의아해할 것이다. 그러나 내 책을 이해하는 열쇠는 "사람은 자기가 몸담았다가 떠난 이단을 가장 미워하는 법"이라는 단 John Donne의 경구에 있다. 내가 가장 열렬히 주장하는 것들은 내가 오랫동안 저항하다가 뒤늦게 받아들인 것들이다.

이처럼 나를 교란시켰던 코그힐의 특징들은 내가 전에 가지고 있던 시각 전체를 위협할 정도로 그 영향력이 커지고 있었다. 읽는 책마다 나에게 반기를 들기 시작했다. 사실은 내가 눈이 먼 탓에, 실제로 책을 읽으면서 경험한 바와 나의 인생관이 명백하게 상충되고 있다는 사실을 진작 알아채지 못했다는 것이 더 정확한 표현일 것이다. 조지 맥도널드는 누구보다 내게 큰 영향을 끼친 작가였다. 물론 그가 기독교에 빠져 있다는 사실이 좀 애석하기는 했다. **그럼에도 불구하고** 그는 좋은 작가였다. 체스터턴은 현대 작가들을 다 합쳐 놓은 것보다 더 분별력 있는 작가였다. 물론 그 기독교라는 요소만 뺀다면 말이다. 새뮤얼 존슨은 내가 완전히 신뢰할 수 있는 몇 안 되는 작가 중 한 사람이었다. 그런데 정말 이상하게도 그마저 똑같은 결함을 지니고 있었다. 기이한 우연이지만 스펜서와 밀턴도 마찬가지였다. 심지어 고대의 작가들 중에서도 그런 역설이 발견되었다. 내가 정말 양식으로 삼을 만한 작가들(플라톤 Platon, 아이스킬로스, 베르길리우스)은 분명히 가장 종교적인 사람들이었다.

반면에 종교의 해를 입지 않은 작가들, 따라서 이론적으로는 내가 완전히 공감해야 마땅할 작가들—쇼와 웰즈, 밀 J. S. Mill, 기번 Edward Gibbon, 볼테르—은 모두 약간씩 얄팍해 보였다. 요즘 아이들 표현을 빌리자면 '깡통 소리'가 났던 것이다. 그렇다고 그들을 좋아하지 않았던 것은 아니다. 그들은 전부(특히 기번) 재미있었다. 그러나 그 이상은 아니었다. 그들에게는 깊이가 없어 보였다. 너무 단순했다. 그들의 책에는 삶의 거친 면도, 밀도도 나타나지 않았다.

영국 문학 작품을 읽어 나가면서 역설의 강도는 더 심해지기 시작했다. 나는 《십자가의 꿈 Dream of the Rood》에 깊이 감명 받았고, 랭런드 William Langland 에게는 더 깊이 감명 받았다. 존 단에 게도 심취했으며(잠시 동안), 토마스 브라운 Thomas Browne 에게 는 깊고도 지속적인 만족감을 얻었다. 그러나 그 중에서도 가장 놀라운 작가는 조지 허버트였다. 그는 우리가 실제로 살면서 순간 순간 느끼는 인생의 참맛을 전달하는 부분에서, 지금껏 읽었던 그 어떤 작가보다 뛰어난 재능을 보여 주는 것 같았다. 그런데 이 딱한 인물은 그것을 직접 전달하는 대신, 내가 그때까지도 '기독 신화' 라고 부르던 것을 통해 명상하기를 고집하고 있었다.

반면에 현대 계몽주의의 선각자로 불릴 만한 작가들 대부분은 너무 시원찮고 지루해서 미칠 지경이었다. 베이컨은 엄숙하고 진지한 체하는 고집쟁이였고(솔직히 말해서), 왕정복고기 희극은 하품이 나와서 견딜 수가 없었으며, 《돈 주안 Don Juan》은 남자답게 씨름한 끝에 끝까지 읽긴 했지만 결국 마지막 장에 "다시는 안 읽는다"라고 써 넣었다. 비그리스도인 작가 중에 정말 무언가를 아는 작가는 낭만주의자들밖에 없는 것 같았다. 그러나 그들 가운데 상당수도 위험할 정도로 종교색 비슷한 것을 띄고 있었으며, 때로는 기독교 냄새까지 풍겼다. 《롤랑의 노래 La Chanson de Roland》에 나오는 유명한 구절이야말로 이 모든 것의 결론을 비슷하게 표현해 준다고 할 수 있었다.

그리스도인들은 틀려먹었지만, 그 나머지는 죄다 지겹도다.

그 다음에 자연스럽게 밟아야 할 단계는 그리스도인들이 정말 틀려먹었는지 아닌지 좀더 자세히 알아보는 것이었다. 그러나 나는 그 단계를 밟지 않았다. 나는 그런 가설 없이도 그리스도인 작가들이 더 나은 이유를 설명할 수 있다고 생각했다. 불합리하게도 (절대 관념론자들 중에도 이런 불합리한 생각을 가진 이들이 많다) '기독 신화'가 철학적이지 못한 사람들도 감당할 수 있을 정도의 진리, 즉 절대 관념론의 진리를 전달하기 때문에 비종교적인 작가들보다 우위를 점하게 되었다고 본 것이다. '절대자'의 개념까지 도달하지 못하는 사람들은 불신의 길을 택하느니 차라리 '어떤 신'이든 믿을 때 그나마 진리에 다가갈 수 있다는 것이 내 생각이었다. '이성을 가진 인간으로서 시간이 없는 세계, 따라서 죽음이 없는 세계에 참여하는 길'을 이해하지 못하는 사람들은 단순히 내세를 믿음으로써 진리의 상징적 그림자라도 얻을 수 있다고 본 것이다. 이런 생각이 암시하는 내용—그렇다면 이처럼 나를 비롯한 대부분의 학부생들이 별 수고 없이 해결할 수 있는 문제를 플라톤이나 단테나 후커 Richard Hooker나 파스칼 Blaise Pascal은 왜 그렇게 풀기 어려워했는가 하는 점—이, 그 당시 내게는 전혀 불합리하게 느껴지지 않았다. 아마도 그 문제를 정면에서 정직하게 대면하지 못한 탓이었을 것이다.

이야기가 끝으로 갈수록 더 빠르고 밀도 높게 진행되고 있으므로, 본격적인 자서전에서 다룰 만한 내용들을 더 많이 생략해야겠다. 아버지가 마지막 병상에서까지 꿋꿋한 태도를 보이면서(심지어 장난기까지 보이면서) 돌아가신 일은 지금 이 이야기에 끼워 넣을 만하지 못하다. 그 당시 형은 상하이에 있었다. 내가 어떻게 대학에서 1년 동안 시간 강사를 하다가 1925년에 모들린 칼리지의 교수가 되었는가에 대해 세세히 늘어놓는 것도 별로 적합하지 않다.

내가 사랑하며 마음속 깊이 빚을 지고 있는 사람들, 나의 지도교수였던 G. H. 스티븐슨과 E. F. 캐릿, 파크(누가 그를 묘사해 낼 수 있을까?), 학자의 삶에 대한 개념을 넓혀 준 모들린 칼리지의 위대한 다섯 사람인 P. V. M. 베넥, C. C. J. 웹, J. A. 스미스, F. E. 브라이트먼, C. T. 어니언즈에 대해 묘사하지 못하고 넘어가는 것이 가장 안타깝다. 올디를 제외하면, 나는 공식적으로나 비공식적으로나 항상 좋은 선생님들을 만나는 복을 누렸다. 모들린에 간 첫 몇 해 동안, 나는 남의 도움 없이 알고 싶은 것을 혼자 찾아 헤매야 할 필요가 없는 세상에서 살았다. 앞서 말한 선생님들 중 누군가가 항상 단서를 제공해 주었기 때문이다("알라누스의 책에 뭔가 나올 걸세……", "머크로비우스를 한번 읽어 보게……", "콤파레티가 그 점에 대해 언급하지 않았는가?", "뒤 캉쥐는 찾아보았나?" 등). 언제나 그렇지만, 가장 성숙한 사람이 초심자에게 가장 친절하며, 가장 열심히 공부하는 사람이 가장 아낌없이 시간을 내준다는 사실을 나는 알게 되었다.

영문학부에서 가르치게 되면서 두 사람의 친구를 더 사귀게 되었는데, 둘 다 그리스도인으로서(이 이상한 족속들은 이제 사방에서 불쑥불쑥 등장하는 것 같았다) 후에 내가 마지막 고비를 넘는데 큰 도움을 주었다. 그 두 사람은 레딩 출신의 H. V. D. 다이슨과 톨킨이었다. 나는 톨킨과 나눈 우정을 통해 해묵은 편견 두 가지를 깨뜨릴 수 있었다. 나는 태어날 때부터 '천주쟁이'를 믿지 말라는 경고(암묵적인 경고)를 받았고, 영문학부에 재직하게 되면서부터 문헌학자를 믿지 말라는 경고(노골적인 경고)를 받았다. 그런데 톨킨은 천주쟁이에 문헌학자였다.

나는 실재론을 포기했다. '새로운 외양'은 다소 훼손되었고, 연대에 관한 속물적 태도는 심각하게 흔들렸다. 내 견해들은 모든 면에서 가장 불리한 위치에 처하게 되었다. 얼마 가지 않아 주도권이 나에게 있다는 환상조차 더 이상 붙들 수 없게 되었다. 나의 맞수는 드디어 마지막 몇 수를 두기 시작하셨다.

그 첫 수는 '새로운 외양'의 마지막 잔재들을 휩쓸어 버렸다. 나는 갑자기 에우리피데스의 《히폴리투스 Hippolytus》를 다시 읽게 되었다(그때 내가 관심을 가졌던 책이 분명 아니었는데도). 코러스의 대사를 읽는데, 내가 '새로운 외양'을 갖추면서 내던져 버렸던 세상의 종말에 대한 이미지가 전부 살아났다. 나는 그것이 좋았지만, 굴복하지는 않았다. 나는 내 편에서 그것을 보듬으려 했다. 그

러나 다음 날 오히려 내가 완전히 압도당하고 말았다. 불편하면서
도 즐거운 순간이 지나자—그 즉시—오랫동안의 억압이 풀리면
서, 메마른 사막을 뒤로한 채 다시 한 번 동경의 땅에 들어서서, 부
컴 시절 이후에는 한 번도 맛보지 못했던 경험, 마음이 무너지는
동시에 고양되는 경험을 하게 되었다. 그 상태에서 할 수 있는 일
이라고는 아무것도 없었으며, 사막으로 다시 돌아간다는 것은 어
림도 없는 소리였다. 나는 간단명료한 명령—아니, 차라리 강요라
고 하는 편이 낫겠다—을 받았다. "그 '외양'을 걷어치우라." 그리
고 그 외양을 다시는 취하지 말라는 것이 그 명령이었다.

　그 다음 수는 지적인 것으로서, 처음 수를 더 공고히 하는 것이
었다. 나는 알렉산더 Samuel Alexander 의 《공간, 시간, 신성
Space, Time and Deity》을 읽으면서 '향유 Enjoyment' 와 '관조
Contemplation' 에 관한 이론을 알게 되었다. 이 두 가지는 알렉산
더 철학의 전문용어로서, '향유' 는 쾌락과 상관없는 말이고 '관조'
도 관조적인 삶과 아무 상관이 없는 말이다. 우리는 탁자를 볼 때
보는 행위를 '향유' 하며 탁자를 '관조' 한다. 나중에 광학 光學 공부
를 시작해서 '보는 행위' 그 자체에 대해 생각하게 된다면, 보는 행
위를 관조하고 보는 행위에 대한 생각을 향유하게 될 것이다. 우리
는 사랑하는 이와 사별할 때 그 사람과 그의 죽음을 관조하며, 알
렉산더가 말하는 의미에서 그 외로움과 슬픔을 향유한다. 그러나
만약 어떤 심리학자가 있어 우울증 환자의 사례를 연구한다면, 그

환자의 슬픔을 관조하고 심리학을 향유할 것이다. 우리는 '헤로도 토스는 신빙성이 없다고 생각한다'고 할 때와 같은 의미에서 '생 각을 생각하지 think a thought' 않는다. 우리가 생각을 생각한다 고 할 때 '생각 thought'은 동족목적어에 해당한다(마치 '한 대 치 다'라고 할 때 '한 대'처럼). 우리는 그 생각(헤로도토스가 신빙성이 없 다는 생각)을 향유하고, 그렇게 하는 가운데 헤로도토스가 신빙성 이 없다는 사실을 관조한다.

나는 즉각 이 구분을 받아들였으며, 그 후 사고하는 데 필수적 인 도구로 삼아 왔다. 그 결과—나에게는 상당한 재앙이었다—는 금세 나타나기 시작했다. 사랑, 증오, 공포, 희망, 갈망 등의 본질 적 속성은 바로 그 대상에 대한 관심에 있다는 사실이 자명해 보 였다. 한 여자에 대한 생각이나 관심이 끊어졌다면, 그것은 사랑 이 끊어진 것이다. 두려운 것에 대한 생각이나 관심이 끊어졌다 면, 그것은 두려움이 끊어진 것이다. 그러나 자기 자신의 사랑이 나 무서움 그 자체에 관심을 기울이는 것은 곧 그 사랑의 대상이 나 무서움의 대상에 대한 관심을 끊는 것이다. 다시 말해서 우리 내부의 활동에 대한 향유와 관조는 양립될 수 없다. 우리는 희망 하는 동시에 희망에 대해 생각할 수 없다. 왜냐하면 희망이란 희 망하는 대상을 바라보는 것인데, 희망 그 자체로 시선을 돌려 버 리면(이를테면) 그 대상을 바라볼 수 없게 되기 때문이다. 물론 이 두 가지 행위가 아주 빠른 속도로 교대될 수는 있다. 그러나 이 두 가지는 별개의 행위이며 양립될 수 없는 행위이다.

　이것은 알렉산더의 분석에서 나온 논리적인 결과일 뿐 아니라, 매일 매시간의 경험을 통해 입증되는 사실이기도 하다. 분노나 정욕을 무장 해제시키는 가장 확실한 방법은, 모욕받은 사건이나 상대방 여자에게서 관심을 돌려 자기 감정 그 자체를 검토하기 시작하는 것이다. 마찬가지로 쾌락을 망치는 가장 확실한 방법은, 자기의 만족감 그 자체를 검토하기 시작하는 것이다. 하지만 그렇다면 모든 내성內省은 한 가지 점에서 우리를 오도誤導한다는 결론이 나온다. 우리는 내성을 할 때 '자기 안'을 들여다보면서, 그 속에서 무슨 일이 일어나는지 보고자 한다. 그러나 우리가 그것을 들여다보는 순간, 그 움직임은 거의 모두 정지되어 버린다. 이것은 불행하게도 내성을 통해서는 아무것도 발견할 수 없다는 뜻이 아니다. 반대로 우리는 정상적인 활동이 정지되면서 남겨 놓은 것들을 정확하게 발견하게 된다. 그렇게 남겨진 것들은 주로 정신적인 이미지나 육체적인 감각이다. 이 같은 찌꺼기나 흔적, 부산물에 불과한 것들을 활동 그 자체로 착각할 때 커다란 실수를 저지르게 된다. 그래서 사람들이 '생각이란 표현되지 않은 말일 뿐'이라든지 '시를 음미한다는 것은 그저 마음에 떠오르는 그림이나 이미지를 모으는 것일 뿐'이라는 주장을 믿게 된 것이다. 그러나 실제로 말이나 그림은 생각하거나 음미하는 활동이 중단되면서 뒤에 남겨 놓은 것—바람이 멈춘 뒤 파도가 굽이치듯이—에 불과하다. 그렇다고 해서 이런 활동들이 내성으로 인해 중단되기 전까지는 우리도 모르는 사이에 무의식적으로 이루어진다는 뜻은 아니다. 우리는 자기가 사랑하고 있거나 무서워하고 있거나 생각하고 있다는 사실을 알고 있다. 우리에게는 '의식과 무의식'이라는 두 가지 구분 대신 '무의식, 향유되는 것, 관조되는 것'이라는 세 가지 구분이 필요하다.

이 발견은 내 인생에 한 줄기 섬광을 던져 주었다. 그토록 '기쁨'을 기다리며 지켜보았는데도 얻지 못한 것이나, 이를테면 직접 손을 대며 "바로 이거야"라고 말할 수 있는 것에서 정신적인 만족을 얻고자 했던 희망이 모두 수포로 돌아간 것은, '향유되는 것'을 관조하려 했기 때문이라는 사실을 나는 알게 되었다. 그렇게 지켜보고 기다려서 **얻을 수 있는 것이라고는** 이미지(아스가르드나 서쪽 정원처럼)나 횡격막의 떨림뿐이다. 다시는 이런 이미지나 감각에 휘말리지 말아야 했다. 나는 그것들이 '기쁨'이 지나간 자리에 남은 정신적인 흔적에 지나지 않음을—파도가 아니라, 파도가 모래 위에 남긴 자국에 지나지 않음을—비로소 알게 되었다. 어떤 면에서 보면 갈망 그 자체에 내재된 변증법적 성격이 이미 이러한 사실을 내게 보여 주었다고도 할 수 있었다. 우리가 이미지와 감각을 '기쁨' 그 자체로 착각해서 우상숭배를 하더라도, 그 이미지와 감각 자체가 곧 정직한 고백을 터뜨릴 것이다. 그것들은 마지막 순간에 한결같이 이렇게 외쳤다. "난 네가 찾는 그것이 아니야. 난 그것을 상기시키는 존재일 뿐이야. 봐! 보라구! 내가 무엇을 상기시키지?"

여기까지는 좋았다. 그러나 경외감에 압도당하는 다음 단계가 나를 기다리고 있었다. '기쁨'이 갈망 그 자체였다(그리고 동시에 그것이 선한 갈망일 때는 일종의 사랑이기도 했다)는 사실은 의심할 여지가 없었다. 그러나 갈망은 자기 자신을 향하지 않고 그 대상을 향한다. 그뿐 아니라 갈망의 모든 특징은 그 대상에게서 비롯된다. 관능적인 사랑은 먹고 싶어하는 갈망과 다르다. 아니, 이 여인과 저 여인이 다른 것처럼 이 여인을 향한 사랑은 저 여인을 향한 사랑과 다르다. 심지어 이 포도주를 마시고 싶어하는 갈망은 저 포도주를 마시고 싶어하는 갈망과 그 느낌이 다르다. 어떤 질문의 진정한 답을 알고 싶어하는 지적인 갈망(호기심)은, 저 답이 아닌 이 답이 맞는지 알아 보려는 갈망과 상당히 다르다. 갈망 안에는 갈망하는 대상의 형태가 들어 있다. 그 갈망을 거칠게 만들거나 부드럽게 만드는 것, 조잡하게 만들거나 세련되게 만드는 것, '고상하게' 만들거나 '저속하게' 만드는 것은 바로 그 대상이다. 갈망 그 자체를 바람직한 것으로 만들거나 혐오스러운 것으로 만드는 것도 바로 그 대상이다.

나는 내가 헤스페리데스의 정원을 갈망하고 있다고 생각했던 것이 잘못이었듯이, '기쁨' 그 자체를 갈망한다고 생각했던 것도 잘못이었음을(그것은 놀랍기 짝이 없는 일이었다) 인식했다. '기쁨'

그 자체는 단지 내 마음속에 일어나는 사건일 뿐 아무 가치도 없는 것임이 드러났다. 모든 가치는 '기쁨'이 갈망하는 대상에게 있었다. 그리고 그 대상은 나의 마음상태나 몸의 상태가 아니라는 것이 너무나 분명했다. 어떤 의미에서, 나는 하나하나 삭제해 나가는 방식으로 이 사실을 입증해 왔다고 할 수 있었다. 나는 내 몸과 마음으로 모든 것을 시험해 보았다. 즉 "이것이 네가 원하는 것이냐? 바로 이것이냐?"라고 매번 물어보았다. 마지막으로 나는 '기쁨' 그 자체가 내가 원하는 바로 그것이냐고 물었다. 물론 그것에 '미학적인 경험'이라는 딱지를 붙여 놓고, "그렇다"고 억지 대답을 할 수는 있었다. 그러나 그 대답 또한 무위로 돌아가고 말았다. '기쁨'은 냉혹하게 선언했다. "네가 바라는 것은—너는 나를 바라지만—다른 것, 바깥에 있는 것, 너도 아니고 너의 상태도 아닌 어떤 것이다."

그때까지도 나는 "누가 내 갈망의 대상이냐?"라고 묻는 대신, "무엇이 내 갈망의 대상이냐?"라고만 묻고 있었다. 그런데도 그 질문은 나를 경외의 땅으로 밀어넣었다. 나는 절대 고독 속에는 자아의 바깥으로 나가는 길, 즉 그 무언가와의 교류가 있는데, 그 무언가는 감각의 대상이나 우리의 생물학적 필요, 사회학적 필요, 상상의 산물, 마음상태와 동일시되기를 거부하면서, 자신이 순전히 객관적인 존재임을 주장하고 있다는 사실을 이해하게 되었다. 그 무언가는 몸보다 훨씬 더 객관적인 존재이다. 왜냐하면 몸처럼 감각의 옷을 입고 있지 않기 때문이다. 그것은 감각의 옷을 입지 않은 '타자', 형상도 없고(우리는 상상력을 동원하여 오만 가지 형상을 만들어 내서 절을 하지만) 무엇으로 규정되지도 않는 미지의 존재, 갈망의 대상이었다.

이것이 두 번째 수로서, 내 수중에 남아 있던 마지막 비숍[103]을 잃는 것과 맞먹는 수였다. 세 번째 수는 그 당시에는 위험해 보이지 않았다. 그것은 '기쁨'에 대한 이 새로운 설명éclaircissement 과 나의 관념론적인 철학을 연결하는 것에 불과했기 때문이다. 나는 새로이 이해하게 된 '기쁨'이 관념론에 들어맞는다는 것을 알았다. 우리 유한한 인간은 과학의 관점에서 보나 인간이 흔히 서로를 보는 관점에서 보나 '껍데기'에 지나지 않는다. 그러나 우리는 '절대자'의 껍데기이다. 우리가 실제로 존재하고 있다면(이것은 별 의미가 없는 말이지만), 이를테면 완전한 실체인 절대자에게 뿌리를 두고 있는 것이 된다. 바로 그 때문에 우리는 '기쁨'을 경험한다. 우리는 당연히 합일을 갈망하지만, '우리'라고 불리는 각각 분리된 현상적 존재가 되기를 그만두지 않는 한 결코 합일에 도달할수 없다. '기쁨'은 속임수가 아니었다. '기쁨'이 찾아올 때 의식은 오히려 가장 또렷해졌으며, 환영幻影에 불과한 인간의 파편적인

103) 체스에는 첫 번째 줄에 배치되는 킹 king, 퀸 queen, 룩 rook, 비숍 bishop, 나이트 knight 등 다섯 종류의 말 piece과 두 번째 줄에 배치되는 폰 pawn이 있다. 폰의 힘이 1이라고 할 때 대략 나이트가 3, 비숍이 3, 룩이 5, 퀸이 9로 평가되는데, 일반적으로 비숍 2개가 나이트 2개보다 낮게 여겨진다.

본질을 인식하면서, 우리를 무화無化시킬 그 불가능한 재합일 내지는 '우리가 무슨 꿈을 꾼 것이 아니라 바로 **우리 자신**이 꿈이었다'는 것을 깨우쳐 줄 자기모순적인 각성을 열망하게 되었다.

이것은 지적으로 상당히 만족스러운 설명인 듯했다. 감정적으로도 만족스러웠다. 우리가 천국에 가느냐 하는 문제보다 중요한 것은 천국이 존재하느냐 하는 문제인 것이다. 나는 내가 중요한 이정표를 그냥 지나쳐 왔다는 사실을 깨닫지 못했다. 지금까지 나의 사고는 원심적인 것이었다. 그런데 이제 구심적인 움직임이 시작되었다. 서로 다른 경험들을 통해 솟아났던 생각들이 딸깍거리며 서로 결합하기 시작했다. 내가 갈망하는 삶과 나의 철학 사이에 아귀를 맞추는 이 새 작업은 나의 '철학'을 처음 생각보다 훨씬 더 심각하게 받아들여야 할 날, 빠른 속도로 다가오고 있는 그날을 예고하고 있었다. 그러나 나는 그날을 내다보지 못했다. 나는 '고작 폰 하나'만 잃은 사람처럼 행동했고, 이로 인해(경기 추이로 볼 때) 몇 수만에 체크메이트 상황이 오리라고는 전혀 예상치 못했다.

네 번째 수는 더 놀라운 것이었다. 나는 그때 영문학과 더불어 철학을 가르치고 있었다(아주 형편없는 선생이 아니었을까 생각한다). 나의 미지근한 헤겔주의는 수업에 도움이 되지 못했을 것이다.[104] 선생은 입장을 분명히 해야 한다. 그러나 '절대자'는 명확히 규정될 수 없는 개념이다. '절대자'라고 할 때, 그것은 '아무도 알 수 없는 그 무엇'을 의미하는가, 아니면 초인간적인 정신, 따라서 한 인격(이제는 인정해야겠다)을 의미하는가? 결국 헤겔과 브래들리 같은 사람들이 버클리George Berkeley의 간단하면서도 실용적인 유신론적 관념론에 신비화라는 색을 덧칠하는 것 이상의 일을 했다고 볼 수 있을까? 나는 그럴 수 없다고 생각했다. 그렇다면 우리가 적어도 어느 정도의 개념은 파악할 수 있는 버클리의 '하나님'이 '절대자'와 마찬가지 역할을 하는 것은 아닐까? 나는 그렇다고 생각했다. 그리하여 나는 버클리주의 비슷한 것으로 회귀하게 되었다.

그러나 그것은 내 생각을 약간 덧칠한 버클리주의였다. 나는 이 철학적인 '하나님'과 '통속 종교에서 말하는 하나님'을 아주 엄밀하게 구분했다. 어쨌든 말은 그렇게 했다. 그리고 그 하나님과 인격적인 관계를 맺을 가능성은 전혀 없다고 설명했다. 극작가가 등장인물에게 자신을 투사하는 것처럼 그도 우리에게 자신을 투사하는 것이며, 따라서 햄릿이 셰익스피어를 만날 수 없듯이 나도 그를 '만날' 수 없다고 생각한 것이다. 나는 그를 '하나님'이라고 부르지도 않았다. '영Spirit'이라고 불렀을 뿐이다. 사람은 마지막 남은 위안을 지키고자 싸우는 법이다.

그러다가 체스터턴의 《영원한 인간 The Everlasting Man》을

---

104) 물론 학생들을 내 철학으로 개종시키는 것이 선생의 일이라고는 생각지 않았다. 그러나 학생들의 글을 고쳐 주기 위해서라도 나 자신의 입장이라는 것이 있어야 한다는 사실을 깨달았다. - 지은이 주

읽으면서, 내 눈에도 일리 있어 보이는 형식으로 제시된 기독교의 개요를 처음으로 접하게 되었다. 어쨌든 나는 용케도 심각한 동요를 모면했다. '기독교라는 요소만 뺀다면' 체스터턴이야말로 생존 작가들 중 가장 분별력 있는 작가라고 했던 말을 아마 기억할 것이다. 이제 나는 진심으로 믿는 바, '기독교라는 요소만 뺀다면' 기독교야말로 상당히 분별력 있는 것이라고 생각하기에 이르렀다. 물론 이런 생각을 **말**로 표현하지는 않았다. 그랬다면 이 생각의 불합리성이 금세 드러났을 것이다. 그러나 《영원한 인간》을 다 읽은 지 불과 얼마 안 되었을 때, 훨씬 더 심상치 않은 일이 일어났다. 1926년 초, 무신론자 중에서도 가장 과격한 무신론자였던 친구가 내 방 벽난로 맞은편에 앉아 복음서가 정말 놀라울 정도로 역사적인 신빙성을 갖추고 있다고 말한 것이다.

"범상치가 않아."

그가 말을 이었다.

"'죽는 신'에 대한 프레이저의 자료 말이야. 범상치가 않아. 정말로 일어났던 일 같다는 생각이 들어."

이 말이 얼마나 충격적으로 들렸는지 알려면, 그 친구가 어떤 사람인지(그는 그 후 다시는 기독교에 관심을 보이지 않았다) 알 필요가 있다. 냉소주의자 중에 냉소주의자요, 강심장 중에 강심장인 그 친구조차 '안전하지' 않다면—나는 여전히 이런 식의 표현을 쓰려 들었다—도대체 나는 어디에 기대야 한다는 것인가? 탈출구는 없단 말인가?

기이한 일은, 하나님께서 나를 완전히 포위하시기 전에 전적으로 자유로운 선택의 기회라고 할 만한 순간을 허락해 주셨다는 것이다. 어떤 의미에서는 그랬다. 나는 헤딩턴 힐로 올라가는 버스 이층에 타고 있었다. 누가 무슨 말을 한 것도 아니고 떠오르는 이미지도 거의 없었는데(내 생각에는), 어찌 된 노릇인지 나에 관한 사실 한 가지가 생각났다. 무언가가 나에게 다가오지 못하도록 스스로 막고 있다는 사실, 무언가가 내 안에 들어오지 못하도록 스스로 차단하고 있다는 사실을 알게 된 것이다. 또는 코르셋처럼 뻣뻣한 속옷 내지는 갑옷을 껴입어 마치 가재 같은 형상을 하고 있음을 알게 되었다고 할 수도 있겠다. 바로 이 순간, 이 자리야말로 자유로운 선택을 내려야 할 때와 장소라는 느낌이 들었다. 문을 열 수도 있었고 계속 닫아 둘 수도 있었다. 갑옷을 벗어젖힐 수도 있었고, 계속 여미고 있을 수도 있었다. 어떤 것도 의무사항은 아니었다. 거기에는 어떠한 협박이나 약속도 없었지만, 문을 열고 갑옷을 벗는다는 일이 얼마나 엄청난 것을 의미하는지는 알고 있었다.

이처럼 이 선택이 너무나 중대하게 보였음에도 불구하고, 이상하게도 감정의 동요는 없었다. 나는 갈망이나 두려움에 동요되지 않았다. 어떤 의미에서는 아무것도에도 동요되지 않았다고 할 수 있었다. 나는 문을 열기로, 갑옷을 벗기로, 고삐를 풀기로 선택했다.

'선택했다'고 말했지만, 반대쪽을 택한다는 것은 사실상 불가능해 보였다. 그러면서도 과연 내가 어떤 동기에서 이런 선택을 내렸는지 알 수 없었다. 그렇다면 자유의지로 행동한 것이 아니지 않느냐고 따질 수도 있을 것이다. 그러나 나로서는 그 결정이야말로 지금껏 내가 했던 그 어떤 행위보다 완벽하게 자유로운 행위에 가까웠다는 생각이 점점 더 강하게 든다. 필연성은 자유의 반대말이 아닐 수 있으며, 인간은 굳이 동기를 만들어 내는 대신 "내 행동이 곧 나다"라고 말할 수 있을 때 가장 자유로울지도 모른다.

그렇게 선택하고 나자, 상상의 차원에서 반향이 일어났다. 나는 마침내 녹기 시작한 눈사람 같은 느낌이 들었다. 등부터 녹기 시작해서 물이 뚝뚝 떨어지더니, 이윽고 줄줄 흐르기 시작했다. 그 느낌은 다소 불쾌했다.

헤겔의 숲에서 쫓겨난 여우가 아무것도 없는 들판을 내달리고 있는데, "세상의 온갖 괴로움을 짊어진 채" 더럽고 지친 몸으로 도망치는 그 뒤를 사냥개들이 바짝 쫓고 있었다. 그 사냥개의 무리에 거의 모든 이들—플라톤, 단테, 맥도널드, 허버트, 바필드, 톨킨, 다이슨, 그리고 '기쁨' 그 자체까지—이 이런저런 방식으로 끼어들었다. 모든 사람, 모든 것이 내 반대편에 가담했다. 내 제자 그리피스—지금은 수사 비드 그리피스 Bede Griffiths 지만—는 그 당시에 신자가 아니었음에도 불구하고 거기에 동참하고 있었다. 한번은 그리피스와 바필드가 내 방에서 점심을 같이 먹는데, 내가 얼결에 철학을 '주제'라고 지칭했다. 그러자 바필드가 말했다.

"플라톤에게 철학은 주제가 아니었어. 삶의 방식이었지."

그리피스가 조용히, 그러나 열정적으로 동의했고, 그 순간 두 사람 사이에 오가는 상호 이해의 눈길을 보면서, 나는 내가 경솔했다는 것을 깨달았다. 충분히 생각하고, 말하고, 느끼고, 상상했다. 이제는 무언가를 행해야 할 때가 되었다.

물론 오래 전부터 내 관념론에는 윤리가 첨부되어(이론적으로는) 있었다. 절반은 비현실적이며 유한한 우리 인간의 영혼이 해야 할 일은 '그 영과 위치는 다르지만 질적으로는 같은 자리에서 세계를 바라봄으로써, 즉 특정 시공간과 상황에 매여 있음에도 불구하고 그 영처럼 생각하고 그 영처럼 의지를 행사함으로써 그 영에 대한 의식을 늘려 나가는 일'이라는 것이 내 생각이었다. 그것은 어려운 일이었다. 그 영이 인간의 영혼과 세상에 자신을 투사한 바로 그 행위로 인해 인간의 영혼은 서로 다른 경쟁적 이해관계를 맺게 되었고, 그 결과 이기심의 유혹을 받게 되었기 때문이다. 그러나 나는 공간 안의 위치에 따라 달라지는 광학적 시야를 신뢰하지 않는 것처럼, 개별적인 자아에 따라 달라지는 감정적인 시야 또한 신뢰하지 않을 수 있는 힘을 각 사람이 가지고 있다고 생각했다. 자기 행복을 남의 행복보다 중시하는 것은 가까이 있어서 커 보이는 전신주가 실제로도 크다고 여기는 태도나 다름없다. 우리가 보편적이고 객관적인 시각을 회복해서 그에 맞게 행동하려면, 매일

매시간 우리의 참된 본질을 기억하면서 그 영(어쨌든지 간에 우리가 실제로 존재하고 있는 한 우리 존재의 뿌리는 여전히 그 '영'에게 있으므로) 안으로 되올라가든지 되돌아가야 했다. 좋다. 그렇다면 바로 지금 그 일을 시도해야 하지 않겠는가. 나는 마침내 "더도 말고 덜도 말고 꼭 **해야만 하는** 일"(맥도널드의 표현을 빌리자면)에 직면하게 되었다. 나는 완전한 덕에 이르기 위한 시도를 감행해야 했다.

정말이지 자기 믿음을 지키고자 하는 젊은 무신론자는 극히 조심하지 않으면 안 된다. 도처에 위험이 도사리고 있다. '그 교리를 배울' 준비가 되어 있지 않는 한, '아버지'의 뜻을 행해서도 안 되고 행할 엄두조차 내서는 안 된다. 마침내 내 모든 행위와 갈망과 생각이 그 보편적인 영과 조화를 이루게 되었다. 나는 처음으로 지극히 실제적인 목적을 가지고 나 자신을 점검해 보았다. 그 결과는 경악스러웠다. 정욕의 우리, 야망의 도가니, 두려움의 온상, 애지중지 가꾼 증오의 하렘이 거기 있었다. 내 이름은 '군대'였다.[105]

물론 나는 내가 명명한 바 그 '영'을 계속해서 의식적으로 의지하지 않으면 아무것도 할 수—한 시간도 버틸 수—없었다. 이런 행동과 보통 사람들이 '하나님께 기도드린다'고 말하는 행동 사이에는 미세한 철학적 차이가 있지만, 진심으로 이런 행동을 하는

---

105) 마가복음 5장 9절 참조.

순간 그 미세한 차이는 사라져 버린다. 우리는 관념론에 대해 이야기할 수도 있고, 심지어 느낄 수도 있다. 그러나 관념론에 따라 살 수는 없다. 내가 접근하고 있는데도 그 영이 모른다거나 수동적인 자리에 머물러 있다는 생각을 고수하는 것은 불합리한 일임이 자명해졌다. 설사 내 철학이 옳다고 해도, 어떻게 내 쪽에서 주도권을 행사할 수가 있단 말인가? 이제야 깨닫게 된 바이지만, 내 유추에 따르면 오히려 그 반대가 되어야 옳다. 셰익스피어와 햄릿이 만났다면, 그것은 셰익스피어가 성사시킨 일임이 틀림없다.[106] 햄릿이 주도해서 시작할 수 있는 일은 하나도 없다. 그때까지도 내 머릿속에 있던 '절대 영'은 기독교의 '하나님'과 어떤 면에서 차이가 있었다. 그러나 진짜 문제는 그것이 아니었다. 아니, 사실 진짜 문제에는 아직 도달하지도 못했다. 진짜 무서운 사실은 '하나님' 내지는 내가 말한 바 '영' 같은 존재를 진지하게 믿는 즉시 완전히 새로운 상황이 전개된다는 데 있었다. 에스겔의 해골 골짜기에서 마른 뼈들이 움직여 서로 들어맞아 벌떡 일어섰듯이,[107] 지적인 장난거리에 불과했던 철학 이론이 울룩불룩 움직이기 시작하더니 수의를 벗어던지고 벌떡 일어나 산 존재가 되어 버렸다.

---

106) 즉, 원칙적으로 생각할 때 셰익스피어는 극 속에 작가로 등장해서 햄릿과 대화하는 장면을 쓸 수 있다. 물론 극 속의 '셰익스피어'는 셰익스피어 자신인 동시에 그가 만들어 낸 극중 인물 중 하나이기도 하다. 여기에는 성육신과 비슷한 부분이 있다.
　－지은이 주
107) 에스겔 37장 7-10절 참조.

나는 더 이상 철학을 가지고 놀 수 없게 되었다. 내 말처럼, 내가
명명한 '영'은 여전히 어떤 점에서는 '통속 종교의 하나님'과 차
이가 있을 수 있었다. 나의 맞수는 그 점을 당분간 묵인해 주셨다.
그것은 중요치 않은 문제였다. 그는 그 점에 대해 논쟁하려 들지
않으셨다. 다만 이렇게 말씀하셨을 뿐이다.

"나는 주主다."

"나는 나다."

"나다."

천성적으로 종교적인 사람들은 이런 계시가 얼마나 큰 공포로
다가오는지 모를 것이다. 또 상냥한 불가지론자들은 '하나님을 찾
는 인간의 탐색'에 대해 쾌활하게 이야기할 수도 있을 것이다. 그
러나 그 당시 나는 차라리 쥐가 고양이를 찾아나선다고 말하는 편
이 나을 것 같은 기분이었다. 내가 처한 곤경에 가장 어울리는 이
미지는 《지그프리트》 제1막에서 미메와 보탄이 만나는 장면이다.
"나는 첩자와 탐정들이 엿볼 가치가 없는 사람이다, 혼자 있고 싶
다hier brauch' ich nicht Spärer noch Späher, Einsam will
ich……."

내가 언제나 가장 원했던 바는 누구에게도 '방해받지' 않는 것
이었음을 기억하라. 나의 소원(무모한 소원이었다)은 '내 영혼을 내
것이라 부르는' 것이었다. 나는 즐거움을 얻는 쪽보다는 고통을
피하는 쪽에 훨씬 더 골몰했다. 나는 언제나 유한 책임하에 살고

싶었다. 초자연적인 것을 처음 대했을 때는 밀주密酒처럼 달게 느껴졌지만, 시간이 지나자 주정뱅이처럼 토악질이 났다. 내 철학에 따라 살겠다는 최근의 시도조차 나도 모르는 사이에(지금은 안다) 온갖 종류의 유보사항들에 갇혀 버렸다. 나는 덕에 대한 나의 이상 때문에 참을 수 없는 고통을 겪는 일은 절대 없으리라는 사실을 잘 알고 있었다. 나는 그 이상을 '이성적으로' 추구할 작정이었다. 그런데 한때는 그처럼 이상에 불과했던 것이 이제 명령이 되어 버렸다. 그러니 이제 무엇인들 나에게 요구하지 않겠는가? 하나님은 그 정의상 '이성' 그 자체임이 분명하다. 그러나 다른 의미, 좀더 편안한 의미에서도 그가 '이성적인' 존재일까? 나는 그 점에 대해 어떤 확신도 가질 수가 없었다. 내가 받은 요구는 전적으로 승복하여 어둠 속으로 주저 없이 뛰어들라는 것이었다. 내게 닥친 현실은 타협이 불가능했다. 그것은 '전부 내놓든지 아니면 다 그만두라'는 수준의 요구도 아니었다. 내 생각에 그 단계는 내가 갑옷을 벗어 눈사람이 녹기 시작하던 그 이층버스에서 이미 지나갔다. 이제 그는 오로지 '전부'만을 요구하셨다.

모들린의 방에 혼자 있을 때, 일만 잠시 놓으면 그토록 피하고 싶어했던 그분이 꾸준히, 한 치의 양보도 없이 다가오시는 것을 밤마다 느껴야 했던 내 처지를 상상해 보기 바란다. 내가 너무나도 두려워했던 그 일이 마침내 일어나고야 말았다. 1929년 여름 학기에 나는 드디어 항복했고, 하나님이 하나님이시라는 사실을 인정했으며, 무릎을 꿇고 기도했다. 아마 그날 밤의 회심은 온 영국을 통틀어 가장 맥빠진 회심이자 내키지 않는 회심이었을 것이다. 지금은 너무나도 찬란하고 선명해 보이는 그 일이 그 당시 내 눈에는 그렇게 비치지 않았다. 하나님은 얼마나 겸손하신지 이런 조건의 회심자까지 받아주신다. 성경에 나오는 탕자는 그래도 제 발로 집을 찾아갔다. 그러나 끌려가는 와중에도 발길질을 하고 몸부림을 치고 화를 내면서 사방을 두리번거리며 도망갈 기회를 찾는 탕자에게도 하늘의 높은 문을 활짝 열어 주시는 그분의 사랑을 그 누가 찬양하지 않으랴? '끌고 오라 compelle intrare'는 것은 악한 사람들이 너무 남용한 탓에 듣기만 해도 몸서리가 쳐지는 말이다. 그러나 제대로 이해하기만 한다면, 이것이야말로 하나님의 자비의 깊이를 잴 수 있는 말이 아닐 수 없다. 하나님의 준엄함은 인간의 온화함보다 따뜻하다. 그의 강요는 우리를 해방시킨다.

1 5

시작

숲이 우거진 산등성이에서 평화의 땅을 보는 것과 ……
그 땅으로 이끄는 길을 직접 밟는 것은 다른 일이다.
성 아우구스티누스 Aurelius Augustinus, 《고백록 Confessions》 VII, xxi

지난 장에 기록한 것은 순전히 유신론을 향한 회심이었지, 기독
교를 향한 회심이 아니었음을 밝혀야겠다. 그때까지만 해도 나는
성육신에 대해 아는 바가 전혀 없었다. 내가 승복한 하나님은 순
수히 비인격적인 신이었다.

그래도 어린 시절 이후 계속 내 마음에 날아와 박혔던 '기쁨'의
화살이 어디로부터 왔는지, 그 근원에 다가서게 된 만큼 조금이나
마 공포감이 덜어지지 않았느냐고 물을지도 모르겠다. 전혀 그렇
지 않았다. 나는 하나님과 '기쁨' 사이에 그동안 무슨 연관성이 있
었는지, 또 앞으로도 그런 연관성이 있을 수 있는지에 대해 어렴
풋한 단서조차 얻을 수 없었다. 단서라는 것이 있다면, 오히려 그

와는 정반대 되는 단서가 있었다. 나는 과거에 '실재의 핵심은 무엇보다 공간으로 가장 잘 상징화될 수 있는 종류의 것이 아닐까' 기대했다. 그런데 알고 보니 그 핵심은 공간이 아니라 한 '인격'이었다. 잘은 모르지만 아마도 내가 명명한 바 '기쁨'을 완전히 거부하는 것이 그분의 요구 중 하나이자 맨 첫 번째 요구일 것이라는 생각이 들었다. 내가 문 안으로 끌려 들어갔을 때, 그 안에서는 음악도 흘러나오지 않았고 문턱에서는 영원한 동산의 향기도 풍겨 나오지 않았다. 거기에는 어떠한 종류의 갈망도 없었다.

회심은 했지만, 그렇다고 장래의 삶에 대한 믿음까지 생긴 것은 아니었다. 그 문제를 생각하지 않은 상태에서 거의 1년이 찰 때까지 수개월 동안이나 하나님을 알며 그분께 순종하고자 노력하도록 허락해 주신 것이야말로 내게 베푸신 가장 큰 자비 중 하나였다고 생각한다. 내가 받은 훈련은 유대인들이 받은 훈련과 비슷했다. 유대인들이 죽음과 관련해서 '형체 없이 그늘에 싸인 스올Sheol'보다 더 좋은(또는 더 나쁜) 암시를 얻게 되기 수백 년 전에 이미 하나님은 그들에게 자신을 계시해 주셨다. 나는 죽음 이후의 삶에 대해서는 꿈도 꾸지 못했다. 나보다 훨씬 훌륭한 사람들 중에도 불멸을 자기 종교의 거의 핵심적인 교리로 삼는 이들이 있다. 그러나 나로서는 처음부터 그런 주제에 골몰하는 사람치고 전부를 망치지 않는 경우를 본 적이 없다. 나는 선善은 사심이 없을 때에만 선이 될 수 있으며, 보상을 바라는 마음이나 벌을 무서워하는 마음은 선을 행하려는 의지를 오염시킨다고 믿도록 교육받으며 자랐다. 그 믿음은 틀린 것이었지만(이것은 사실 내가 그 당시에 인식하고 있었던 것보다 훨씬 복잡한 문제이다), 나의 잘못은 아주 너그럽게 용인되었다. 나는 무슨 협박이나 약속 때문에 타락하게 될까 봐 무서웠다. 그러나 거기에는 협박도, 약속도 없었다. 그분의 명령은 준엄했지만, 배후에 '제재장치'는 없었다. 오직 하나님은 하나님이시기에 나는 그분께 순종해야 했다. 하나님은 오래 전부터 아스가르드의 신들을 통해, 또 그 다음에는 '절대자'의 개념을 통해, '무슨 능력을 가지고 있어서가 아니라 그 존재 자체로 경외감을 주는 존재가 있을 수 있다'는 사실을 가르쳐 주셨다. 그래서 '하나님은 하나님이시기 때문에 순종해야 한다'는 것을 알았을 때에도 공포감은 느꼈지만 놀라지는 않았다. "왜 하나님께 순종해야 하는가?" 하는 질문의 답은 결국 "하나님이시니까"이다. 하나님을 안다는 것은, 우리가 마땅히 그분께 순종해야 한다는 사실을 아는 것이다. 하나님의 본질 자체가 그분의 주권이 법적으로 de jure 정당한 것임을 보여준다.

이미 말했듯이, 이것은 훨씬 복잡한 문제이다. 제1의 필연적 존재인 창조주는 법적인 주권뿐 아니라 실제적인 de facto 주권도 갖고 계시다. 창조주는 왕국과 영광뿐 아니라 능력도 갖고 계시다. 그러나 나는 그분의 능력 이전에 법적인 주권을, 권력 이전에 권리를 먼저 알게 되었다. 그리고 이 점을 감사드린다. 나는 지금도 가끔씩은 다음과 같이 말하는 것이 좋다고 생각한다. "하나님의 능력이 사라지고 다른 속성만 남는 일이 있을 수 있다 해도(만에 하나라도), 그리하여 그 최고의 권위가 최고의 권력을 잃는다 해도, 우리는 여전히 지금과 똑같은 종류의 헌신을 똑같은 정도로 그분께 바쳐야 한다."

또한 하나님의 본질 자체가 그가 내리시는 명령의 실제적인 제재장치가 된다는 것은 사실이지만, 이 점을 이해하고 나면 결국 그 '본질'과 합일되는 것이야말로 공포에서 벗어나는 길이요 지복이라는 결론이 나오게 된다. 여기에서 천국과 지옥의 문제가 등장한다. 그러나 이 맥락에서 벗어나 천국이나 지옥 그 자체만 지나치게 생각한다면, 하나님이 함께 계시느냐 안 계시느냐를 떠나 천국이나 지옥 그 자체에 실질적인 의미가 있는 양 그 두 가지를 실체화시킨다면, 천국과 지옥에 관한 교리도 부패할 뿐 아니라 그렇게 생각하는 우리 자신도 부패하게 될 것이다.

이 이야기의 마지막 단계는 내가 어떻게 유신론에서 기독교로 넘어가게 되었는가에 대한 것인데, 사실 그 부분에 대해서는 나도 거의 아는 바가 없다. 가장 최근에 일어난 일을 잘 모른다는 말이 이상하게 들릴 것이다. 나는 여기에 두 가지 이유가 있다고 생각한다. 한 가지는, 사람은 나이를 먹을수록 최근에 일어난 일보다는 먼 과거를 더 잘 기억한다는 것이다. 또 한 가지는, 유일신을 믿게 되면서 처음 나타난 결과의 하나로서, 나 자신의 견해와 마음상태의 추이에 그토록 오랫동안 기울여 왔던 자질구레한 관심이 눈에 띄게 줄어들었다는 것이다(이 책을 읽어 온 독자들도 동의하겠지만, 이제는 그럴 때도 되었다). 건전한 외향성을 가진 사람들 중에는 회심하면서 처음으로 자기 점검을 하는 이들이 많다. 나는 거의 정반대였다. 물론 자기 점검은 계속했다. 그러나 가끔, 실용적인 목적이 있을 때만(기억이 잘 안 나서 정확히 말할 수는 없지만) 했다. 자기 점검은 더 이상 취미나 습관이 아닌, 의무와 훈련 내지는 불편한 일로 여겨졌다. 나의 외향성은 믿고 기도하는 일에서부터 형성되기 시작했다. 흔한 표현대로 '나로부터 벗어나게' 된 것이다. 설사 유신론이 다른 유익을 전혀 끼치지 못했다 해도, 일기를 쓰느라 시간을 낭비하는 어리석은 습관을 고쳐 준 것만으로도 고맙게 생각할 것이다(자서전을 쓸 때조차 일기는 바라던 만큼의 실용성을 발휘하지 못한다. 매일매일 중요하다고 생각하는 일들을 일기에 쓰긴 하지만, 그 일이 나중에 봐도 정말 중요한 일들로 판명날 것인지는 아무도 모르는 일이다).[108]

나는 유신론자가 되자마자 일요일에는 교구 교회, 주중에는 대학 교회를 다니기 시작했다. 기독교를 믿었기 때문도, 단순한 유

---

[108] 내가 일기에서 유일하게 얻은 유익은 보스웰의 엄청난 천재성을 제대로 감상하게 되었다는 것뿐이다. 나는 아주 재미있고 인상적이었던 사람들의 대화를 되살려 놓으려고 엄청나게 노력했다. 그러나 어느 누구도 내 일기에 생생히 되살릴 수 없었다. 랭턴, 보클러크, 윌크스 등에 대한 보스웰의 묘사에는 단순히 정확하게 기록하는 것과는 다른 무언가가 분명히 있다. ─ 지은이 주

신론과 기독교의 차이를 사소하게 보았기 때문도 아니었다. 나는 '백기를 들려면' 눈에 확 띄는 표시를 해야 한다고 생각했다. 나는 그것을 명예의 의미(아마도 그 의미를 오해했던 것 같다)에 맞는 행동 으로 여겼다. 사실 교인이 되는 것은 전혀 끌리지 않는 일이었다. 나는 반교권적인 성향은 없었지만, 반교회적인 성향은 심했다. 보 좌신부나 부주교, 교구위원은 마땅히 있어야 할 훌륭한 직책이라 고 생각했다. 그 직책들은 자기만의 강렬한 향취가 있는 것이라면 무엇이든지 사랑하는 젱킨 식 취향을 만족시켜 주었다. 그리고 내 가 만난 성직자들은 모두(올디만 빼고) 좋은 사람들이었다. 모들린 신학대 학장 애덤 폭스나, 아일랜드 고향의 교구 목사였던 아서 바턴(후에 더블린의 대주교가 되었다)은 특히 더 그랬다(아서 바턴도 벨젠에서 올디에게 고초를 겪은 적이 있었다. 내가 올디의 사망 소식을 전하면서 "이젠 다시는 **그를 못 보겠군요**"라고 했더니, 목사님은 으스스 하게 웃으며 대꾸했다. "못 보기를 **바라야지요**").

하지만 아무리 곰이 좋아도 동물원에 갇히고 싶지는 않은 것처 럼, 아무리 성직자가 좋아도 교회에 갇히고 싶은 생각은 없었다. 우선 교회는 집단적인 곳으로서, 지겹게도 '모이는' 행사를 강조 했다. 나는 그때까지만 해도 그런 종류의 일이 개인의 영적 생활과 무슨 상관이 있는지 알지 못했다. 나에게 종교는 선한 사람들이 혼 자 기도하거나 두세 명 정도 모여 영적인 문제를 놓고 이야기하는 것을 의미했다. 그런데 그 수선스럽고 소모적이고 성가신 일들이라니! 종, 군중, 우산, 게시물, 소란, 끝도 없는 정리 정렬. 나는 찬송이 거슬렸다(지금도 그렇다). 악기 중에 가장 좋아하지 않는 것이 오르간이었다(지금도 그렇다). 게다가 영적 서투름 gaucherie 때문에 어떤 의식儀式이건 잘 참여하지 못하는 부류의 인간이기도 했다.

이처럼 나의 교회 출석은 상징적이고 일시적인 습관 이상이 되지 못했다. 교회 출석이 유신론에서 기독교로 나아가는 데 혹시 일조한 부분이 있다 해도, 그 부분이 과연 무엇인지 그때도 몰랐고 지금도 모르겠다. 이 단계에서 중요한 동반자가 되어 준 사람은 그리피스로서, 나는 그와 상당한 분량의 편지를 주고받았다. 둘 다 하나님을 믿고 있었고, 이교를 통해서든 기독교를 통해서든 하나님에 대한 것이라면 얼마든지 더 들을 준비가 되어 있었다. '종교들'이라는 혼돈스러운 복수 개념이 내 마음속에서(그리피스의 마음은 내가 말할 수 있는 부분이 아니다. 그 부분에 대해서라면 그리피스 자신이 자기 이야기를 훌륭하게 풀어 놓은 《황금줄 The Golden String》을 참고하는 편이 나을 것이다) 솎아지기 시작했다. 그 무신론자 중의 무신론자가 "범상치가 않아. '죽는 신'에 대한 프레이저의 자료 말이야. 정말로 일어났던 일 같다는 생각이 들어"라고 했던 말과, 바필드가 이교 신화를 아주 즐기는 것은 아니어도 존중할 수는 있도록 장려해 준 일이 실마리가 되었다.

이제 문제는 수천 가지 거짓 종교 중에서 딱 한 가지 참된 종교를 찾는 것이 아니었다. 오히려 '종교가 어디에서 참된 성숙에 도달했는가? 모든 이교에 등장하는 단서들은 어디에서 완성된 형태로 나타나는가?' 가 문제였다. 종교가 없는 사람들에게는 더 이상 관심이 없었다. 그런 사람들의 인생관은 이제 관심 밖이었다. 오히려 그들과는 반대로 무언가를 경배했던 무리들—춤추고 노래하고 제물을 바치고 몸을 떨며 숭앙했던 사람들—이야말로 옳다는 것이 확실했다. 그러나 축제와 의식만큼이나 지성과 양심 또한 우리의 길잡이가 되어야 했다. 신학도 없고 도덕도 없었던 원시적인 이교 신앙으로 회귀할 것이 아니라면 말이다.

내가 마침내 인정한 하나님은 유일한 분이었고, 정의로운 분이었다. 이교 신앙은 종교의 유년기 내지는 예언적 꿈에 불과했다. 이 이교 신앙은 어디에서 완전한 성숙에 이르렀는가? 어디에서 완전히 깨어났는가?(《영원한 인간》이 이 부분에서 내게 도움을 주었다.) 가능한 답은 딱 두 가지, 힌두교 아니면 기독교밖에 없었다. 다른 모든 종교는 이 두 종교 중 하나를 예비하는 것 내지는 통속화한 vulgarisation(프랑스어의 의미에서) 것이었다. 다른 종교에서 찾을 수 있는 요소라면 무엇이든 힌두교나 기독교에서 더 나은 형태로 찾아낼 수 있었다.

그러나 힌두교는 두 가지 면에서 자격 미달로 보였다. 첫째로, 힌두교는 이교 신앙이 도덕적, 사회적으로 성숙한 형태로 보이기보다는 정화되지 못한 이교 신앙과 철학이 물과 기름처럼 공존하는 데 그친 형태로 보였다. 이를테면 숲 속에서는 브라만이 참선

을 하는데, 몇 마일 떨어진 마을에서는 사원에서 매춘행각이 벌어
지고 과부의 순장殉葬을 비롯한 잔인하고도 기괴한 일들이 벌어
지는 식이었다. 둘째로, 힌두교에는 기독교에 나타나는 바와 같은
역사적 주장이 없었다. 그때는 이미 문학비평에 아주 익숙해진 상
태여서 복음서를 단순한 신화로 치부해 버릴 수가 없었다. 복음서
에는 신화의 풍미가 없었다. 그러나 그들—주변 이교 세계가 가지
고 있는 신화의 보고寶庫를 접하지 못했던 편협하고 매력 없는 유대
인들—이 기교 없이 역사 서술 방식으로 써 내려간 그 제재야말로
위대한 신화의 제재, 바로 그것이었다. 신화가 사실이 된다면, 신
화가 성육신한다면 바로 이런 형태일 것이다. 어떤 문헌을 봐도
복음서와 닮은 것은 없었다. 신화는 일면 복음서와 닮은 구석이
있었다. 역사도 일면 닮은 구석이 있었다. 그러나 정말로 복음서
와 꼭 닮은 것은 아무것도 없었다. 복음서에 묘사된 '인격'처럼 묘
사된 인물 또한 아무 데도 없었다. 그는 플라톤이 묘사한 소크라
테스Socrates나 보스웰이 묘사한 존슨 박사(에커만Johann Peter
Eckermann이 묘사한 괴테나 록하트가 묘사한 스콧보다 열 배는 더 나
은)만큼이나 오랜 세월이 지나도록 생생하고 눈에 띄는 인간인 동
시에, 이 세계 너머의 빛으로 빛나는 신성한 신이었다. 그런데 그
하나의 신—이제는 더 이상 다신론자가 아니므로—이 정말 있다
면, 그 신은 단지 하나의 신이 아니라 하나님일 것이다.
　모든 시대를 통틀어 이 지점에서만, 오직 이 지점에서만 신화는

사실이 된 것이 틀림없었다. '말씀'이 육신이 되었다. 하나님이 인간이 되셨다. 이것은 '하나의 종교'도, '하나의 철학'도 아니다. 이것은 모든 종교, 모든 철학의 요지이자 실재이다.

이미 말했듯이 앞서 있었던 어떤 변화보다 이 마지막 단계의 변화에 관련된 기억이 가장 불확실하기 때문에, 나중에 든 생각이 이야기에 섞여 들어갈 수 있다. 그러나 주된 맥락을 잘못 짚을 가능성은 거의 없다. 한 가지는 확실하다. 나는 결론에 다다를 즈음, 전에 유신론으로 돌아서기 전에 느꼈던 저항감과 거의 비슷한 강도의 저항감을 느꼈다. 그러나 이제는 그 저항감이 어떤 것인지 알고 있었으므로, 감정의 강도는 비슷했어도 그 감정에 지배되는 기간은 짧았다. 절대자에서 '영'으로, '영'에서 '하나님'으로 한 걸음씩 더 내딛을 때마다 나는 더 구체적이고 더 절박하며 더 강력하게 잡아끄는 것을 향해 나아가게 되었다. 한 걸음씩 더 내딛을 때마다 '내 영혼을 내 것이라고 부를 수 있는' 기회는 점점 줄어들었다. 나는 성육신을 받아들임으로써 그 방향으로 한 걸음 더 나아갔다. 그것은 나를 더 하나님과 가까워지게 했다. 또는 새로운 방식으로 가까워지게 했다고도 할 수 있었다. 사실 그것은 내가 원한 바가 아니었다. 그러나 도피할 곳을 찾아봤자 소용도 없을 뿐 아니라 부끄럽기만 할 것이 분명했다.

마지막 한 걸음을 내딛게 된 과정은 잘 기억이 나지 않지만, 그 시점만큼은 아주 잘 기억하고 있다. 어느 화창한 아침, 윕스네이

드로 가는 중이었다. 출발했을 때에는 예수 그리스도가 하나님의 아들이라는 사실을 믿지 않았지만, 동물원에 도착했을 때에는 믿고 있었다. 그렇다고 해서 가는 길에 생각에 잠겼던 것도 아니었다. 격정에 휘말려 있지도 않았다. 가장 중요한 사건들 중에는 '감정'이라는 말을 절대 쓰지 말아야 하는 경우들이 있는 것 같다. 그 경험은 마치 오랜 잠에서 깨어난 사람이 여전히 침대에 움직이지 않고 누워 있으면서도 자기가 깨어났다는 사실만큼은 인식하고 있는 것과 아주 흡사했다. 그리고 이층버스에서 경험한 순간처럼 애매했다. 그것은 자유의지에서 비롯된 경험이었을까, 필연적으로 찾아오게 되어 있었던 경험이었을까? 최고점에 도달했을 때에도 이 두 가지가 서로 구별이 될까? 최고점에 도달했을 때, 인간의 존재는 인간의 행동과 일치된다. 그의 존재 중 어떤 부분도 행동의 배후나 바깥에 남지 않는다. 이른바 '의지'와 '감정'은 대개의 경우 너무 시끄럽게 전면에 드러나기 때문에, 우리가 그것들을 별로 신뢰하지 못하고 '엄청난 열정이라든지 강철 같은 의지라는 것도 일부는 조작된 것이 아닐까' 하는 은밀한 의심을 품게 되는 것 같다.

그 후에 웝스네이드는 망가져 버렸다. 그때는 머리 위에서 새들이 노래하고 발밑에는 보랏빛 초롱꽃이 만발해 있으며 왈라비들이 펄쩍펄쩍 뛰어다니는 왈라비 숲이 마치 돌아온 에덴 동산 같았는데 말이다.

결론적으로 '기쁨'은 어떻게 되었을까? 결국 그것이 이 책의 주제 아니었던가? 사실대로 말하자면, 나는 그리스도인이 되면서 그 주제에 거의 흥미를 잃고 말았다. 비전의 어슴푸레한 빛이 스러져 버렸다고 워즈워스처럼 불평할 수는 없다. 나는 예전의 찔림, 쓰라리면서도 달콤했던 그 느낌이, 회심한 후에 오히려 그 어느 때보다 자주, 날카롭게 찾아오고 있다고(이런 말을 해야 할 가치가 있는지 모르겠지만) 믿는다. 그러나 이제 그 경험은 내 마음의 한 상태에 불과하다고 생각하기 때문에 예전과 같은 중요성은 부여하지 않는다. 그것은 바깥에 있는 무언가 다른 것을 가리키는 지시봉의 가치만을 지니고 있을 뿐이다. 그 무언가 다른 것의 존재가 의심스러웠을 때에는 당연히 그 지시봉이 크게 부각되었다. 숲에서 길을 잃었을 때에는 표지판을 찾는 일이 중요한 법이다. 표지판을 처음 찾은 사람은 "저기 있다!"고 소리를 친다. 그리고 사람들이 모여 그 표지판을 들여다본다. 그러나 마침내 길을 발견해서 몇 마일마다 하나씩 세워져 있는 표지판들을 만나게 되면 더 이상 멈추어 서서 들여다보지 않는다. 물론 표지판들을 보면 용기가 생기고, 그런 표지판들을 세워 놓은 당국에 감사한 마음도 들 것이다. 그러나 매번 멈추어 서서 들여다보지는 않을 것이며, 혹시 들여다본다 해도 오래 지체하지는 않을 것이다. 일단 이 길에 들어선 사람은, 표지판의 기둥이 은이고 글자가 금이라 해도 지체하지 않는다. "우리는 예루살렘으로 가고 있기 때문이다."

물론 아직도 길가의 하찮은 것들을 들여다보느라 발걸음을 멈출 때도 아주 없지는 않다.

C. S. 루이스 연보

1898년 11월 29일 북아일랜드 벨파스트에서 아버지 알버트 J. 루이스 Albert J. Lewis, 어머니 플로라 오거스타 해밀턴 루이스 Flora Augusta Hamilton Lewis 사이에서 클라이브 스테이플즈 루이스 Clive Staples Lewis(애칭은 잭 Jack) 태어나다. 형 워렌 해밀턴 루이스 Warren Hamilton Lewis(애칭은 와니 Warnie)는 1895년에 출생.

1905년 가족 전체가 벨파스트 외곽에 새로 지은 집 '리틀 리 Little Lea'로 이주하다.

1908년 어머니가 아버지의 생일인 8월 23일에 암으로 사망. 같은 해에 루이스의 할아버지와 큰아버지도 사망하다. 루이스는 9월에 잉글랜드로 건너가 '올디의 학교' 혹은 '벨젠 Belsen'으로 불리는 하퍼드셔 왓포드의 윈야드 스쿨 Wynyard School에 입학.

1910년 6월에 '벨젠'을 떠나 '리틀 리'에서 1마일 떨어진 캠벨 칼리지 Campbell College에 입학했으나, 심한 기관지염으로 11월에 그만두다.

1911년 잉글랜드 몰번에 가서 '샤르트르 Chartre'로 불리는 셔버그 하우스 Cherbourg House에 입학. 1913년 6월까지 머무는 동안 기독교 신앙을 버리다.

1913년 고전학 장학생이 되어 '와이번 Wyvern'으로 불리는 몰번 칼리지 Malvern College에 입학하다.

1914년 4월에 평생 친구 아서 그리브즈 Joseph Arthur Greeves 를 만나다. 6월에 와이번을 떠나 같은 해 9월부터 1917년 4월까지 써리의 그레이트 부컴에 머물며 커크패트릭 W. T. Kirkpatrick 에게 사사하다.

1915년 조지 맥도널드의 《판테스티스 *Phantastes: A Fairie Romance for Men and Women*》를 읽다.

1916년 옥스퍼드 고전학 장학생 자격 시험에 응시하여 유니버시티 칼리지 University College 학생으로 선발되다.

1917년 4월부터 9월까지 유니버시티 칼리지에 재학하다. 1차 대전 발발 후 입대하여 옥스퍼드 키블 칼리지에서 사관 훈련을 받으며 룸메이트 무어 E. C. F. Moore(패디 Paddy)를 만나다. 9월 25일 서머셋 보병 제3연대 장교로 임명되어 열아홉 번째 생일에 프랑스 솜므 계곡 전선에 배치되다.

1918년 4월 아라스 전투 중 베르낭숑 산에서 부상을 당하여 잉글랜드로 후송되다. 10월에 귀대했다가 12월에 제대하다. 패디 무어는 전사하여 프랑스 페론·남부 평원에 묻히다.

1919년 유니버시티 칼리지에서 학업을 재개하다. 클라이브 해밀턴 Clive Hamilton 이라는 필명으로 《구속된 영혼 *Spirits in Bondage*》 출간.

1920년 고전학 학사 자격 1차 시험을 1등으로 통과하다.

1921년 예이츠 W. B. Yeats 를 처음 방문하다. 에세이 〈낙관주의 *Optimism*〉로 첸슬러 상 Chancellor's Prize 을 받다.

1922년 고전학 학사 자격 최종 시험을 1등으로 통과하다.

1923년 영문학부를 1등으로 졸업하다.

1924년 10월부터 1925년 5월까지 유니버시티 칼리지에서 철학 강사로 재직.

1925년 5월 20일 옥스퍼드 모들린 칼리지 Magdalen College 의 교수로 선출되다. 이후 29년간 이곳에서 영어와 영문학을 가르치다 1954년 케임브리지 모들린 칼리지로 옮기다.

1926년 장시 《다이머 *Dymer*》 출간.

1929년 유신론자가 되다. 9월에 아버지 알버트 루이스 사망.

1930년 10월, 무어 여사와 잭, 형 워렌 루이스 대위가 합자하여 힐스버러에 있는 '킬른스 The Kilns'를 사다. 무어 여사 명의로 하되, 루이스 형제가 평생 거주할 권리를 가지기로 하다.

1931년 그리스도인이 되다. 9월, J. R. R. 톨킨, H. V. D. 다이슨 등과 함께 기독교에 대한 긴 담화를 나눈 다음 날, 이 책 말미에 기록된 사건이 일어나다.

1933년 가을 학기에 '잉클링즈 The Inklings' 모임을 시작하다. 톨킨, 형 와니, 다이슨, 찰스 윌리엄스, 로버트 하버드, 오언 바필드, 네빌 코그힐 등이 참석. 《순례자의 귀향 *The Philgrim's Regress: An Allegorical Apology For Christianity, Reason and Romanticism*》 출간하다.

1935년 F. P. 윌슨 교수의 제안으로 옥스퍼드 영문학사의 16세기 부분을 쓰다. 1954년에 출판된 이 글은 그 후 영문학사의 고전이 되다.

1936년 《사랑의 알레고리 *The Allegory of Love: A Study in Medieval Tradition*》 출간. 다음 해에 골란츠 기념 문학상 Gollancz Memorial Prize 을 수상하다.

1938년 공상과학소설 《침묵의 행성에서 *Out of the Silent Planet*》 출간.

1939년 《개인적 이설 *The Personal Heresy: A Controversy*》, 《갱생 외 *Rehabilitations and Other Essays*》 출간.

1940년 《고통의 문제 *The Problem of Pain*》 출간.

1941년 BBC 라디오에서 '옳고 그름 *Right and Wrong*' 이라는 생방송 강연 진행.

1942년 1월 26일 옥스퍼드에서 '소크라테스 클럽 Socratic Club' 첫 개최. 1월과 2월에 '그리스도인은 무엇을 믿는가 *What Christians Believe*' 라는 주제로 일요일 저녁마다 라디오 생방송 강연, 9월부터 11월 사이에는 '그리스도인의 행동 Christian Behavior' 이라는 생방송 강연을 진행하다. 《스크루테이프의 편지 *The Screwtape Letters*》, 《실낙원 서문 *A Preface to 'Paradise Lost'*》, 《방송강연 *Broadcast Talks*》 출간.

1943년 《그리스도인의 행동 *Christian Behavior: A Further Series of Broadcast Talks*》, 《페럴렌드라 *Perelandra*》, 《인간의 폐지 *The Abolition of Man, or Reflections on Education with Special Reference to the Teaching of English in the Upper Forms of Schools*》 출간.

1944년 '인격을 넘어서' 라는 녹화방송이 《인격을 넘어서 *Beyond Personality: The Christian Idea of God*》라는 제목으로 출간되다.

1945년 《침묵의 행성에서》, 《페럴렌드라》와 3부작을 이루는 《그 가공할 힘 *That Hideous Strength: A Modern Fairy-Story for Grownups*》출간. 《천국과 지옥의 이혼 *The Great Divorce: A Dream*》출간.

1946년 세인트 앤드루스 대학에서 명예 신학박사 학위 받다. 《조지 맥도널드 *George MacDonnald: An Anthology*》출간.

1947년 《기적 *Miracles: A Preliminary Study*》출간.

1948년 《아서 왕의 토르소 *Arthurian Torso: Containing the Posthumous Fragment of 'The Figure of Arthur' by Charles Williams and Commentary on the Arthurian Poems of Charles Williams by C. S. Lewis*》출간.

1949년 《전위와 그 밖의 강연들 *Transposition and Other Adresses*》출간(미국에서는 《영광의 무게와 그 밖의 강연들 *The Weight of Glory and Other Adresses*》이라는 제목으로 출간됨).

1950년 나니아 시리즈의 첫 권인 《사자와 마녀와 옷장 *The Lion, Witch and the Wardrobe*》출간.

1951년 나니아 시리즈 《캐스피언 왕자 *Prince Caspian: The Return to Narnia*》출간. 수상이 대영제국 최고 명예 훈장의 영예를 제안했으나 거절하다. 무어 부인 사망.

1952년 퀘벡의 라발 대학에서 명예 문학박사 학위를 받다. 9월에 15세 연하인 조이 데이빗먼 그레셤 *Joy Davidman Grasham*을 처음 만나다. 《순전한 기독교 *Mere Christianity*》, 나니아 시리즈 《새벽출정호의 항해 *The Voyage of the 'Dawn Treader'*》출간.

1953년 나니아 시리즈 《은의자 *The Silver Chair*》 출간.

1954년 나니아 시리즈 《말과 소년 *The Horse and His Boy*》 출간.

1955년 케임브리지 모들린 칼리지에서 중세·르네상스 문학 교수직을 맡게 되다. 《예기치 못한 기쁨 *Surprised by Joy: The Shape of My Early Life*》, 나니아 시리즈 《마법사의 조카 *The Magician's Nephew*》 출간.

1956년 나니아 시리즈를 완결짓는 《마지막 전투 *The Last Battle*》로 카네기 메달 수상. 《우리가 얼굴을 가질 때까지 *Till We Have Faces: A Myth Retold*》 출간. 4월 23일, 조이의 강제 추방을 막고자 먼저 혼인 신고를 한 후, 1957년 1월 조이가 암으로 입원한 윙필드 병원에서 영국 성공회 의식에 따라 병상 결혼식을 하다.

1958년 《시편 사색 *Reflections on the Psalms*》 출간.

1959년 맨체스터 대학에서 명예 문학박사 학위를 받다. 《스크루테이프 건배를 제안하다 *Screwtape Proposes to a Toast*》 출간.

1960년 《네 가지 사랑 *The Four Loves*》, 《단어 연구 *Studies in Words*》 출간. 미국에서는 그의 에세이 일곱 편을 묶어 《세상의 마지막 밤 외 *The World's Last Night and Other Esseys*》 출간. 6월 13일, 조이가 45세를 일기로 사망.

1961년 클러크N. W. Clerk라는 필명으로 《헤아려 본 슬픔 *A Grief Observed*》 출간. 《비평 실험 *An Experiment in Criticism*》 출간.

1962년 《논문연설집 *They Asked for a Paper: Papers and Addresses*》 출간.

1963년 65세 생일을 일주일 앞둔 11월 22일에 '킬른스'에서 사망. 두 형
    제의 이름이 새겨진 묘비에는 "인간은 죽음을 인내해야 한다 Men
    must endure their going hence"(어머니 플로렌스가 사망한 방 달력에
    기록되어 있었던 경구로, 셰익스피어《리어 왕 *King Lear*》5막 2장이 출
    전)는 비문이 새겨지다.

1964년 《말콤에게 보내는 편지 *Letters to Malcolm: Chiefly on Prayer*》
    출간.

옮긴이 **강유나**
서울대학교 영어교육과와 동 대학원 영어영문학과를 졸업하
고 〈미국 현대극의 멜로드라마적 전통에 대한 연구〉로 박사 학
위를 받았다. 현재 서울여자대학교에서 교양 영어를 가르치고
있다. C. S. 루이스의 《예기치 못한 기쁨》, 《우리가 얼굴을 찾
을 때까지》(이상 홍성사), 이언 와트의 《근대 개인주의 신화》,
《소설의 발생》(이상 공역), 아서 밀러의 《세일즈맨의 죽음》, 에
드워드 올비의 《누가 버지니아 울프를 두려워하랴》 등을 번역
하였다.

예기치 못한 기쁨
Surprised by Joy

지은이 C. S. 루이스
옮긴이 강유나
펴낸곳 주식회사 홍성사
펴낸이 정애주
국효숙 김의연 박혜란 송민규 오민택 임영주 차길환

2003. 3. 13. 양장 1쇄 발행 2018. 1. 12. 양장 21쇄 발행
2018. 12. 17. 무선 1쇄 발행 2024. 12. 13. 무선 10쇄 발행

등록번호 제1-499호 1977. 8. 1.
주소 (04084) 서울시 마포구 양화진4길 3 전화 02) 333-5161 팩스 02) 333-5165
홈페이지 hongsungsa.com 이메일 hsbooks@hongsungsa.com
페이스북 facebook.com/hongsungsa
양화진책방 02) 333-5161

• 잘못된 책은 바꿔 드립니다. • 책값은 뒤표지에 있습니다.

ISBN 978-89-365-1303-0 (03230)